桂林电子科技大学学术著作出版基金资助出版

中国南方地区农业经济增长的空间分异与路径选择研究

A STUDY ON THE SPATIAL DIFFERENTIATION AND PATH SELECTION OF AGRICULTURAL ECONOMIC GROWTH IN SOUTH CHINA

向 云 著

中国农业出版社
北 京

前　言

长期以来，农业经济一直是我国经济发展的“短板”；区域经济协调发展的过程中，农业经济发展的不平衡性问题也未从根本上得以解决。目前来看，区域经济协调发展仍是推进我国经济发展的重要目标，缩小地区之间经济差距是经济持续、健康、稳定发展的重要保障。南方地区作为我国粮食、油料、棉花、水果等作物的主要生产基地，也是我国重要的水产品生产基地，在我国农业经济中占据着重要地位。近年来，南方地区农业经济增长取得了巨大进步，主要表现在粮食产量稳步增长、农业综合生产能力不断提高、人均收入持续提升、农业产值屡创新高等方面。然而，我国南方地区农业经济增长水平仍存在较为明显的不平衡性，区域（省份）之间的绝对差距和相对差距呈扩大趋势。尽管这与改革初期实施的区域不平衡发展战略和“让一部分人先富起来”的发展观念有关，但是，农业要素禀赋的地域性分布差异也是导致区域农业经济发展差距日趋增大的重要原因。

事实上，南方地区作为与我国北方地区相对应的重要区域，很少得到学者的重点关注，已有的研究或者从宏观视角探讨全国的经济协调发展问题；或者从中观视角探讨区域经济的协调发展问题，诸如“长三角”“珠三角”“黄河流域”等；或者从微观视角探讨省域、县域甚至是乡镇经济的协调发展问题。另外，在农业要素禀赋不断变化的背景下，受要素禀赋结构变动和农业产业结构调整的影响，南方地区内部各省份之间的经济差距可能还存在进一步拉大的风险，这无疑将给区域协调发展的目标带来严重挑战。因此，基于这样的现实背景，对农业要素禀赋的空间分布特点及其相对比较优势的动态变化进行分析，进而从要素禀赋与农业经济增长耦合协调发展和空间格局优化的角度，探究农业生产要素禀赋和农业产业结构对农业经济增长的影响，以及农业经济增长与要素禀赋的耦合协调关系，在此基础上针对南方地区内部区域特点选择合适的农业经济增长路径，是推进南方地区农业经济协调发展、缩小区域之间经济差距的重要手段。

本书首先介绍了研究选题的背景和目的，梳理了相关文献和理论基础，进而形成了本研究的基本结构框架和理论分析框架（第1和第2部分）。研究主体部分主要由6个部分的实证分析构成。第3部分，通过构建评价指标体系对南方地区12省2直辖市1自治区的农业要素禀赋水平进行总体评价，在此基础上深入剖析其时空演变特征。第4部分，采用ESDA方法分析南方地区农业经济增长的空间分异特征，并结合农业要素禀赋指数、空间计量经济模型等方法对农业经济增长主要驱动因素及其空间效应进行细致分析，重点探究南方地区农业经济增长驱动因素的差异。第5部分，利用耦合协调度模型探讨农业要素禀赋与农业经济增长的耦合协调性及其时空演变，在此基础上结合耦合协调类型将南方地区划分为东部沿海平原区、南部沿海丘陵区、西南丘陵山区和长江上中游区这四大内部区域。第6部分，运用分解的基尼系数深入剖析南方地区农业经济增长区域差距及其原因，并基于四大内部区域之间的农业经济增长差距，探讨各区域可能的增长路径选择问题。第7和第8部分，分别借助空间分异指数、ESDA方法和动态偏离份额分析的空间模型等方法，从农业生产要素禀赋结构转型和农业产业结构转型的视角，进一步深入探讨南方地区各内部区域、内部区域各省份的农业经济增长路径选择问题。最后，对研究所得出的6个方面的主要结论进行了归纳和总结，并提出了相应的政策建议（第9部分）。

本书的写作过程中，首先感谢我的授业恩师祁春节教授，多年来，祁老师的言传身教不仅让我在学术科研的道路上得以锤炼，他严谨治学的态度和宽容待人的风范潜移默化中时刻影响着我，也感谢他在本书写作过程中对理论分析框架的建设性意见。同时，感谢我的爱人陆倩女士，在我写作遇到瓶颈时提供的充满想象力而兼具适用性的观点，以及背后辛苦照顾家庭的无私奉献，让我免去后顾之忧。当然，也要感谢桂林电子科技大学商学院和科研院的经费资助，是您们的支持才让本书能够早日出版，由衷感谢您们的付出！

最后，谨以此书献给那些始终坚守农村、农业、农民的人！

向　云

2021年6月28日

目　　录

1 绪 论

1.1 选题背景与问题提出

1.1.1 选题背景

自我国在“九五”时期提出实施区域协调发展战略以来，我国区域经济发展的协调性得到了显著改善，尤其是“西部大开发”“中部崛起”“东北振兴”等区域发展战略的不断推进，极大地促进了区域经济发展，也有效缩小了区域内经济单元之间的差距。但是，由于我国地域广阔，区域划分众多，如何从根本上解决区域经济发展的不平衡性问题，至今仍在探究之中。2015 年《中共中央关于制定国民经济和社会发展第十三个五年规划的建议》进一步强调“协调是持续健康发展的内在要求”“增强发展协调性，在协调发展中拓宽发展空间”“推动区域协调发展，塑造区域协调发展新格局”。目前来看，区域经济协调发展仍是推进我国经济发展的重要目标，缩小地区之间经济差距也是经济持续、健康、稳定发展的重要保障。

长期以来，农业经济一直是我国经济发展的“短板”，区域经济协调发展的过程中，农业经济发展的不平衡性问题也未从根本上得以解决。与此同时，农业生产的自然属性（依赖于土地、水和光、热等条件）也决定了我国农业经济发展的地域性特点，作为农业经济增长基础性条件的农业生产要素禀赋也表现出明显的区域特征。由新结构经济学理论可知，地区经济增长依赖于其所拥有的要素禀赋结构，地区最优的产业结构也内生于要素禀赋结构（林毅夫，2010）。因此，要素禀赋结构及其内生的产业结构决定了地区经济增长的发展潜力。具体对农业经济增长而言，由于农业要素禀赋在空间分布上的地域性和不平衡性，意味着不同区域［或省（自治区、直辖市）］的农业要素禀赋水平及其相对比较优势存在显而易见的差异，由此形成的农业产业结构毫无疑问也是存在区域差异。总之，相对于其他经济形式来说，农业经济的区域性特点更为突出，农业经济的区域协调发展也面临着更多挑战。

南方地区作为我国重要的粮食、油料、棉花、水果等作物的主要生产基地，也是我国重要的水产品生产基地，在我国农业经济中占据着重要地位。根据 2015 年的相关数据显示，南方地区农作物播种总面积 8 166.43 万公顷，占全国的 49.08%；总人口 7.92 亿，占全国的 57.75%；粮食总产量达到 27 200.71 万吨，占全国的43.77%，其中稻谷产量为16 557.53万吨，占全国的79.52%；油料作物产量1 861.57万吨，占全国的52.63%；水产品总产量4 785.67万吨，占全国的71.73%。自改革开放以来，南方地区农业经济增长取得了巨大进步，主要表现在粮食产量稳步增长、农业综合生产能力不断提高、人均收入持续提升、农业产值屡创新高等方面。然而，目前我国南方地区农业经济增长水平也表现出较为明显的不平衡性，区域［省（自治区、直辖市）］之间的绝对差距和相对差距呈渐趋扩大趋势，尽管这与改革初期实施的区域不平衡发展战略和“让一部分人先富起来”的发展观念存在紧密联系，但是，农业要素禀赋的地域性分布特点也是导致区域农业经济发展差距日趋增大的重要原因。例如，长江中下游平原区充裕的资本、先进的科学技术水平和相对合理的农业产业结构，为该区域［省（自治区、直辖市）］的现代农业发展奠定了良好基础，而西南丘陵山区贫瘠的土地、过剩的劳动力资源、短缺严重的资本等，则在一定程度上导致了该区域农业经济发展的落后。

事实上，南方地区作为与我国北方地区相对应的重要区域，很少得到学者的重点关注，已有的研究或者从宏观视角探讨全国的经济协调发展问题，或者从中观视角探讨区域经济的协调发展问题，诸如“长三角”“珠三角”“黄河流域”等，或者从微观视角探讨省域、县域甚至是乡镇经济的协调发展问题。另外，在农业要素禀赋不断变化的背景下，受要素禀赋结构变动和农业产业结构调整的影响，南方地区内部各省（自治区、直辖市）之间的经济差距可能还存在进一步拉大的风险，这无疑将给区域协调发展的目标带来严重挑战。因此，基于这样的现实背景，对农业要素禀赋的空间分布特点及其相对比较优势的动态变化进行分析，进而从要素禀赋与农业经济增长耦合协调发展和空间格局优化的角度，探究农业生产要素禀赋和农业产业结构对农业经济增长的影响，以及农业经济增长与要素禀赋的耦合协调关系，在此基础上针对南方地区内部区域特点选择合适的农业经济增长路径，是推进南方地区农业经济协调发展、缩小区域之间经济差距的重要手段。

1.1.2 问题提出

近年来，农业生产要素（尤其是劳动力和资本）在地区间的流动日益频繁，区域农业要素禀赋及其结构不断发生着变化，地区间农业经济增长水平的绝对差距和相对差距也表现出渐趋扩大态势。同时，无论是农业要素禀赋还是农业经济增长，在地域上均呈现出一定程度的相对集中趋势。也就是说，地区间农业经济增长与要素禀赋既存在较大差异（分散性），也存在一定的趋同（集聚性）。事实上，暗含在分散与集聚背后的深层次问题其实反映出农业经济增长的空间分异问题。Edwards（1981）、Krugman（1991）等学者的研究已经证实了经济增长的空间分异特征。Edwards 指出区域经济的发展过程是经济空间分异的过程，Krugman 则重点强调了自然禀赋和交通、人口及资本的区位集聚对经济空间差异的影响。但是，为什么经济增长过程中始终无法实现区域协调发展的目标，区域协调发展却一直是学界十分关注的重要问题？对于农业经济增长存在明显空间差异的区域，如何缩小不同经济单元之间的绝对差距与相对差距？到底能不能实现区域农业经济的协调发展？如果能，应该怎么做？要探究这些问题的答案，就必须更深入地思考区域农业经济增长的空间分异与路径选择的相关问题。

然而，尽管关于农业经济增长协调发展的研究成果十分丰富，但是目前为止，基于要素禀赋对农业经济增长的重要作用为出发点，尤其是根据要素禀赋与农业经济增长耦合协调性特点，从空间格局优化视角来探讨区域农业经济协调发展的相关研究仍是寥寥无几。长期以来，要素禀赋对经济增长的作用一直受到学术界关注，也有学者将农业要素禀赋作为农业经济增长的影响因素进行考虑，但是对农业要素禀赋影响区域农业经济增长内在逻辑的分析仍然较为缺乏。而且在区域农业经济协调发展的相关研究中，以定性分析为主，重点探讨区域经济协调发展的对策和措施，从区域农业经济差距及其空间分异视角出发，定量分析农业要素禀赋与区域农业经济增长之间耦合协调关系的相关研究并不多见，而考虑到农业要素禀赋和农业经济增长水平的地理空间效应，对不同区域农业经济增长路径进行深入剖析的相关研究更是有待填补。据此认为，农业经济增长空间分异与路径选择的内在逻辑问题仍然有待进一步系统研究。

需要研究的问题是：农业要素禀赋作为农业经济增长的基础性条件，从长期看，其时空演变特征及相对优势动态变化如何？区域农业经济增长空间分异主要驱动因素及其贡献程度如何？农业经济增长与要素禀赋的耦合协调性表现出怎样的规律性特征？能否据此对南方地区进行内部空间区域划分？如果能，那么对于南方地区内部区域而言，农业要素禀赋对农业经济增长的贡献及空间效应存在怎样的差异？各内部区域的农业经济增长如何选择合适的路径？是否以及如何通过农业生产要素禀赋结构转型和农业产业结构转型推进区域农业经济的协调发展？对这些问题的回答，显然是解决南方地区整体区域和不同内部空间区域农业经济协调发展的关键，也是缩小南方地区农业经济增长绝对差距和相对差距，实现区域协调发展的一个颇为重要的议题。

1.2 研究目标与意义

1.2.1 研究目标

本研究选择我国南方地区农业经济增长为研究对象，在对南方地区农业要素禀赋时空演变特征及其相对优势进行动态分析的基础上，尝试探讨南方地区农业经济增长的空间分异特征及其影响因素，并基于农业要素禀赋与农业经济增长的耦合协调关系，结合各省（自治区、直辖市）的地理空间位置，将南方地区进行内部区域划分，对南方地区各内部区域农业经济增长的路径进行深入剖析，并在此基础上探讨各内部区域农业生产要素禀赋结构和农业产业结构禀赋的转型升级路径。

具体而言，本研究目的主要包括 6 个方面：①以土地、劳动力、资本、技术这 4 类生产要素和农业产业结构为切入点，构建南方地区农业要素禀赋的评价体系，并对农业要素禀赋的动态变化、区域比较优势、时空演变特征等进行量化分析。②利用空间分异指数分析南方地区农业经济增长的空间分异特征，在此基础上利用空间计量回归模型（空间杜宾模型）进一步分析农业要素禀赋对区域农业经济增长的贡献及其空间效应。③借助耦合协调度模型分析南方地区农业经济增长与要素禀赋耦合协调的时空演变特征，在对南方地区农业经济增长与要素禀赋耦合类型空间分布进行具体分析的基础上，探讨其耦合协调的空间分布格局及其优化途径。④利用分解的基尼系数测算南方地区各内部区域农业经济增长的总体差距、区域内差距和区域间差距，并比较各内部区域农业经济增长主要驱动因素的贡献和空间效应，进而探讨各内部区域农业经济增长的路径选择。⑤构建农业生产要素禀赋结构指数及其空间分异指数，测算并分析农业生产要素禀赋结构的空间分异，结合农业生产要素禀赋结构的成因分析，探讨各内部区域农业生产要素禀赋结构的转型路径。⑥借助动态偏离份额分析的空间模型，分析南方地区农业产业结构的空间差异及其主要影响因素，在此基础上探讨南方地区各内部区域农业产业结构转型升级的路径选择。

1.2.2 研究意义

本研究从空间分异和空间格局优化视角探讨我国南方地区农业经济增长的空间分异特征及其路径选择问题，源于国内外对区域农业经济增长路径的系统性研究还不多，尤其是考虑地理空间效应，将农业生产要素禀赋和农业产业结构作为农业经济增长内生性因素的系统研究并不多见。事实上，国外关于区域经济差距的研究起步较早，在理论上的贡献也很突出，新经济地理学和新增长理论就是很好的例子。而国内相关研究主要是对国外理论进行介绍并作适当的应用型研究，重点关注中国经济发展差距及影响因素，以及相应的技术溢出效应等方面。因此，本研究对南方地区农业经济增长的空间分异特征及其路径选择展开研究，具有重要的理论指导与现实实践意义，主要体现在以下三个方面：

第一，构建的农业要素禀赋评价指标体系和农业生产要素禀赋结构指数，对于同类研究具有一定的借鉴意义。本研究对农业要素禀赋结构进行界定，在此基础上尝试构建能够从土地、劳动力、资本、技术和农业产业结构等方面综合评价地区［或省（自治区、直辖市）］农业要素禀赋的定量分析方法，并且进一步构建了农业生产要素禀赋结构指数，用于分析地区要素禀赋相对结构优势状况和解释地区农业产业结构空间差异的原因。这些方法能够为区域经济评价等方面的研究提供一定参考。

第二，构建的区域农业经济增长空间分异与路径选择的理论分析框架，能够为区域经济增长的相关研究提供理论支撑和理论指导。基于区域农业经济增长与要素禀赋的空间分异，以及两者的耦合协调机制来探讨区域农业经济增长路径选择是本研究的主要目的。目前国内关于农业经济区域差异的相关研究大多是基于某一类要素或几种要素对全国或是局部区域展开分析，缺少对地理空间因素影响下农业经济增长空间差异长期动态变化趋势的相关研究，基于空间差异和空间分布格局优化视角有针对性探讨区域农业经济增长路径的研究更是少见。本研究以新经济地理学、新结构经济学等相关理论为基础，构建区域农业经济增长空间分异与路径选择的理论分析框架，既是对现有理论在实践应用方面的一次佐证，也是对区域农业经济增长进行系统分析的一次有益的尝试。

第三，南方地区农业经济增长空间分异特征及其路径选择的相关研究成果，能够为相关区域制定区域农业经济协调发展战略提供决策依据和思路借鉴。一是关于南方地区农业经济增长和农业要素禀赋的空间分异特征，可以为区域农业生产要素禀赋结构及农业产业结构转型的重点和难点进行总体把握。二是关于南方地区“四大内部区域”的划分，可以为相关区域及相应省（自治区、直辖市）的农业经济增长路径实施提供依据。另外，本研究对南方地区及其内部区域农业经济增长路径的探讨，也能为国内其他区域农业经济增长的协调发展提供案例指导。

1.3 研究区域及相关概念界定

1.3.1 南方地区

1.3.1.1 南方地区的地理区域和行政区域

自然区划概念的“南方地区”，是指中国东部季风区的南部，地理上主要指“秦岭-淮河”一线以南的地区，东临东海，南临南海。包括浙江省、江苏省的大部分、上海市、安徽省的大部分、湖北省、江西省、湖南省、福建省、广东省、海南省、云南省的大部分、贵州省、广西壮族自治区、四川省的东部、重庆市、陕西省的南部、甘肃省最南端、河南省的信阳地区，以及香港特别行政区、澳门特别行政区和台湾地区，跨越了 21 个省（自治区、直辖市、特别行政区）。

为了数据获取的方便，并考虑研究区域的代表性，本研究在参考地理区域划分“南方地区”的基础上，将南方地区界定为包括安徽省（皖）、江苏省（苏）、浙江省（浙）、湖北省（鄂）、湖南省（湘）、江西省（赣）、福建省（闽）、广东省（粤）、广西壮族自治区（桂）、海南省（琼）、贵州省（黔）、云南省（滇）、四川省（川）、上海市（沪）和重庆市（渝）这12省1自治区2直辖市的行政区域①。本研究所指的“南方地区”遵从这一界定。

1.3.1.2 南方地区与北方地区农业生产的区别

南方地区与北方地区的农业经济存在较为明显差异（表1-1）。具体而言，主要表现在四个方面：一是自然气候条件的差异，南方地区为热带、亚热带季风气候，降水较多、气候温暖湿润，适合种植水稻等水田作物，而北方地区为温带季风气候，降水偏少，主要以旱田作物为主，如小麦和玉米等。二是土地条件的差异，南方地区地形以丘陵山区为主，单块耕地面积小，耕地分布较为分散，而北方地区以平原高原为主，耕地相对较为集中，单块耕地面积大。三是农业机械化技术应用的差异，南方地区受限于地形和耕地条件，农业机械化水平相对北方地区要低很多，而且农业机械主要以适应丘陵山地作业的中小型机械为主，北方地区则恰好相反；另外，北方地区主要农作物（如小麦和玉米）的机械化作业相对容易，南方地区水稻、油菜等主要农作物则相对较为困难。四是农业生产经营方式的差异，南方地区以水田作物为主，且田块分布在丘陵、滩地、坝子等较为分散的区域，耕地细碎化较为严重，农业生产活动大多依靠人力或畜力，少数使用农业机械，近年来土地抛荒现象时有发生，而北方地区土地相对集中，适宜大中型农业机械作业。综合而言，农业生产基础条件的显著差异导致了南方地区与北方地区在农业经济增长水平方面的明显差距。

表1-1 南方地区与北方地区的差异

比较的内容	南方地区	北方地区
地理区域	秦岭-淮河以南，横断山脉以东，临黄海、东海和南海	秦岭-淮河以北，大兴安岭、乌鞘岭以东，长城以南，临渤海和黄海
行政区域	浙江、江苏、上海、安徽、湖北、湖南、江西、四川、重庆、贵州、云南、广西、广东、福建和海南	北京、天津、河北、山东、河南、山西、陕西、甘肃、宁夏、黑龙江、吉林和辽宁

① 括号内为各省（自治区、直辖市）的简称，下文中不再专门说明。

（续）

比较的内容	南方地区	北方地区
农业 GDP	35 306.00 亿元	24 045.10 亿元
土地面积	约占全国 27.10%	约占全国的 20.00%
农作物播种面积	8 166.43 万公顷	7 625.22 万公顷
气候	热带、亚热带季风气候	温带季风气候
地形地貌	丘陵山地为主	平原高原为主
耕地类型	水田为主	旱地为主
田块大小与集中程度	田块小而分散	田块大而集中
主要农作物	水稻、油菜、柑橘等	小麦、玉米、苹果等
粮食产量	占全国的 44.10%左右	占全国的 46.00%左右
农作物熟制	一年两至三熟	一年一熟或两年三熟
人口	约占全国总人口的 57.47%	约占全国总人口的 37.64%
农业机械化	以中小型农业机械为主，机械化程度相对较低	以大中型农业机械为主，机械化程度相对较高
农业生产经营方式	农业耕作半径小，农业生产活动大多依靠人力或畜力，少数使用机械；存在一定的抛荒现象	旱田农业为主，耕作半径大，土地集中，农业生产机械使用较为普遍；抛荒现象较少

注：表中为 2015 年相关数据。
资料来源：作者根据相关资料整理得到。

过去中国经济经常说东中西的差距，现在南北的分化态势也趋于明显（王一鸣，2016）。近年来，中国经济增速“南快北慢”、GDP 总量占比“南升北降”特征明显。此外，随着产业转型升级和“三大战略”的推动实施，以前西部省份因区位条件限制造成的与东部的差距在缩小，但北方与南方的差距在扩大（冯彪，2017）。相关数据显示，2015 年北方地区和南方地区的农业 GDP 差额为 11 259.90 亿元，反映出我国农业经济发展“南快北慢”的特征也日趋明显。此外，就南方地区而言，其内部各省份之间的农业经济增长差异也较为明显，发达省份与落后省份的绝对差距和相对差距均较大。据此认为，有必要对南方地区农业经济增长差距和区域差异等问题予以关注，并尝试理清南方地区农业经济增长的内部差异及相应的路径选择问题。

1.3.2 农业要素禀赋

1.3.2.1 农业要素禀赋

要素禀赋（Factor endowment）最初是指一个国家投入生产要素的相对比

例，后来被引申和扩展应用到众多领域，表示经济体、组织或个人拥有的各种要素及其相对比较优势。例如，林毅夫（2013）从经济学上讲，资本、劳动、自然资源等通常被称为要素禀赋，魏金义（2016）研究指出经济学中的要素禀赋是指一个经济体拥有的各种生产要素的构成及在此基础上所形成的一种比较优势。罗浩轩（2017）则强调了要素禀赋不仅仅是经济活动的客观基础，而且要素禀赋水平的高低还意味着经济增长潜力的强弱。但是总的来说，现阶段国际国内学界对于要素禀赋的范围尚无相对统一的理论（刘溟源，2013）。

本研究在综合考虑已有研究成果的基础上，沿用了魏金义（2016）对要素禀赋的概念界定，认为要素禀赋既包括自然资源、地理位置、气候等在内的基础要素，也包括掌握现代技术的人力资本、各类基础设施、科研设施等在内的高级要素。此外，考虑到农业技术设备、农业科研人才等技术因素对农业经济增长的重要性，本研究将农业技术要素作为与土地、劳动力和资本要素并列的第四类生产要素。与此同时，作为地区经济发展重要组成部分的产业结构也一直受到学术界的重视，产业结构内生于要素禀赋结构（林毅夫，2010），反过来也是推动经济增长的重要力量（Maddison，1987；Crossman & Helpman，1991；Lucas，1993；Sachs et al.，1994；Nelson & Pack，1999；吕超、周应恒，2011；姚旭兵、罗光强，2015；王红、王鄂湘，2017），也有部分学者将产业结构作为衡量要素禀赋的一个重要指标（李敏纳等，2011；吴非，2016；张平、李秀芬，2017；罗浩轩，2017）。因此，本研究在分析农业要素禀赋水平时，除了土地要素禀赋、劳动力要素禀赋、资本要素禀赋和技术要素禀赋外，还将产业结构作为要素禀赋水平的重要组成部分。

1.3.2.2 农业生产要素禀赋

《辞海》将生产要素定义为生产物质产品和服务产品必须具备的条件或因素，主要包括劳动者和生产资料两个要素，在现代化的大生产中，还包括科学技术、信息、经营管理等要素。作为社会化大生产重要组成部分的农业，其生产过程中的要素使用也至关重要。一般认为，农业生产要素是指农业生产过程中为了获得需要的各种农产品，必须投入的各种生产要素的总称。

按照西方经济学的分类标准，传统的农业生产要素主要包括土地、劳动力和资本。当然，随着农业生产技术在农业生产过程中的作用日益显著，也有学者考虑到农业生产经营过程中农业技术在资本、劳动力（人力资本）等要素中已经有所体现，因此没有将技术作为单独的生产要素予以研究。他们认为，农业生产中农业机械等生产性固定资产的购置、劳动者对先进技术的掌握等，在一定程度上都体现出农业技术在农业生产经营中的广泛应用。但是，本研究认为，农业生产技术并不单纯地表现为土地、劳动力和资本等生产要素之间的相互替代，而且农业技术装备水平和农业技术人才等的禀赋水平，往往也无法通过要素替代体现出来。因此，本研究对农业生产要素的定义不仅考虑到土地、劳动力和资本这三类传统的生产要素，而且将技术作为与前三者并列的第四类生产要素。

基于农业生产要素的已有定义及相关研究成果，本研究对农业生产要素禀赋的概念进行如下界定：农业生产要素禀赋是指农业生产经营过程中能够使用的各种农业生产要素的数量和质量。从其具体内容而言，农业生产要素禀赋有广义和狭义之分。广义上的农业生产要素禀赋泛指农业生产经营过程中的所有相关要素投入的数量和质量，除了土地、劳动力和资本等要素状况，还包括水、气候等自然资源，以及农业技术、农业装备、经营管理、人力资本、农业信息等有形和无形的要素投入情况。例如，耕地的类型、灌溉用水是否方便、地块的大小等，均是广义上农业土地要素禀赋的范畴。狭义的农业生产要素禀赋则主要指农业生产过程中土地、劳动力、资本和技术等要素投入的数量和质量。本研究中所使用的概念主要是狭义上的农业生产要素，重点考虑以土地、劳动力、资本和技术为核心的农业生产要素的禀赋状况及其禀赋结构变化对农业经济增长的影响。

1.3.2.3 农业生产要素禀赋结构

本研究主要使用农业生产要素禀赋狭义上的概念，所对应的农业生产要素禀赋结构指的是农业生产过程中所投入农业生产要素的相对比例。根据农业生产要素投入的密集程度和相对状况，本研究认为区域内农业生产要素禀赋结构具有优劣之分，根据经济单元与区域整体的比较可判断其是否具有区域相对结构优势。例如，以土地要素禀赋为例，如果某省份土地要素禀赋结构指数与南方地区土地要素禀赋结构指数的比值大于1，则表明该省份具有土地要素禀赋结构的相对优势；此外，如果某省份其中一类生产要素禀赋结构指数值明显高于其他几类生产要素禀赋结构指数，则认为该省份具有该生产要素禀赋的相对结构优势。同理，对于某一具体经济单元而言，劳动力、资本和技术等生产要素禀赋也存在着相对结构优势与相对结构劣势，主要取决于生产要素禀赋结构指数的相对比例关系。考虑到农业生产要素禀赋结构主要依据生产经营过程中农业生产要素的投入情况决定，所以农业生产要素禀赋的变化将直接导致农业生产要素禀赋结构发生变化，本研究即是基于这一界定进行相关分析和具体论述。

1.3.3 农业经济增长

1.3.3.1 农业经济增长的概念

目前，经济学家对经济增长的概念和认识已经达成基本共识，即经济增长是指一国或一地区社会财富的增长、生产或产出的增长（刘伟、魏杰，2002），通常以 GDP、人均 GDP 或人均收入等来进行度量（赵文婷，2010）。一般来说，农业经济的发展受到地理位置、自然资源[①]、经济社会条件等诸多因素的限制，对绝大多数国家或地区而言，农业经济增长的发展相对滞后。因此，作为经济增长重要组成部分的农业经济，长期受到发展经济学家的关注。

从学者已有的研究观点来看，对农业经济增长的概念界定无外乎三个视角，即产量角度的农产品生产总量增长、农业总产值的增长和投入产出比的增长（魏金义，2016）。例如，潘丹、应瑞瑶（2012），姚延婷等（2014），刘金全等（2016），选取全国农林牧渔业总产值（GAP）作为农业经济增长的衡量指标；李青等（2014）、杨建辉（2017）用农业总产值表示农业经济增长；孙一平、周向（2015），许长新等（2016），张乐等（2016），则用单位农业产出（人均农业产值）表征农业经济增长。虽然学者在研究过程中对农业经济增长衡量指标的选择存在差异，但是已有研究均对农业经济增长的概念界定提供了强有力的理论和实践支撑。

基于区域经济协调发展的研究目标考虑，本研究选择单位农业产出作为衡量区域农业经济增长的代理变量，以此消除区域内各省（自治区、直辖市）农业劳动力绝对数量和农业产值绝对值的影响，而且以人均农业产值来表示农业经济增长能更好地体现各省（自治区、直辖市）农业从业人员收入及其发展潜力。其中，单位农业产值根据平均每一个农业劳动力新创造出的农业产值来表示，农业劳动力以农林牧渔业从业人员数量来计算，新创造的农业产值用可比价格计算得到的农林牧渔业增加值来计算。

1.3.3.2 农业经济增长路径

对于致力于改善地区落后经济状况和促进区域经济协调发展的发展经济学家而言，对经济增长路径的探索始终未曾止步不前。哈罗德-多马经济增长模型作为众多学者探讨经济增长路径的起点，分别由 Harrod（1939）和 Domar（1946）独立提出，强调了资本和劳动这两种生产要素投入对经济增长的重要作用，得出了经济难以持续稳定增长的结论。Solow（1956）对哈罗德-多马模型关于资本产出比率不变的假设进行了批判，并从要素之间可以相互替代的视角提出了索洛模型的平衡增长路径观点，认为即使劳动资本产出比率不能保持平衡增长，整个经济也可以实现持续而稳定增长的路径。以 Romer（1990）和 Lucas（1988）为代表的经济学家认为，以索洛为代表的新古典增长理论将技术看作外生变量的做法并不符合现实经济情况，进而将技术水平和人力资本引入到经济增长模型中，认为内生的技术和知识也是经济增长的决定因素。林毅夫（2010）通过对发展经济学的重新审视和思考，提出了一个可能实现可持

---

① Baumol W，1951. 研究认为自然资源对生产要素具有决定性的作用。

续增长、缩小国家或地区收入差距的新古典理论分析框架，即“新结构经济学”，认为经济发展是技术进步和结构转型的动态过程，提倡基于要素禀赋结构的比较优势来推动经济发展。总之，这些增长理论模型的出现和发展，尽管存在观点上的差异，但确实为经济增长路径的探讨提供了有益借鉴，这些理论探讨对农业经济增长的路径选择也有一定的启发和参考价值。

当然，也有农业经济学者专门探讨了农业经济增长的路径选择问题。代表性的有以下几种观点：Ricardo（1817）认为土地、资本、劳动力和技术是农业经济增长的主要制约因素，提倡将资本用于增进土地生产力，推进农业机械化等方式推进农业经济增长。Schultz（1964）提出改造传统农业的关键在于现代生产要素的应用，人力资本积累和技术进步是实现农业经济增长的主要动力。Hayami & Ruttan（1971）基于要素禀赋变化及其相互替代关系，提出选择与要素替代相适应的农业技术进步道路来促进农业生产率和农业产出的增长。本研究认为，农业经济增长的路径选择，除了遵循经济增长的一般规律，也要充分考虑农业经济的特点，尤其是区域农业经济增长路径的选择问题，尤其是不同区域、不同省（自治区、直辖市）农业资源优势、地理位置等多方面影响因素存在较大差异的情况下。因此，必须根据地区农业要素禀赋及其相对比较优势状况，选择适合地区农业经济增长特点和需求的、持续稳定发展的增长路径。

1.3.4 空间分异

空间分异的概念来源于学者对社会空间分离性与非均匀性现象的描述，Blau（1977）最初将少数族裔在空间的不均匀分布称为空间上的“隔离”状态。之后，空间隔离或是空间分异现象逐渐引起学者的关注。从语境上来看，空间分异一词具有“空间”和“分异”的双重特征。其中，空间代表所研究的地域范围，可理解为区域、地区、地带等，例如“长江三角洲”“长江中下游地区”等经济单元的表述。分异则代表由同质化到异质化、结构与功能由简单到复杂的一种过程或结果（杨永亮，2013），可理解为一定地域范围内，经济或社会现象的时空变化显现出明显的差异性和规律性特点，比如不同群体逐渐形成同类（相同种族、相同信仰、相同收入等）集聚居住的空间现象。

正如张洁（2012）基于空间异质性特点将空间分异概括为“一定地域范围内各组成要素及其综合体在空间上的差别”，本研究对空间分异的界定重点也是强调经济单元内经济现象的空间异质性及其变化规律，尤其关注经济现象在时间和空间层面的非均衡性关系。因此，本研究对空间分异概念的理解包括三个方面：一是研究范围界定在特定地域，具有在地理空间或经济空间的特殊性；二是研究对象的选择能够清晰地观察，即样本的观测值容易获得并统一度量；三是研究对象的变化在一定时间、在特定地域内表现出明显的非均衡性变化规律。

本研究对南方地区农业经济增长的空间分异展开研究，意味着对南方地区不同区域、不同省（自治区、直辖市）农业经济增长水平及其变化的不平衡性进行深入探讨，并试图从区域协调发展和空间格局优化的视角探讨适合不同区域的农业经济增长路径。基于这样的研究目标，进一步对农业经济增长的空间分异作出如下的概念界定：农业经济增长水平在地理空间分布上呈现出一定的规律性特征，随着相关条件（如要素禀赋等）的变化，不同经济单元农业经济增长水平在区域内的相对关系发生变化，这种变化使得农业经济增长水平在空间上表现出明显的非均衡性。

1.4 国内外研究综述

对国内外研究进展的综述主要包括农业经济增长影响因素、空间分异、空间效应这三个方面。需要说明的是，这里所作综述仅仅从研究内容的完整性和系统性考虑，涉及各部分具体研究内容的文献回顾和综述则分散在正文之中。

1.4.1 农业经济增长影响因素的相关研究

农业经济增长影响因素始终是学术界诸多文献探究的重要主题。目前来看，国内外已有较多涉及农业经济增长影响因素的研究成果，国外在经济增长理论方面的研究起步较早，关于农业经济增长的相关研究成果也十分丰富，国内对农业经济增长影响因素的分析主要是借鉴国外已有的理论基础，通过构建农业经济增长影响因素的计量模型，对中国的相关问题进行实证检验。

对已有文献的梳理发现，由于研究视角和研究目标的不同，在农业经济增长影响因素变量选择方面存在较大差异。例如，姜劲儒（2010）选择的变量有农机总动力、化肥施用量、劳动力投入、播种面积、政府农业支出、技术进步和制度变迁；于金福（2012）则选取农村从业人员年末数量、农机总动力、播种面积、化肥施用量、农业结构变动值、固定资产投资额、政府农业支出、文化程度、成灾面积占比、农业贷款这 10 个指标；周靖、汪小勤（2016）选择从业人员、化肥使用量、农机总动力、农药用量这 4 个指标。本研究认为，农业经济增长的主要途径除了通过加大传统生产要素投入，农业技术进步和农业产业结构对农业经济增长的影响也日趋增大。此外，农村金融发展、制度变迁等也会对农业经济增长产生一定影响。本研究重点关注传统生产要素投入、技术进步和产业结构这三个方面，其他影响因素的相关文献仅做简要介绍和梳理（表 1-2）。

表 1-2 农业经济增长影响因素的相关研究

影响因素	代表人物	研究方法	研究结论
土地	杜江、刘渝（2008）	生产函数	土地投入是农业经济增长的重要源泉
	吴丽萍等（2012）	Granger 检验	水利投资是农业经济增长的 Granger 原因，对农业经济增长具有较显著的正向滞后效应
劳动力	孙敬水、董亚娟（2006），孙一平、周向（2015）	面板数据模型	农村人力资本是农业经济增长的重要源泉，对农业经济发展有显著的正向效应
	杜江、刘渝（2010）	生产函数	人力资本要素中，教育投资的影响最大，其次是迁移投资，健康投资的作用不明显
	刘晗、曹祖文（2012），王辉、刘茂松（2016）	生产函数	人力资本积累对农业经济增长起到积极的促进作用。农村教育人力资本与农业经济增长显著正相关
资本	吴中焕（2013）	生产函数	农业信贷、财政支农对农业经济增长有显著促进作用
	李俊杰等（2016）	面板数据模型	农业综合开发投资对农业经济增长有积极促进作用
技术进步	张社梅、蒋远胜（2015）	随机前沿生产函数模型	技术进步已成为四川省农业经济增长的重要源泉
	李嘉（2013）、牛凯（2013）	生产函数	技术进步对农业经济增长作用明显
	匡远凤（2012）	随机前沿方法	技术进步和技术效率变化的共同作用对农业经济增长的贡献最大
产业结构	吕超、周应恒（2011）	生产函数	蔬菜产业集聚对区域蔬菜产业经济增长有显著的正向影响
	邓琨（2011）	生产函数	种植业是推动农业经济增长的主要力量
	王红、王鄂湘（2017）	Granger 检验	农业产业结构优化能有效推动农业经济发展，两者具有明显正相关关系
	姚旭兵、罗光强（2015）	PVAR 模型	产业结构升级在长期内能够显著地促进农业经济的增长
其他因素	刘金全等（2016）	PLSTR 模型	提高资金利用效率能有效促进农业经济增长
	武晓明、罗剑朝（2016）	空间 Durbin 面板模型	农村金融市场开放对农业经济增长具有显著正向影响
	吴清华等（2015）	双向固定效应模型	灌溉设施、等级公路和等外公路都对中国农业生产总值有正向促进作用

资料来源：作者根据相关资料整理得到。

1.4.1.1 传统生产要素投入

一般认为，传统生产要素投入是农业经济增长的主要影响因素（Petty，1676；Marx，1885；Schultz et al.，1964；顾焕章等，1991；郑晶、温思美、孙良媛，2008；谈存峰，2015；郭素芳、刘琳琳，2017）。例如，Kalirajan et al（1996）和 Chen et al（2008）等学者指出，要素投入和生产率的增长是总产出增长的主要来源。

第一，土地投入对农业经济增长影响的相关研究。主要包括三个方面：一是土地要素投入及相关指标的选择（杜江、刘渝，2008；姜劲儒，2010；于金福，2012；魏金义，2016）。例如，杜江、刘渝（2008）研究发现，土地投入是农业经济增长的重要源泉，以人均量表示的土地占有量每增加 1%，农业经济增长 0.311 2%。二是与土地质量联系密切的基础设施建设（Bates，1981；Raj，1983；Canning，1994；Crawford et al.，2003；Mamatzakis，2003；Romeo & Kumda，2005；Dillon et al.，2011；吴清华、周晓时、冯中朝，2015）。其中，Raj（1983）对中国农业数据资料的分析发现，水土保护方面的基础设施投资促进了农业生产的快速增长。Crawford et al.（2003）的实证分析也验证了基础设施投入对农户生产投入的重要影响。Bates（1981）、Canning（1994）、Mamatzakis（2003）、Romeo & Kumda（2005）、Dillon et al.（2011）等学者的实证研究均证实了公共基础设施投资有利于提升农业生产率。吴清华、周晓时、冯中朝（2015）分析发现，基础设施中的灌溉设施对中国农业生产总值的正向促进作用最大。三是水利投资对农业经济增长的影响（Liu & David，1993；Bassi et al.，2010；吴丽萍、陈宝峰、张旺，2012；许丹丹，2014；米浩铭、陆迁，2015）。其中，Liu & David（1993）认为灌溉设施投资对农户要素投入有一定影响。Bassi et al.（2010）也提出长期持续的水利投资有助于农业经济不断发展。米浩铭、陆迁（2015）的实证研究也证实了长期来看水利投资的时间滞后变量显著影响到农业经济增长。

第二，劳动力要素投入对农业经济增长影响的相关研究。已有的相关研究重点从人力资本积累方面深入探讨了劳动力投入对农业经济增长的促进作用。例如，Lucas（1988）研究认为人力资本积累是农业经济增长的主要原因。Romer（1990）指出人力资本积累是经济增长的根本动力。Agion & Howitt（1998）的研究也倾向于人力资本对经济增长具有显著的促进作用。Mankiw et al.（1992）、Caballe & Santos（1993）、Black & Lynch（1996）、Agion & Howitt（1998）、Bloom et al.（2004）构建包含人力资本的生产函数模型，实证分析发现人力资本积累对经济增长有显著正向影响。Mankiw et al.（1992）、Barro（2001）和 Vandenbussche et al.（2006）等基于拓展的 C－D 函数对人力资本与经济增长的关系进行了实证检验，发现人力资本水平提升促进了农业经济的增长。孙敬水、董亚娟（2006）指出农村人力资本是农业经济增长的重要源泉，对农业经济发展有显著正向效应。杜江、刘渝（2008，2010），刘晗、曹祖文（2012），张雄化（2014），孙一平、周向（2015），王辉、刘茂松（2016）等国内学者的实证结果均验证了农村人力资本是促进中国农业经济增长的关键因素，且在不同地区的影响效果不同。

第三，资本要素投入对农业经济增长影响的相关研究。主要涉及两个方面：一是农户资本投入对农业经济增长的促进作用。例如，刘晗、曹祖文（2012）分析发现私人资本投入对农业经济增长的促进作用明显。吴中焕（2013）研究认为农村固定资产投资对广西农业经济增长有显著影响（产出弹性为 0.088 1）。二是政府财政支农投入对农业经济增长的促进作用。其中，Ram（1986）通过实证分析验证了政府公共财政投入对经济增长的促进作用，而且这种正向作用在欠发达国家表现得尤为明显。Munnell（1990）的研究也证实政府财政投入对经济增长具有明显的促进作用。Matsuyama（1992）分析了财政投入对农业经济增长的影响，发现在农业领域存在最优的政府财政投入规模，而且比其他产业经济更具有相对优势。黎翠梅（2009）、梁耀盛（2010）等专门分析了地方财政农业支出对区域农业经济增长的促进作用，指出农业科技三项费用、支援农村生产支出与农林水气象等部门事业费支出对农业增长具有正向促进作用。辛冲冲、陈志勇（2017）将财政支农支出影响农业 GDP 总量变动的总效应分解为活动效应、结构效应和效率效应进而比较分析，结果表明，财政支农支出的活动效应对农业 GDP 总效应的贡献最大，结构效应的贡献不够显著且呈微弱负相关关系，效率效应的贡献最小。

1.4.1.2 农业技术进步

技术进步对农业经济增长的重要性毋庸置疑（Hicks，1932；Swan，1956；Solow，1957；Schultz，1961；Wilkinson，1968；Romer，1986；Lucas，1988；林毅夫，2007），梳理既有的文献资料发现，农业技术进步对农业经济增长影响的相关研究主要涉及四个方面。

第一，技术进步对农业 TFP 增长贡献的相关研究。例如，Easterly & Levine（2001）和 Kögel（2005）等的分析结果均证实了 TFP 对经济增长的重要作用。Chen et al.（2008）的实证结果显示，技术进步是农业生产率增长的主要贡献因素。李谷成（2008）、李谷成（2009）、周端明（2009）运用非参数的曼奎斯特生产率指数方法分别探讨了农业 TFP 增长的源泉，中国农业 TFP 增长主要由技术进步贡献。魏勇、王钊、刘建徽（2012），杜江（2014），谈存峰（2015）等学者的实证分析也证实了农业技术进步对农业 TFP 的正向促进作用。

第二，技术进步作为农业经济增长源泉的相关研究。例如，Jorgenson

(1961) 对 Lewis (1954)、Fei & Ranis (1961) 的二元增长模型进行改进和拓展，进一步研究指出技术进步是经济增长的前提条件。郑晶、温思美、孙良媛 (2008)，张永丽、葛秀峰 (2010)，张淑辉等 (2012)，张社梅、蒋远胜 (2015) 等分析发现农业经济增长主要还是依靠科技进步。姚延婷、陈万明、李晓宁 (2014) 分析认为，环境友好农业技术创新和技术创新推广程度对经济增长的推进作用是长期有效的。杭帆、郭剑雄 (2016) 对中国 1985—2012 年间 30 个省（自治区、直辖市）面板数据的分析结果表明，东、中、西部地区的技术进步水平存在显著差异，进而导致对农业增长的促进作用也存在明显不同。

第三，生产要素相互替代带来的技术进步对农业经济增长促进作用的相关研究。例如，尹朝静、范丽霞、李谷成 (2014) 研究指出农业资本对劳动的替代弹性促进了农业增长。李谷成 (2009，2015) 分析认为资本深化及其对劳动、土地要素的替代是农业生产率增长的重要源泉。吴丽丽 (2016)，向云、祁春节、王伟新 (2017) 基于要素之间的相互替代关系探讨了粮食生产、柑橘产业的增长路径问题。

第四，技术进步与农业增长路径选择的相关研究。例如，Quesnay (1757) 强调了技术对农业生产的重要性，并指出牛拉犁和马拉犁技术的推广有助于产量增加。顾焕章等 (1991) 提出利用科技进步和技术创新是促进未来农业增长的首要任务。曾凡慧 (2008) 认为技术进步能突破资源约束从而带动农业经济增长，刘辉 (2009) 则深入阐释了中国农业技术进步变迁与农业发展的路径。邓蒙芝 (2015) 分析认为河南省农业增长模式表现出明显的技术推进特征。魏金义 (2016) 指出农业要素禀赋变化与农业技术进步偏向的匹配性影响农业经济增长路径。

1.4.1.3 产业结构及其调整

产业结构对经济增长的影响也是很显著的，相关的研究主要涉及两个方面。一是产业结构作为经济增长模型的重要变量，其中，Crossman & Helpman (1991)、Lucas (1993)、Nelson & Pack (1999) 等均将产业结构纳入构建的经济增长模型中，Denison (1967)、Maddison (1987)、Chenery 等 (1989) 的实证研究结果均表明产业结构是经济增长的一个重要影响因素。二是产业经济对经济增长的促进作用。例如，Baumol (1994) 指出，产业结构持续升级的结果是发达国家与发展中国家的经济差距日益扩大，发达国家的生产率不断提高。Sachs et al. (1994) 基于欧洲、中国和苏联等的比较分析结果，得出中国经济高速增长主要得益于产业结构转型的结论。Timmer (2000) 的研究结果表明，产业结构升级过程所带来的技术创新，显著提升了经济增长速度。Peneder & Michael (2003) 和 Silva & Teixeira (2011) 等学者的实证分析结果也表明，产业结构升级大大促进了经济增长。徐辉、李宏伟（2017）从合理化与高级化两个角度实证分析了证实了产业结构对经济增长的重要影响。

国内学者对农业产业结构与农业经济增长之间的关系也进行了深入探讨和实证分析。例如，邓琨（2011）指出种植业是推动四川农业经济增长的主要力量。吕超、周应恒（2011）分析认为蔬菜产业集聚对区域蔬菜产业经济增长有显著的正向影响，蔬菜主产区农业结构的转变有助于推动蔬菜产业经济增长。姚旭兵、罗光强（2015）运用PVAR模型进行实证分析的结果表明，产业结构升级在长期内能够显著地促进农业经济增长。刘后平、何宇飞、陈月澈（2017）构建计量模型深入分析了1985—2015年四川省农业内部产业结构调整对农业经济增长的促进作用。李爱娜（2017），王红、王鄂湘（2017）等的研究结果表明，农业产业结构调整与优化能有效推动农业经济发展，两者存在明显正相关关系。

1.4.1.4 其他影响因素

除了以上提到的传统生产要素投入、农业技术进步和产业结构三个方面的影响因素，还有学者探讨了农村金融发展、水资源利用和农业制度变迁等对农业经济增长的影响。

其一，农村金融对农业经济增长的影响机制及其促进作用。其中，Michael et al.（1990）分析了农村金融对农业经济增长的影响。Hoff & Stiglizt（1990）则指出政府适当的干预有助于农村金融市场良性发展，进而推进农业经济增长。曹协和（2008）的实证分析结果证实农村金融发展对提高农业经济增长的整体水平有显著正向作用。万众、朱哲毅（2014）指出政策性金融对农业经济增长的影响存在区域差异。武晓明、罗剑朝（2016）的分析结果指出农村金融市场开放对农业经济增长具有显著正向影响。刘金全、徐宁、刘达禹（2016）利用PLSTR模型的实证分析结果表明，在农村金融发展初期，提高资金利用效率和农村金融相关率则能够显著促进农业经济增长。

其二，水资源利用对农业经济增长的影响。其中，潘丹、应瑞瑶（2012）构建面板VAR模型进行研究发现，东、中、西部地区的水资源均是促进农业经济增长的重要影响因素。李青、陈红梅、王雅鹏（2014）建立面板VAR模型分析发现，新疆的农业用水和农业经济增长之间存在长期协整关系。许长新、林剑婷、宋敏（2016）指出水资源与土地资源的合理匹配有助于区域农业经济发展。

其三，制度变迁对农业经济增长的影响。Mcmillan et al.（1989）探讨了制度因素对农业经济增长的影响。Temple（1999）提出制度因素对农业经济增长的影响是内生决定的。乔榛、焦方义、李楠（2006）的分析结果表明，土地制度和财税制度等的变革显著影响了我国改革开放以来的农业增长。孙圣民、陈强（2017）则实证分析验证了家庭联产承包责任制对中国农业增长的显著正向效应。

然而，值得注意的是，并不是所有的影响因素均对农业经济增长产生正向的促进作用，部分学者通过实证分析发现，有些因素对农业经济增长还具有一定的阻碍或抑制作用。例如，Patrick et al.（1973）、Phillips et al.（1986）、Knight（1993）和 Islam（1995）等学者的实证研究则发现，人力资本的作用对农业经济增长并不十分明显，反而存在一定的反作用，学术界称之为“农村人力资本陷阱”。King & Levine（1993）则指出政府对农村金融市场的干预会对农业经济增长产生显著的负外部性。国内学者的实证分析中也得出过对农业经济增长产生负向影响的结论，涉及基础设施投资及公共产品投入（李焕彰、钱忠好，2004；梁耀盛，2010；刘晗、曹祖文，2012）、农业技术进步（牛凯，2013；张雄化，2014）、生产要素过量投入（郑文、张建华，2013；王金田，2013；周靖、汪小勤，2016）、农村劳动力或人力资本流失（刘宁，2014；武晓明、罗剑朝，2016）、对外开放（杜江、刘渝，2008）等方面。

1.4.2 农业经济增长空间分异的相关研究

国外学者对空间分异的关注始于种族隔离和阶层分异（石恩名、刘望保、唐艺窈，2015），随着有关经济发展差距加剧的相关研究深入，对经济增长空间分异现象的研究开始受到学者的重视。梳理发现，国外学者对农业经济增长收敛性开展了大量的实证研究。例如，Rey & Montouri（1999）对美国人均收入的收敛性进行了实证分析。McCunn & Huffman（2000）对美国 42 个州的农业经济数据进行分析发现，美国农业经济增长并不存在 σ 收敛，但存在明显的条件收敛。Mukherjee & Kuroda（2003）的实证分析结果表明，印度 14 个邦的农业生产率并不存在 σ 收敛。Calos et al.（2006）检验了世界主要国家农作物与畜牧业 TFP 增长的收敛性。Alexiadis & Korres（2010）分析发现，欧盟农业经济增长存在一定的绝对收敛，而且同时表现出俱乐部收敛趋势。Birthal et al.（2011）对印度的研究则得出了相反的结论，认为并无证据表明印度农业经济增长存在收敛。此外，也有部分学者关注了农业经济增长空间分异的影响因素，包括空间集聚和专业化、地理区位和农业增长的溢出效应等方面。其中，Winsberg（1980）的研究结果显示，农业生产的集中化和专业化促进了农业经济的增长。Catherine et al.（1999）、Henderson & Shalizi（2001）、Martin et al.（2001）等学者的研究也证实了地理区位对经济增长的重要影响，指出规模经济和集聚效应是经济增长的重要推动力量。Fujita et al.（2000）的研究发现，区位因素对区域农业经济增长存在显著影响。Ulimwengu & Sanyal（2011）对撒哈拉以南的非洲地区国家进行分析发现，农业生产存在的溢出效应，能够为农业增长贡献 2.5%的正向影响。Krugman（1991）提出了用于测算区域专业化和产业地理集中度的分异指数；Traistaru et al.（2002）、Erkut & Baypinar（2003）等学者在此基础上测算了欧洲国家的区域专业化程度，并对其空间分异格局和变化进行了深入分析。

国内空间分异的研究起步较晚，20 世纪 80 年代中期，虞蔚（1986）首次向国内介绍国外空间研究及其分析方法，自此国内学者开始逐渐关注中国的社会空间分异现象，且随着研究的深入和扩展，部分学者开始关注经济空间分异，也借助相关方法初步探讨了农业经济增长的空间分异现状、趋势、空间分异程度等问题。梳理发现，国内学者的相关研究以现实问题为导向，重点围绕农业经济增长空间差异的现状及趋势特征、空间收敛性、形成原因等展开分析（表 1－3）。

表 1－3　国内有关农业经济增长空间差异的相关研究

代表人物	研究方法	时间跨度	研究结论
曾国平等（2010）	空间计量	1985—2008 年	中国省际农业经济活动存在显著的非随机性空间集聚特征，存在小幅收敛趋势
向敬伟（2016）	DEA－Malmquist 指数法	1995—2013 年	农业经济增长质量表现出明显的空间分异特征，农业经济增长质量指数得分值高的主要分布在武陵山区域，得分值较低的县市在武陵山区和秦巴山区
何红光等（2017）	主成分分析法、空间统计技术	2005—2014 年	东北、西北和东南沿海等省（自治区、直辖市）的农业经济增长质量水平相对较高，水平相对较低的省（自治区、直辖市）主要在中南部地区
李兆亮等（2016）	空间误差自回归模型	2003—2014 年	人均农业绿色 GDP 在空间误差冲击作用下呈现出显著的绝对收敛特征
王金田（2013）	空间计量	1995—2011 年	全国、东部地区、中部地区和西部地区在绝对收敛和条件收敛方面存在显著差异
贺亚亚（2016）	空间杜宾模型	1997—2013 年	地理集聚对农业产出具有显著的正向影响，而且以正向的间接效应为主
张和东等（2017）	变异系数	1999—2009 年	从经济社会发展条件的差异视角解释了福建省农业经济增长空间差异的成因

资料来源：作者根据相关资料整理得到。

1.4.2.1 农业经济增长空间差异的现状及趋势特征

研究发现中国区域之间（郑晶、温思美、孙良媛，2008；周端明，2009；何红光、宋林、李光勤，2017）、省（自治区、直辖市）之间（曾国平、罗航艳、曹跃群，2010；郑文、张建华，2013）、县域之间（余成群等，2009；刘养卉、龚大鑫、窦学诚，2010；谢花林，2010；李成圆、熊黑钢、闫人华，2013；连旭，2016；张和东、廖善刚、郭亚军，2017）农业发展水平的不平衡性逐渐加剧，且表现出一定的空间集聚特征；此外，省际在农业经济增长质量及其变化程度、发展的均衡性等方面也表现出明显的空间分异特征（向敬伟，2016；何红光、宋林、李光勤，2017）。例如，向敬伟（2016）研究指出鄂西山区16个贫困县农业经济增长质量表现出明显的空间分异特征，农业经济增长质量指数得分值高的主要分布在武陵山区域，得分值较低的县市在武陵山区和秦巴山区呈现均匀分布状态。

1.4.2.2 农业经济增长的空间收敛性

关于农业经济增长是否具有收敛性一直是学术界争论的热点，部分学者基于不同视角、采用不同数据和方法得出的结论也存在明显差异，既有得出区域农业经济存在收敛性（王金田，2013；郝永录，2014；唐德祥、周雪晴，2016），也有得出相反结论的（潘丹，2012；李兆亮等，2016）。由此也说明，我国地域的广阔性决定了区域之间、地区之间农业经济增长的收敛性存在显著差异，有必要对特定区域的农业经济增长展开细致和深入研究。具体而言，王金田（2013）对全国和区域农业经济增长的空间收敛性进行了细致分析，发现全国、东部地区、中部地区和西部地区在绝对收敛和条件收敛方面存在显著差异。郝永录（2014）的实证分析也发现，山东省东、中、西部农业全要素生产率从长期看表现出一定的σ收敛特征。李兆亮等（2016）的研究结果也指出人均农业绿色GDP在空间误差冲击作用下存在绝对收敛特征。潘丹（2012）通过全面系统的分析则指出，尽管我国省域层面的农业绿色生产率并不存在绝对收敛情况，但是省际农业绿色生产率表现出了显著的条件收敛趋势，表现出较大的差异性。唐德祥、周雪晴（2016）基于环境约束的视角分析发现，我国西南地区农业TFP的σ收敛趋势并不稳定。

1.4.2.3 农业经济增长空间分异的形成原因

除了前文已有的四大类影响因素，学者还重点从空间地理因素、农业劳动生产率的区域差异、地区经济社会发展水平等方面探讨了对农业经济增长空间差异的影响情况。例如，张雄化（2014）分析发现资本集聚促进了中西部农业的长期增长。杨忠娜、蒋桂容、唐继军（2015）分析了南疆地区农业劳动生产率和农业收入比重差异对农业经济增长区域差异的贡献情况。李俊杰等（2016）的分析结果则显示，东部沿海、东北、中部和西部地区农业经济增长的差异主要来源于农业综合开发投资的差异。王辉、刘茂松（2016）研究发现，地区经济发展水平差异对农业经济增长有正向影响作用，经济相对发达的直辖市与沿海省（自治区、直辖市）具有农业经济发展方面的优势。另外，贺亚亚（2016）研究发现地理集聚对农业产出具有显著的正向影响，而且地理集聚对农业增长的影响主要来自正向的间接效应。张和东、廖善刚、郭亚军（2017）从经济社会发展状况的角度剖析了福建省沿海与内陆区域农业经济增长的差异。

1.4.3 农业经济增长空间效应的相关研究

已有研究主要从经济增长的空间相关性（Anselin，1998；Weinhold，2002；张馨之、何江，2006；苏良军、王芸，2007；何雄浪、郑长德、杨霞，2013；张虎、赵炜涛，2017）、空间依赖性（Ertur & Koch，2006；Basile，2008；汪增洋、豆建民，2010；杨贺、刘金平，2012；邓若冰、刘颜，2016）、空间异质性（Ertur & Koch，2006；Dupont，2007；Basile，2008；李忠民、于庆岩，2014；郭冉、陆杰华，2017）、空间集聚效应及其与经济增长的正相关关系（Ciccone，2002；Ottaviano & Pinellidl，2006；Brulhart et al.，2008；张森，2010；贾兴梅、李平，2014；张影，2016）、空间格局及其演化（杨上广、吴柏均，2007；盖美、张丽平、田成诗，2013；李在军等，2016；杨建辉；2017）等方面对空间效应展开了深入分析。同时，从已有相关研究使用的空间计量分析方法来看，主要包括空间自回归模型（Cliff & Ord，1973；Paelinck & Klaassen，1979；Doreian，1980；Haining，1990；Anselin & Rey，1997）、空间杜宾模型（López - Bazo et al.，2004；Ertur & Koch，2006；Basile，2008；Arbia，2009）、空间误差模型（Anselin，1988；Fingleton，1999；谭崇台、唐道远，2015）、空间滞后模型（Anselin，2003；Ertur & Koch，2007；石慧，2009；高远东、花拥军，2011；张伟丽，2011；陈创练、张帆、张年华，2017）等。例如，Romer（1986）、Lucas（1988）、Grossman & Helpman（1991）等的研究均指出知识溢出的外部性促进了经济长期增长。谢花林（2010）基于县域农业经济增长局部空间差异的研究结果表明，县域农业经济的空间效应反映出区域内部的空间差异在逐渐缩减。López - Bazo et al.（2004）、Fingleton & López - Bazo（2006）等学者的研究结果均表明，经济增长不仅受到地区自身因素的影响，而且受到相邻地区经济增长及其增长因素的强烈影响。刘华军、张权、杨骞（2014）的实证研究结果反映出，我国区域经济增长的空间异质性和空间依赖性尤为突出。张影（2016）通过分析发现，中部和东部地区是我国农业经济增长的“高-高”值的主要集聚区域，而“低-低”值集聚区域则主要位于我国的西北地区，反映出空间集聚效应非常显著。

总体而言，经济增长存在空间效应的认识已被学术界认可，空间计量经济模型的使用也相对比较成熟。然而，对农业经济增长空间效应的分析目前还不多见，近年来，仅有部分学者借助相关理论在空间相关性和空间集聚效应等方面有所涉猎，也用到了一些空间计量的分析方法，或采用截面数据、或采用面板数据等加以定量分析（表1-4）。比如，高远东、花拥军（2011）构造了地区农业经济增长的空间协整方程与空间误差修正模型，实证分析结果显示，农业经济增长除了会受到资本投入和农林水事务支出等因素的影响，相邻省（自治区、直辖市）的农业资本投入空间效应的存在也是其中的重要影响因素。潘丹（2012）采用空间计量经济模型的分析也发现，地理因素存在所反映的空间正相关性，对农业绿色生产率水平具有显著的影响。刘兴举（2015）研究指出，中国的农业发展呈显著空间正相关性，在空间分布上呈现局部聚集特点，在地区的农业经济上存在着复杂的空间联系，且两者都存在空间溢出效应和空间挤出效应。

表1-4　国内有关农业经济增长空间效应的相关研究

代表人物	研究方法	主要结论
石慧（2009）	空间马尔科夫链	各省区间的农业全要素生产率水平存在局部空间相关性，因而在研究影响因素时，需要控制空间因素
谢花林（2010）	空间自相关	环鄱阳湖地区县域农业经济局部空间差异不断缩小，特别是该地区的北部和南部，表现出与周边地区同步发展态势
曾国平等（2011）	空间计量模型	我国省际农业生产效率存在显著的、非随机性的空间自相关和空间异质性，呈现出空间集聚现象
潘丹（2012）	空间计量经济模型	区域农业绿色生产率水平具有显著的空间正相关关系，地理因素对农业绿色生产率水平具有显著的影响
王金田（2013）	探索性空间因子分析法	在模型中加入空间因素，研究中国农业经济增长是否存在收敛性
刘华军等（2014）	空间面板数据模型	中国区域经济增长均具有显著的空间依赖性和空间异质性
贾兴梅、李平（2014）	空间基尼系数、区位熵	农业产业空间集聚程度的提高促进了区域农业经济的增长
刘兴举（2015）	空间计量模型	中国农业发展呈显著的空间正相关性，在空间分布上呈现局部聚集特点，在地区的农业经济上存在着复杂的空间联系，且两者都存在空间溢出效应和空间挤出效应
李兆亮（2016）	空间自相关	我国农业绿色经济增长存在显著的空间集聚，人均农业绿色GDP并未打破传统经济增长东部高、西部低的整体格局

（续）

代表人物	研究方法	主要结论
张影（2016）	探索性空间因子分析法	中东部地区是我国农业经济增长的“高-高”值集聚区域，“低-低”值集聚区域则主要位于我国的西北地区，反映出空间集聚效应非常显著

资料来源：作者根据相关资料整理得到。

1.4.4 文献评述

综上所述，国内外学者在农业经济增长相关领域的研究工作取得了丰硕成果，理论方面的探讨和实证方面的检验，均对本研究具有重要的指导意义。总结认为，现有文献对农业经济增长问题的诸多研究，仍存在一定的改进空间。

第一，从研究内容而言，已有的相关研究主要集中在经济增长方面，包括经济增长的区域差距及收敛性、影响因素及其贡献、空间效应等方面。对农业经济增长展开专门、系统研究的并不多见，涉及农业经济增长空间分异相关问题的文献更少，尤其是特定区域内农业经济增长的时空演变、空间格局及其驱动因素等方面的分析，目前还相对较为欠缺。

第二，从研究基础而言，以往众多研究者对农业经济增长各类影响因素的分析，均有其合理性，也选择了或单一、或多元化的影响因素指标，展开了众多的实证分析，这些为本研究提供了很好的基础。但是，现有研究对相关指标的选择相对随意，是否能够比较清晰地反映出地区农业经济增长影响因素的现实状况，本研究认为还有待商榷，至少目前尚未形成一个统一的、学术界普遍认同的研究范式。如何将众多的影响因素归纳为少数几个具有代表性的和可定量分析的指标，本研究认为有必要做进一步的探讨。

第三，从研究视角和研究思路而言，尽管许多学者对区域经济协调发展问题相当重视，也对经济增长的路径选择问题进行过探讨，也有学者提出要素禀赋内生决定经济增长，最优的产业结构内生于要素禀赋结构（林毅夫，2010），也有部分学者尝试从要素禀赋及其变化情况视角考虑农业技术进步与农业经济增长问题（魏金义，2016；吴丽丽，2016），但是，将要素禀赋与农业经济增长结合起来，从区域空间分异角度探讨农业经济增长区域差距及其驱动因素的相关研究目前仍寥寥无几。与此同时，基于区域协调发展和空间格局优化视角探讨适合区域农业经济增长路径选择的空白问题，目前看来也有待予以填补。

第四，从研究方法而言，已有的研究大多利用传统计量方法对经济增长影响因素进行分析，如生产函数及其扩展形式，对区域经济增长协调发展的探讨主要以定性分析为主，往往也忽视了地理空间因素对区域农业经济增长的影响。因此，有必要引入空间计量分析方法对区域农业经济增长的相关问题展开进一步分析。

总之，国内外众多学者对农业经济增长领域相关问题的理论讨论和实证分析，虽然在观点和方法等方面存在诸多差异，但已有研究均为区域农业经济增长空间分异及路径选择问题的分析提供了强有力的理论支撑。本研究基于区域协调发展和空间格局优化视角，以南方地区农业经济增长为例，探讨区域农业经济增长空间分异的主要驱动因素以及区域内各地区、各省（自治区、直辖市）农业经济增长的路径选择问题，目前看来具有较大的扩展空间和研究价值。

1.5 研究内容

本研究旨在对南方地区农业经济增长的空间分异及其影响因素进行深入分析，并在此基础上有针对性地探讨南方地区农业经济增长的路径选择问题。根据研究内容的逻辑性和完整性要求，本书共分为 9 个部分，具体内容如下所示：

第 1 部分　绪论。首先，在对农业经济增长发展区域不平衡的现实背景进行阐述的基础上，引出本研究的主要问题和研究意义所在。然后对研究所涉及的重要概念和区域范围等进行了概念界定和简要说明。之后，从影响因素、空间分异和空间效应三个方面梳理了农业经济增长领域的国内外相关研究动态，并对文献进行了总结评述。最后，进一步从研究内容、研究方法、技术路线等方面呈现了本研究的基本结构框架，以及本研究可能存在的创新之处和主要贡献。

第 2 部分　农业经济增长空间分异与路径选择的理论分析框架构建。首先对区域农业经济增长的相关理论及其核心思想进行了阐述，在此基础上，分析了区域农业经济增长的空间分异机制。然后，在分析区域农业经济增长路径理论分析与内在逻辑的基础上，构建了本研究的一般分析框架。

第 3 部分　农业要素禀赋的总体评价与时空演变特征。首先，构建了农业要素禀赋评价指标体系；然后，基于熵权法测算南方地区各省（自治区、直辖市）农业要素禀赋指数，对南方地区农业要素禀赋水平的变化趋势和现状进行总体评价。最后，在前文的基础上，结合差异性指数与基于多组群计算的分异指数，测算并分析了南方地区农业要素禀赋的时空演变特征。

第 4 部分　农业经济增长的空间分异及其驱动因素。本部分首先基于 ESDA 分析方法对南方地区农业经济增长的时空演变、全局空间自相关性和局部空间自相关性等进行了分析。然后，通过构建空间计量回归模型，利用 STATA14.0 软件实证分析了南方地区农业经济增长的主要驱动因素及其空间效应。

第 5 部分 农业经济增长与要素禀赋的耦合协调及优化。利用 1997—2015 年的省域相关数据，借助耦合协调度模型分析了南方地区农业经济增长与要素禀赋耦合协调的时空演变特征。然后，在对南方地区农业经济增长与要素禀赋耦合类型空间分布进行具体分析的基础上，将南方地区进一步细分为“四大内部区域”，并探讨了其耦合协调的空间格局优化途径。

第 6 部分 基于空间格局优化的南方地区农业经济增长路径选择。利用分解的基尼系数对南方地区农业经济增长水平的区域总体差距、区域内差距和区域间差距进行了分析，并分析了相关原因。在此基础上利用空间计量回归模型比较分析了南方地区“四大内部区域”农业经济增长驱动因素及其空间效应。最后，在前文研究结论的基础上，从区域协调发展的空间格局优化视角探讨了南方地区及其内部区域农业经济增长的路径选择问题。

第 7 部分 南方地区农业生产要素禀赋结构的空间差异及其转型路径。首先构建并测算了南方地区各省（自治区、直辖市）农业生产要素禀赋结构指数，借助空间分异指数对南方地区农业生产要素禀赋结构的空间分异状况进行了深入分析。然后在剖析农业生产要素禀赋结构空间分异成因的基础上，对南方地区“四大内部区域”农业生产要素禀赋结构的转型路径进行了探讨，有针对性地提出了各内部区域和各省（自治区、直辖市）农业生产要素禀赋结构转型的重点和关键。

第 8 部分 南方地区农业产业结构的空间差异及转型路径。借助动态偏离份额分析的空间模型对南方地区农业产业结构及其内部产业结构的空间差异进行了细致分析。在第 7 部分农业生产要素禀赋结构分析的基础上，探讨了南方地区农业产业结构空间差异的成因。最后，在前文研究结论的基础上，探讨了“四大内部区域”及相应省（自治区、直辖市）农业产业结构转型升级的思路和路径选择。

第 9 部分 研究结论与政策建议。本部分对本研究所得出的 6 个方面的主要结论进行了归纳和总结，并提出了相应的政策建议。

1.6 研究方法、研究思路与技术路线

1.6.1 主要研究方法

本研究对南方地区农业经济增长空间分异与路径选择的分析，基于研究内容设计和研究目标，在研究过程中采用了诸如文献分析法、逻辑演绎分析法、

比较分析法、面板数的空间计量回归分析法、探索性空间数据分析法（ESDA）、空间分异系数法、分解的基尼系数法、动态偏离份额分析的空间模型等多种方法。综合来看，对研究工作顺利开展至关重要的部分研究方法主要集中体现在如下三个方面：

1.6.1.1 文献分析法

本研究对国内外相关论文及学术专著等文献资料进行了系统梳理和归纳总结，重点对农业经济增长的影响因素、空间分异及空间效应等进行了综述，也梳理了区域经济增长理论、新经济地理学和新结构经济学等相关理论，在全面、科学、系统地把握农业经济增长领域的研究基础和最新研究进展动态情况的基础上，明确本研究的重点和难点。此外，大量的相关文献资料也为本研究选择合适的研究方法（如空间计量模型）、科学完整的数据等提供了支撑，后续实证分析部分的研究工作也离不开文献资料梳理的基础性工作。

1.6.1.2 比较分析与逻辑演绎分析法

研究过程中大量使用到比较分析法和逻辑演绎分析法，两种分析方法在本研究的实际应用中有突出的表现。

一是比较分析法。南方地区农业要素禀赋的总体评价与时空演变（第 3 部分）、农业经济增长的空间分异（第 4 部分）、农业经济增长与要素禀赋耦合协调的时空演变特征（第 5 部分）、农业经济增长水平的区域差距及因子分解（第 6 部分）、农业经济增长驱动因素空间效应的比较分析（第 6 部分）、农业生产要素禀赋的空间分异（第 7 部分）、农业产业结构禀赋的空间分异（第 8 部分）等的分析，均采用了比较分析的研究方法。可以说，比较分析法基本上贯穿本研究实证分析的所有内容。通过比较分析法，对南方地区不同内部区域、不同省（自治区、直辖市）之间的差异情况进行了横向和纵向比较。

二是逻辑演绎分析法。本研究的第 2 部分，对区域农业经济增长空间分异及路径选择理论分析的基础上，构建了南方地区农业经济增长空间分异与路径选择的理论分析框架。此外，第 6 部分、第 7 部分和第 8 部分对南方地区“四大内部区域”农业经济增长路径、农业生产要素禀赋结构转型路径和农业生产结构转型路径的分析方面，均采用了逻辑演绎的分析方法。

1.6.1.3 实证分析方法

一是基于构建的相关指数对要素禀赋、要素禀赋结构等的测度，以及在此基础上所进行的实证分析。例如，基于熵权法计算的农业要素禀赋指数（第 3 部分），空间分异指数的测算及运用（第 4 部分、第 7 部分、第 8 部分）、农业生产要素禀赋结构指数的构建及其实际应用（第 7 部分）、分解的基尼系数对农业经济增长水平区域差距的分析（第 6 部分）。

二是探索性空间数据分析（ESDA）法。在分析南方地区农业经济增长的空间分异情况时（第 4 部分），采用了 Moran's I 指数法分析了南方地区农业经济增长的全域空间相关性和局域空间相关性，在此基础上利用 Moran 散点图方法分析了各省（自治区、直辖市）农业经济增长的空间分布与集聚状况。

三是耦合协调度模型。借助该方法分析了南方地区农业经济增长与要素禀赋耦合协调的时空演变特征，并对南方地区农业经济增长与要素禀赋耦合类型的空间分布进行了具体分析（第 5 部分）。

四是空间面板回归模型。首先，在分析南方地区农业经济增长空间分异的影响因素时，构建了空间计量回归模型（第 4 部分）。然后，利用该方法对南方地区"四大内部区域"农业经济增长驱动因素及其空间效应的比较分析（第 6 部分）。

五是动态偏离份额分析的空间模型。借助该方法分析了南方地区农业产业结构的区域差异和农业产业结构的内部差异情况（第 8 部分）。

1.6.2　研究思路

本研究尝试从定性与定量两个方面分析我国南方地区农业经济增长空间分异的基本现状与路径选择问题。首先，借助相关理论分析和文献梳理，通过构建评价指标体系对南方地区农业要素禀赋进行总体评价和时空演变特征分析。然后，采用 ESDA 方法分析南方地区农业经济增长的空间分异特征，并结合农业要素禀赋指数对农业经济增长主要驱动因素及其空间效应进行分析。之后，利用耦合协调度模型探讨农业要素禀赋与农业经济增长之间的耦合协调性，在此基础上对南方地区进行内部区域划分。再之后，运用分解的基尼系数对南方地区农业经济增长区域差距进行细致分析，并深入剖析导致农业经济增长区域差距的原因，且基于南方地区"四大内部区域"之间的经济差距，探讨各区域可能的增长路径选择问题。紧接着，分别借助空间分析指数、ESDA 方法和动态偏离份额分析的空间模型等，从农业生产要素禀赋结构转型和农业产业结构转型的视角，进一步更深入地探讨南方地区各内部区域、内部区域各省（自治区、直辖市）的农业经济增长路径选择问题。最后，得出主要研究结论并提出相应的政策建议。

1.6.3　技术路线

技术路线见图 1-1。

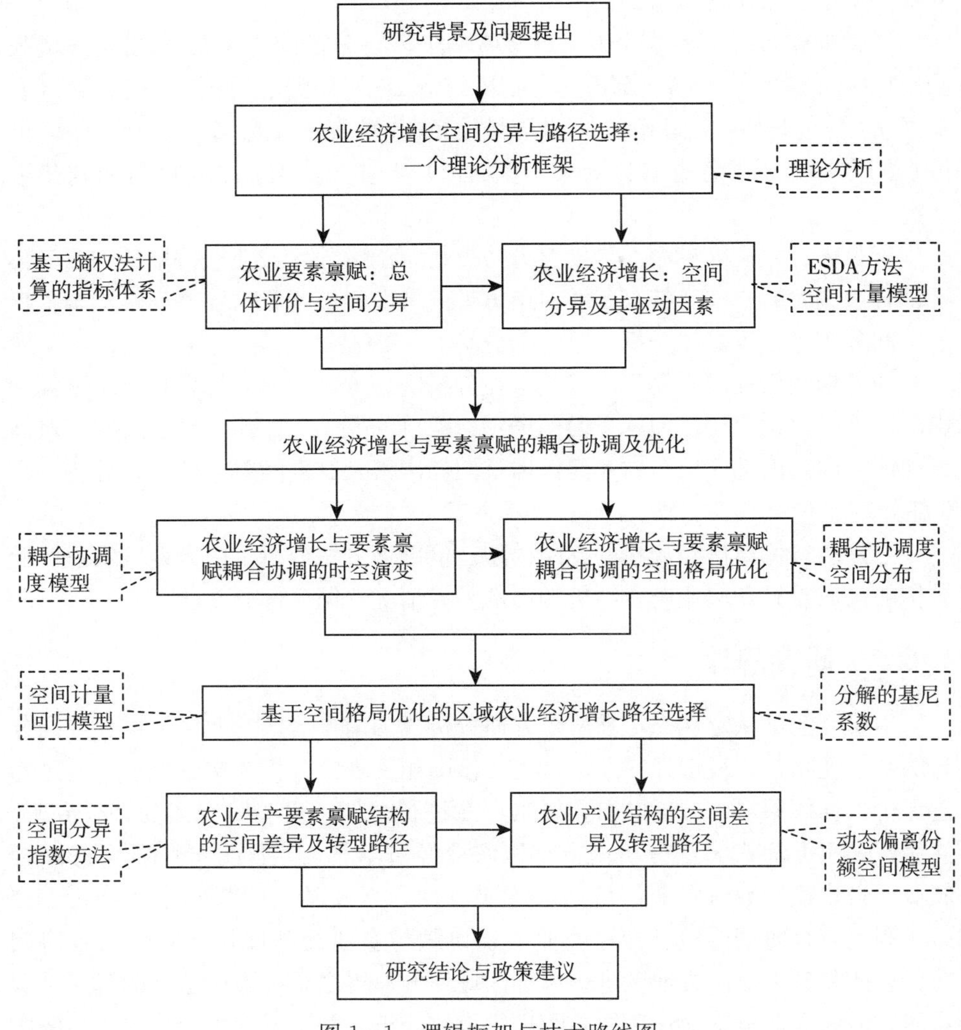

图 1-1　逻辑框架与技术路线图

1.7　可能的创新与不足之处

1.7.1　主要贡献与可能的创新

本研究最主要的贡献在于针对南方地区及其内部区域的农业经济增长进行了专门分析。在区域经济增长理论、新经济地理学和新结构经济学等理论的指导下，对南方地区农业经济增长空间差异及空间差距等进行了深入分析；在此基础上，从农业生产要素禀赋结构转型、农业产业结构转型和区域农业经济增长空间格局优化等方面深入细致地探讨了南方地区“四大内部区域”农业经济增长的路径选择。研究选题来源于现实经济问题，研究内容全面、框架完整、结果具有较强的实践指导意义。可能的创新主要表现在研究地域和研究对象的选择、研究所取得的主要结论以及应用的研究方法等三个方面。

第一，首次对南方地区农业经济增长的空间分异与路径选择做了系统分析，并根据要素禀赋特征和农业经济增长特点进一步细分为包括长江上中游区、东部沿海平原区、南部沿海丘陵区和西南丘陵山区的“四大内部区域”，这对于我国南方地区农业经济的区域协调发展是一次有益的尝试。具体而言，一是对农业经济增长与要素禀赋的耦合协调性进行了分析，并在此基础上将区域内具有相似特征的省（自治区、直辖市）进一步细分为内部区域，从而使得研究结果对现实经济指导的意义更为明显；二是分区域、分省（自治区、直辖市）具体分析了农业生产要素禀赋结构和农业产业结构的相对比较优势，并在此基础上探讨了适合各区域农业发展特点的农业经济增长路径，这与现实经济问题的联系更为紧密。

第二，尝试探讨农业要素禀赋对农业经济增长空间分异的影响，并在此基础上探究南方地区农业经济增长的路径选择问题，研究内容契合推进区域农业经济增长协调发展的现实要求，是对已有相关研究成果的深化和拓展。从文献资料的梳理结果来看，对区域农业经济增长的已有研究大多停留在现状特征与发展趋势、影响因素与对策建议等方面，关于经济空间分异的研究也主要集中于全国层面或省级层面，本研究在此基础上进一步探讨特定区域农业经济增长的空间分异、驱动因素及其空间效应、路径选择等问题。具体而言，一是从农业要素禀赋的空间分异为切入点，探讨农业要素禀赋与农业经济增长之间的关系，从而对区域农业经济增长的空间差异和空间差距进行深入解析；二是将农业技术和农业产业结构纳入农业经济增长影响因素的分析框架，强化了农业技术要素和产业结构对区域农业经济增长的重要影响作用；三是对农业经济增长的空间分异特征及其驱动因素的空间效应进行了深入研究。可以说，本研究内容的设计是对已有研究成果的深化和拓展。

第三，引入了面板数据的空间计量经济模型对南方地区农业经济增长的驱动因素及其空间效应进行了具体分析，丰富了空间计量方法在农业领域的应用研究。以往研究对区域农业经济增长影响因素的分析大多基于生产函数采用一般回归模型，指标选择以官方公布的数据为主，研究方法选择以传统方法为主，而本研究应用了较为前沿的空间计量经济模型和偏离份额分析的空间模型，能够更有效地反映区域农业经济增长的空间相关性与异质性特点。具体而言，应用面板数据的空间计量回归模型分析了农业要素禀赋对区域农业经济增长的影响及其贡献程度，进而分析了各主要驱动因素的空间效应，使得区域农业经济增长模型能够反映地理空间因素的影响。此外，还应用分解的基尼系数和动态偏离份额分析的空间模型，对区域间农业经济增长空间差距和农业产业结构空间差异等进行了剖析，研究结果所呈现的空间格局更为清晰。

1.7.2 不足之处

本文围绕南方地区农业经济增长空间分异与路径选择的相关问题展开了一系列研究，取得了一定的成果和研究结论，但是受数据获取、研究水平等的限制，研究工作存在一定的不足，主要表现在三个方面：

（1）受数据获取及相关指标选择的局限，本研究对南方地区各省（自治区、直辖市）农业要素禀赋水平的测算可能存在不足，指标选择和量化精准度与实际情况可能存在一定偏差。本研究主要从土地和劳动力要素投入的数量和质量，资本要素、技术要素投入数量，产业结构状况等方面对农业要素禀赋水平进行了测度。然而，需要说明的是，资本要素和技术要素投入的质量和效率，由于不易量化，本研究在资本和技术要素禀赋测算指标的选择上尽管存在合理性，但是测算结果在一定程度上降低了对现实经济现象的解释力。

（2）从研究取得的主要结论来看，对各内部区域农业生产要素禀赋结构和农业产业结构的转型路径，以及农业经济增长路径等进行了针对性的探讨，但是在一定程度上也忽略了各内部区域之间的联系，没有就区域之间农业经济增长的协同发展做更深入的研究。当然，基于研究框架的整体设计，本文对南方地区内部区域的细分，并在此基础上探讨各内部区域农业经济增长空间分异的相关问题，一定程度上达到了预期的研究目的。然而，由各内部区域农业经济增长驱动因素及其空间效应的比较分析可知，有些区域某类农业要素投入不仅会促进本区域农业经济增长，而且对相邻区域有带动效应，但后文中在讨论农业生产要素禀赋结构转型时，并未对此进行专门和深入分析。

（3）部分研究内容还存在深入挖掘的空间。在对农业生产要素禀赋结构空间分异的成因进行分析时，本文仅从定性角度解释了其主要影响因素，如何对导致其空间差异的原因进行有效量化，并在此基础上展开实证研究，后续可以进一步专门探讨。对农业产业结构空间差异的分析，本文只考虑了农、林、牧、渔之间的结构差异，没有对农、林、牧、渔业产业的内部结构进行更深入和细致的探讨，后续研究也需要对此进一步完善。

2 南方地区农业经济增长空间分异与路径选择：一个理论分析框架

2.1 引言

尽管改革开放以来我国农业经济增长取得了巨大进步，但是区域之间的绝对差距和相对差距均呈不断扩大趋势。目前来看，我国农业经济发展的区域不平衡日趋严重，农业发展也已步入全面转型的战略阶段（魏后凯，2017）。因此，缩小区域农业经济增长差距，不仅关系到地区农业经济增长能否持续、稳定、健康发展，而且关系到区域农业结构转型是否顺利、有效、全面推进。

为了更好地解决地区农业经济增长过程中出现的空间分异和差距扩大等问题，需要从理论上对区域农业经济增长的空间分异过程及其路径选择的内在逻辑进行梳理。具体而言，本研究关于区域农业经济增长空间分异与路径选择的分析主要涉及四个方面的问题：一是如何对区域农业经济增长空间分异的特征及其驱动因素进行正确认识和客观分析；二是要素禀赋与农业经济增长之间的耦合协调关系，以及区域农业经济增长的空间分异机制如何形成；三是把握区域农业经济增长的路径选择问题，即如何根据区域要素禀赋特点选择能够促进区域农业经济协调、持续、健康发展的增长路径；四是如何通过农业生产要素禀赋结构转型与农业产业结构转型实现区域内部农业经济协调发展，尤其是各内部区域如何选择合适的转型路径。表面上看，对上述问题的探讨是为了缓解区域农业经济增长相对差距的现实矛盾，也是为了探究适合不同区域农业经济增长路径的现实实践。事实上，隐藏在背后的深层次问题是，区域农业经济增长空间分异的内在驱动力及其形成机制，以及相应的转型路径问题。因此，十分有必要对已有的区域经济增长理论、新经济地理学和新结构经济学理论等进行回顾和思考，并借鉴科学的研究方法从理论角度探讨本研究所要解决的问题。

2.2 区域农业经济增长空间分异的理论分析

2.2.1 区域经济增长理论与农业经济增长区域差异

目前来看，国外学者对区域经济增长差异问题进行了较多的理论探讨，尽管存在方法和观点上的差异，但是已有的相关理论分析也为本研究提供了理论上的有力支撑。归纳和梳理发现，区域经济增长差异的相关理论主要分为两大类：一类是区域经济增长均衡论，另一类是区域经济增长的非均衡论。

Walras（1871）最早提出一般均衡分析并建立均衡增长模型，此后，众多学者对区域经济的均衡发展进行了长期探索，Rodan（1943）、Nurkse（1953）、Solow（1956）、Swan（1956）、Barro & Sala-i-Martin（1995）、Fisher（1990）等学者是其中主要的代表人物。从表 2-1 中可看出，大推进理论和贫困恶性循环理论主张通过对各部门资本投入实现经济全面均衡增长，尤其注重政府的干预作用。而新古典经济增长理论和新经济增长理论则强调市场机制的自主调节，认为要素自由流动和技术水平不断提升会促使经济逐渐趋于均衡增长。综合而言，国外区域经济增长均衡论重点强调相对平衡的、大规模的资本投资和技术创新等对区域经济增长收敛的影响。对于农业经济增长而言，由于资源禀赋条件、地理位置、农业生产特点等的明显差异，试图推进区域农业经济均衡发展的努力基本不可能实现，而且相对来说，土地要素的固定性（不可移动）和资本要素的逐利性等特点，也决定了农业生产要素在区域之间的流动显得困难；另外，农业技术装备水平和技术人才的分布不均，也决定了技术水平一致的假设前提（新经济增长理论）无法实现。因此，区域农业经济增长的均衡发展只能是看似可能实则难以实现。尽管如此，区域经济增长均衡论有关生产要素流动和技术进步促进增长收敛的探讨，在一定程度上也为我们解释区域农业经济增长空间分异提供了理论支撑。

表 2-1　区域经济增长均衡论的代表性研究

理论	代表人物	主要观点
大推进理论	Rodan（1943）	在发展中国家或地区的各个部门同时进行大规模投资，通过促进这些部门的平均增长来实现整个经济的高速增长和全面增长
贫困恶性循环理论	Nurkse（1953）	针对贫穷落后地区或国家，主张对经济部门同时、但按照不同比例进行大规模投资，促进各部门按不同速率全面增长
新古典经济增长理论	Solow（1956）、Swan（1956）	市场机制充分发挥作用的情况下，生产要素在区域间的流动会促进区域经济发展水平趋于均衡
新经济增长理论	Barro、Sala-i-Martin（1995），Fisher（1990）	区域之间只有在技术水平一致的前提下才有收敛性，区域经济均衡增长是一个长期过程。不同国家人均 GDP 的增长将不断趋于平衡，落后国家最终能够赶上发达国家的经济增长水平

资料来源：作者根据相关资料整理得到。

对此持反对意见的学者则提出区域经济增长非均衡论的观点，Perroux (1950)、Myrdal (1957)、Hirschman (1958)、Vernon (1966) 等学者是其中主要的代表人物，具体见表 2-2 所示。综合学者对区域经济增长非均衡发展的长期理论探讨能够看出，持非均衡增长论观点的学者普遍认为发展中国家或是落后地区在资本、资源等方面的条件相对较差，不可能实现区域经济增长的均衡发展（刘红伶，2013）。经济增长的非均衡论对于农业经济增长而言，具有较强的现实解释力。其一，农业经济增长在区域内确实存在多个"增长中心"，一般来说，农业要素禀赋具有相对优势地区和经济发达地区的农业经济增长速度相对较快，贫穷落后地区则相对较慢。其二，正如农业经济增长的循环因果理论所强调的，农业经济增长既存在区域内的不平衡性，又存在一定的增长"扩散效应"，尤其是随着要素市场的不断完善，农业生产要素的流动性一方面使得资源向经济发达区域集中，另一方面发达区域的农业结构转型也为相对落后区域的产业升级提供了机遇。其三，区域农业生产要素禀赋和技术水平的差异，一定程度上决定了区域内农业产业结构及其变迁路径存在不同，由此也导致了农业经济增长水平的区域差异。总之，非均衡论不仅解释了农业经济增长存在区域差异的原因，而且为区域农业经济增长协调发展路径探索的尝试提供了理论指导。

表 2-2 区域经济增长非均衡论的代表性研究

理论	代表人物	主要观点
增长极理论	Perroux (1950)	经济增长是从一个或多个"增长中心"逐渐向其他部门或地区传导。主张选择特定的地理空间作为增长极，从而实现区域非均衡增长
循环累积因果原理	Myrdal (1957)	地区经济增长存在"扩散效应"（区域差异缩小）和"回波效应"（区域差异扩大），且在市场机制作用下，回波效应大于扩散效应，即区域经济增长的不均衡呈现出强化和加剧趋势
"极化-涓滴"理论	Hirschman (1958)	从稀缺资源应得到充分利用的认识出发，认为优先发展带动效果明显的经济部门有助于带动其他部门实现增长
倒 U 形理论	Williamson (1965)	经济发展过程中区域间的差异会表现出先扩大（发展初期）后缩小（经济发展达到较高水平）的倒 U 形特征
区域经济梯度推移理论	Vernon (1966)	区域经济的发展取决于其产业结构的状况，主张发达国家应首先加快发展，然后通过产业和要素向相对落后地区转移，从而带动区域经济梯度发展

资料来源：作者根据相关资料整理得到。

总之，对于关注区域经济增长问题的发展经济学家来说，在对经济增长均衡论和非均衡论的讨论过程中实际上已经开始重视“空间”因素对区域经济发展的重要性，如 Williamson（1965）对空间分异现象进行了比较深入的分析和解释。尤其是非均衡论的不断发展逐渐被经济学家所认可，倒 U 形理论和区域经济梯度推移理论对区域经济发展的差异的探讨较好地解释了现实经济现象。这些为我们分析区域农业经济增长的空间分异提供了理论支撑，也为我们探究区域农业经济增长空间分异机制提供了科学的理论依据。

2.2.2 新经济地理学与农业经济增长空间差异

空间经济学的产生和发展与非均衡的空间分布现象密切相关，关于空间集聚效应和空间扩散效应的理论解释，空间经济学做出了重要贡献（周龙，2014）。尽管区域经济增长理论的部分学者（Weber，1929；Perroux，1950；Williamson，1965；Friedmann，1968）很早就对经济空间分布不平衡的问题予以关注，也有学者对传统空间经济学做出了重要贡献，如 Thünen（1826）关注的农业区位问题，Christaller（1933）和 Lösch（1940）分别提出的中心地理论和市场区位理论，Isard（1956）的区域科学理论，Henderson（1974）尝试将空间因素纳入主流经济学的研究框架，对城市内部空间结构进行了细致探讨。

但是，主流经济学对空间问题的重视仍然不够，一个比较关键的问题就是空间因素无法纳入一般均衡模型中进行分析。直到 Dixit & Stiglitz（1977）把规模收益递增和不完全竞争纳入垄断竞争模型（D－S 模型），区域经济空间结构理论再一次进入学者视野。尤其是以 Krugman（1991）为代表的新经济地理学理论的出现，以及由此导致区域的增长和区域发展模式的改变，使得空间经济学能够综合考虑区位选择与区域经济发展问题，弥补了传统区域经济学难以解释经济增长空间分布的空白（孙玲，2012）。之后，新经济地理学的理论与应用实践得以不断完善和拓展。例如，Martin & Ottaviano（1999）综合了 D－S 模型和新增长理论，证明了区域经济空间集聚降低了创新成本进而促进了经济增长；Craft & Venables（2000）则在新经济地理学的理论框架下，进一步深入地探讨了空间集聚对经济绩效、经济规模以及区位选择影响的内在作用机制；我国经济地理学家陆大道（1986）教授针对中国区域发展和区域差距等也进行了大量的实证分析和理论研究。国内学者借助新经济地理学理论或模型对中国经济增长的空间问题展开了大量的实证分析，他们的研究结果从实践层面证实了空间地理位置影响区域经济增长的重要作用（龚双辉，2007；曹海波，2012；李敬等，2014；史蒙，2015；徐晓亮、程倩、车莹，2017），与此同时，国内学者的相关研究也进一步丰富了新经济地理学在中国的实践研究（表 2-3）。

表 2-3 新经济地理学理论研究的主要贡献

代表人物	主要贡献
Dixit & Stiglitz（1977）	把规模收益递增和不完全竞争纳入一般均衡分析框架
Krugman（1991）	将空间因素纳入主流经济学的分析框架。提出产业的不均匀空间分布是报酬递增所生成的结果，对产业集聚的整体过程进行了详细深入的论述
Fujita & Krugman & Mori（1999）	在扩展和完善“中心-外围”模型的基础上，进一步对经济集聚现象的空间分布、经济集聚动力来源及其集聚机制等从理论上予以解释
Martin & Ottaviano（2001）	建立了经济增长和经济活动的空间集聚的自我强化模型
陆大道（1986）	对中国区域发展、地区差距和区域可持续发展进行了大量实证性和理论研究

资料来源：作者根据相关资料整理得到。

归纳总结发现，新经济地理学理论的核心是对经济活动空间集聚现象和区域经济增长集聚机制的解释和探究。对于农业经济增长的地理空间集聚现象来说，农业经济增长的空间差异日趋明显，空间集聚趋势日渐强烈。从区域经济发展的角度而言，区域农业经济增长在地域上所呈现出的“高-高”或“低-低”集聚特征，实际上反映出区域农业经济增长的非平衡性和区域农业经济增长差距的不断扩大。另外，新经济地理学对于区域经济增长集聚动力的分析也启示我们，对农业经济增长空间状态的分析不能忽视空间和区位因素，特别是在资源要素整合过程中，要将比较优势和要素禀赋的空间效应等问题内生化，从而从根本上探究区域农业经济增长空间分异的主要驱动因素。

2.2.3 新结构经济学与区域农业经济增长

新结构经济学采用新古典经济学的分析方法来研究现代经济增长的本质及其决定因素（林毅夫，2017），构建了一国或地区“要素禀赋-比较优势-自生能力-符合比较优势的产业发展战略-经济发展”的理论分析框架（韦森，2013）。从本质上来看，新结构经济学是在要素禀赋理论和传统结构经济学等相关理论基础上的一次蜕变，其分析的逻辑起点是要素禀赋，通过探求与要素禀赋相匹配的产业结构和相应的发展战略，最终实现经济增长的转型（林毅夫，2012）。

梳理相关资料发现，Ricardo（1817）的比较优势理论最初是对国家之间贸易原因进行探究而出现的，提出产品之间的相对优势是存在贸易可能性的根本原因。Heckscher（1919）在此基础上进一步分析认为，产品相对优势的差异来源于要素禀赋不同。之后，Ohiln（1922，1924，1933）在Heckscher的基础上进一步丰富了要素禀赋理论，并最终形成“H－O”理论，强调要素禀赋的相对优势决定了贸易商品的构成。Batra & Raveendra（1975）、Bowen & Sveikauskas（1986）、Brecher & Choudhri（1993）、Thompson（1999）等学者在要素禀赋理论基础上的进一步研究，不断扩展了要素禀赋理论的内涵和外延，要素禀赋理论也成为分析经济增长的起点。

结构经济学是用结构分析方法研究经济增长过程中结构演变和资源配置等问题的应用学科（项俊波，2009）。梳理发现，Adam Smith（1776）较早就强调了经济结构的重要性。直到20世纪中叶，Nurkse（1953）、Lewis（1954）等学者分别对二元结构和不发达国家经济发展展开分析，结构经济的研究再一次受到重视。Hirschman（1958）、Gerschenkron（1962）、Kuznets（1966）、Rostow（1990）等学者基于不同视角也对经济结构问题进行了大量研究。例如，Kuznets（1966）研究指出，没有结构转变，持续的经济增长不可能实现。Chenery（1989）对经济增长与结构演变之间关系的分析发现，随着经济发展产业结构表现出规律化特征。尽管结构主义经济学的研究成果众多，尤其是对经济结构失衡问题进行了深入探讨，但是始终没有建立起完整的理论分析框架。

林毅夫（2010）教授对前人关于经济增长过程中的结构问题进行总结，发现结构主义的理论探讨中没有将结构内生化，只是将结构作为外生给定的，这是新结构经济学所要强调的重点，即结构是内生的，必须把结构的演化内生化。由此提出，一国或一地区要素禀赋每一时点是给定的和不可改变的，最优的产业结构内生于要素禀赋结构，需要遵循比较优势原则（表2－4）。也有相当多的学者借助新结构经济学的框架和核心观点对农业经济的相关问题开展过大量的实证分析（刘开华，2014；向云、祁春节、陆倩，2014；向云、祁春节，2015；刘朝旭，2016；向云、祁春节、陆倩，2017；李鹏程、叶梓伟，2017）。梳理已有文献资料发现，新结构经济学对经济增长过程的分析显得尤为重要，它指出现代经济发展的本质即是经济结构的不断变迁。当然，新结构经济学的分析框架也为我们分析经济结构问题提供了一种新的思路，即基于要素禀赋状况选择发展具有比较优势的产业结构，引进与要素禀赋结构相适应的技术，同时发挥好政府“因势利导”的作用，则发展中国家和欠发达地区将有潜力高速增长（林毅夫，2013）。

表 2-4 新结构经济学的理论渊源及代表性研究

理论	代表人物	主要观点及贡献
比较优势理论	Ricardo（1817）	认为不同产品劳动生产率的相对差别是产品相对比较优势的主要原因，劳动生产率相对较高的产品具有比较优势，反之则具有比较劣势
“H-O”理论	Heckscher（1919）、Ohiln（1933）	要素禀赋条件的不同导致要素相对价格的差异，最终促使增加使用价格便宜的生产要素，减少使用价格昂贵的生产要素
结构经济学	Nurkse（1953）、Lewis（1954）	主张发展中国家政府优先发展资本密集型产业。二元结构理论认为发展中国家传统自给自足的农业经济结构与城市现代工业结构并存
新结构经济学	林毅夫（2010）	强调要素禀赋、不同发展水平上产业结构的差异。经济发展是一个技术革新和结构转型的动态过程。主张在技术引进和产业结构调整时遵循比较优势原则

资料来源：作者根据相关资料整理得到。

新结构经济学的理论渊源及其分析框架无疑为我们探讨农业经济的结构问题提供了理论上的支撑。此外，农业要素禀赋结构的重要性不言而喻，新结构经济学对农业经济发展的启示是，农业产业结构调整和农业生产要素禀赋结构改善要基于要素禀赋条件及其相对比较优势状况，遵循要素禀赋的相对比较优势原则。因此，生产要素禀赋结构转型升级以及与之相对应的农业产业结构转型升级，最终会形成“生产要素禀赋结构-农业产业结构-农业经济增长”的良性循环。最为关键的是，各地区按照相对比较优势选择合适的农业生产要素禀赋结构转型路径和农业产业结构转型路径，将最大程度地发挥地区资源禀赋优势，尽可能地缩小地区之间的经济差距，最终实现区域内各地区农业经济增长的协调发展。

2.3 区域农业经济增长的空间分异机制

2.3.1 区域农业经济增长的影响因素

通过前文的文献综述发现，学者在选择农业经济增长影响因素指标时，大多侧重于讨论一种因素或几种因素对农业经济增长的影响，选取的指标数量或多或少、类型多样、侧重点差异明显，指标选择能否比较清晰地反映地区农业经济增长影响因素的现实状况，还有待商榷。因此，在学者已有研究的基础上，本研究尝试从要素禀赋视角将区域农业经济增长影响因素进行归类，认为农业经济增长影响因素主要包括传统生产要素投入、农业技术进步、农业产业结构和其他影响因素（图 2-1）。

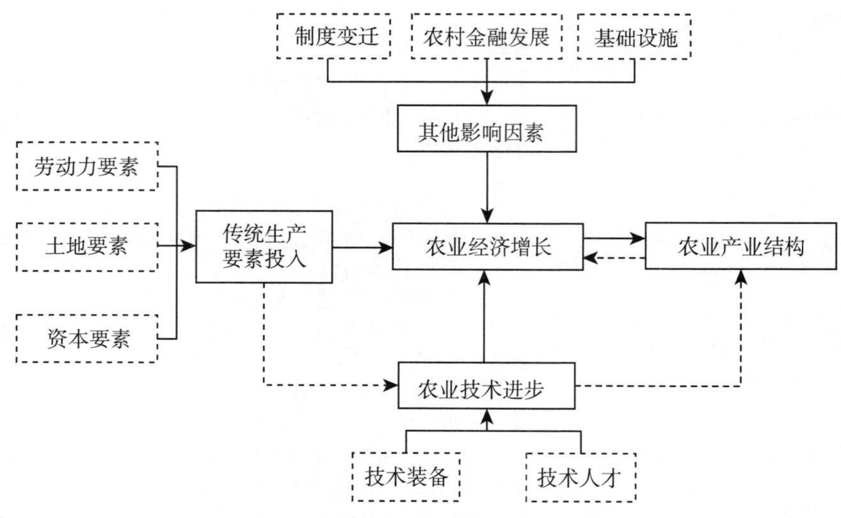

图 2-1　区域农业经济增长的影响因素

对已有研究观点的梳理结果表明，农业要素禀赋及其结构是分析我国农业经济增长问题的逻辑起点，也是农业经济增长的基础性因素（魏金义，2016）。林毅夫（2010）教授近年所提出的新结构经济学理论分析框架，不仅再次强调了要素禀赋水平及其结构的差异对经济增长的重要影响，而且明确指出最优的产业结构内生于要素禀赋结构。此外，要素禀赋理论、比较优势理论及后续众多学者的理论研究均从要素禀赋条件及其变化视角探讨了对经济增长的影响（Ricardo，1817；Heckscher，1919；Ohiln，1922；Batra & Raveendra，1975；Bowen & Sveikauskas，1986；Brecher & Choudhri，1993；Thompson，1999）。由此说明，从要素禀赋视角分析区域农业经济增长的影响因素具有较强的理论基础和现实解释力。

魏金义（2016）的研究指出，对于要素禀赋绝对量的描述，反映了某一经济体在某一具体时间点上所拥有的各种要素存量水平，而要素禀赋相对量的描述，则既体现出某一具体时间点，各要素之间的相对比例关系，又体现出所投入要素在两个不同时间点相对比例关系的变化。现阶段国际国内学术界对于要素禀赋的范围界定尚无相对统一的理论（刘溟源，2013）。具体而言，关于要素禀赋类型和相关指标选择的问题，主要有以下几类观点：其一，相对普遍的共识是古典经济增长理论的观点，即包括土地、劳动力和资本等传统生产要素。其二，新经济增长理论和新制度经济学则分别强调了技术要素和制度要素的重要性。例如，傅京燕、李丽莎（2010）采用物质资本和人力资本表征要素禀赋。郝大江（2010）、张亮（2012）、郭浩淼（2013）等界定的要素禀赋则主要包括资本、劳动力、技术、土地、制度等经济要素，同时也包含自然资源与环境等非经济要素。韩璐（2015）根据宏观经济中的体制、资源、劳动力和资本等来衡量要素禀赋及其变化情况。其三，尽管现有的众多文献分析了区域农业要素禀赋水平存在差异，也就区域农业要素禀赋及其结构对农业现代化和农业经济发展等的影响进行过深入而细致的分析，但是就研究成果的侧重点而言，已有研究几乎均将农业要素禀赋结构排除在经济结构的范畴之外（罗浩轩，2017）。当然，也有部分学者认为产业结构也是要素禀赋水平的重要组成部分，从而将产业结构作为衡量要素禀赋的一个重要指标（李敏纳等，2011；吴非，2016；张平、李秀芬，2017；罗浩轩，2017）。

结合前文对农业生产要素禀赋的概念界定，本研究对区域农业经济增长影响因素的分析，主要考虑的是农业要素禀赋绝对量的影响，重点强调农业要素禀赋水平的空间差异对区域农业经济增长空间分异的影响及其程度大小，在此基础上对农业要素禀赋与农业经济增长之间的耦合协调性进行分析。与此同时，在对农业生产要素禀赋结构进行分析时，则采用要素禀赋相对量的概念，重点探讨区域内各地区农业生产要素禀赋的相对结构优势。

2.3.2 区域农业经济增长与要素禀赋的耦合协调关系

部分学者的已有研究结果表明，区域经济空间分异源于要素禀赋的空间分异（李敏纳等，2011），而且农业要素禀赋是分析农业经济增长的逻辑起点（魏金义，2016）。区域发展之间的差异已经成为经济学家和经济地理家的主要研究方向之一（Guo & He，2017），区域农业经济的协调发展是缩小区域农业差距的重要目标之一，这一目标的实现建立在农业经济增长与农业要素禀赋耦合协调发展的基础之上。首先，区域农业经济增长与要素禀赋之间存在天然的耦合协调关系，意味着两者的耦合协调发展是缩小区域农业经济增长差距的前提条件。农业经济增长研究的逻辑起点始于农业要素禀赋，要素禀赋水平及其相对结构是区域农业经济增长的基础性因素。因此，在一定程度上可以说农业生产要素禀赋以及农业产业结构等的共同影响作用，决定了区域农业经济增长水平。其次，区域农业经济增长与农业要素禀赋均受到地理位置的制约，空间效应是探究区域农业经济增长协调发展不可或缺的重要因素。经济单元农业要素禀赋的空间集聚效应或空间溢出效应有助于推进区域要素禀赋结构转型升级，经济单元农业经济增长的空间效应对相邻经济单元的农业经济增长也有影响，尤其是相邻区域的耦合协调作用，是缩小区域农业经济增长差距的重要力量。因此，区域内农业经济增长与要素禀赋之间是否能够实现协调发展，一定程度上决定了区域内不同经济单元的农业经济增长水平能否有效缩减。

2.3.3 区域农业经济增长的空间分异机制形成

区域农业经济增长与要素禀赋之间的耦合协调关系表明，农业经济增长的关键影响因素是各农业要素禀赋，而且空间地理位置的差异在很大程度上影响到要素禀赋水平和农业经济增长水平。因此，区域农业经济增长空间分异机制的形成，重点在于农业经济增长的要素禀赋作用机制，以及农业经济增长与要素禀赋之间的耦合协调机制。

第一，区域农业经济增长空间分异的要素禀赋作用机制。由于空间地理位置的不同，农业要素禀赋在任何一个固定时点是给定的，要素禀赋的区域差异必然导致区域内不同经济单元的农业经济增长水平存在明显差异。要素禀赋的作用机制主要体现在两个方面：一是基于生产要素投入区域差异的农业经济增长空间分异机制。其一，从空间层面而言，经济单元所处地理位置的不同，决定了农业要素禀赋水平在区域内不同经济单元的差异性分布格局，农业要素禀赋的空间分异直接影响到区域农业经济增长的空间分异。其二，从时点层面而言，经济单元某一时点的农业要素禀赋水平是给定的，农业要素禀赋水平越高的经济单元，其农业经济增长具备的相对比较优势和潜力越大，反之，农业要素禀赋水平较差的经济单元，则农业经济增长也相对处于较低水平。其三，从时序变化层面而言，经济单元的农业要素禀赋水平是不断变化的，要素禀赋的空间集聚或是空间溢出效应会影响到农业经济增长，也就意味着农业要素禀赋的空间分异变化最终会导致农业经济增长的空间分异变化。二是基于产业结构区域差异的农业经济增长空间分异机制。新结构经济学认为，产业结构内生于要素禀赋结构，要素禀赋结构的差异会形成差异明显的产业结构，并最终导致农业经济增长水平的区域差异（林毅夫，2010）。同样地，从区域农业经济发展层面而言，农业产业结构集中反映了区域内不同经济单元的农业要素禀赋及其结构变化情况，农业产业结构内生于农业生产要素禀赋，反过来又会推进农业生产要素禀赋结构的转型升级，并最终共同促进农业经济增长。

因此，综合而言，一方面，农业生产要素禀赋的区域差异会导致农业产业结构的区域差异，生产要素禀赋相对优势明显的经济单元往往会形成具有比较优势和较强竞争力的农业产业结构，农业产业结构的空间分异状况最终也会通过农业经济增长空间分异体现出来。另一方面，农业产业结构的区域差异会影响生产要素禀赋，具有较高农业产业结构禀赋水平的经济单元，意味着其农业产业结构相对合理，往往能较快改善生产要素禀赋水平及其结构，则要素禀赋的区域差异将更为明显，并最终导致区域农业经济增长的空间分异趋势更加显著。

第二，区域农业经济增长与要素禀赋的耦合协调机制。关于农业经济增长与要素禀赋耦合协调关系的分析表明，农业经济增长与要素禀赋耦合协调性的区域差异，既意味着区域内经济单元之间农业经济增长水平存在明显差距，也反映出农业经济增长与要素禀赋发展匹配程度的显著差异。具体而言，区域农业经济增长空间分异的耦合协调机制主要表现在两个方面：一是农业经济增长本质上是农业生产要素禀赋与农业产业结构的不断耦合协调过程，区域农业经济增长空间分异集中反映了要素禀赋之间耦合协调性的空间分异状态。农业生产要素禀赋与农业产业结构耦合协调性好的经济单元，综合要素禀赋水平相对较高，则农业经济增长具备较好的基础条件，能够为经济单元农业经济增长提供持续发展的动力，并通过农业经济发展不断提升要素禀赋水平和改善要素禀赋结构；反之，耦合协调性相对差的经济单元，综合要素禀赋水平一般来说相对较低，在一定程度上也会制约农业经济增长。二是区域农业经济增长的协调发展需要努力缩小经济单元之间的绝对差距和相对差距，农业经济增长与要素禀赋达到高度耦合、同步协调发展是实现这一目标的关键。

一般而言，农业经济增长与要素禀赋耦合协调性好的经济单元，其农业经济发展能够充分发挥要素禀赋相对比较优势，通过改善农业生产要素禀赋状况及推进农业产业结构升级将更好地促进农业经济增长；而耦合协调性差的经济单元，农业经济增长往往忽视了当地农业要素禀赋优势，或者是农业发展过程中不太注重提升要素禀赋水平，从而会进一步加剧经济单元之间的发展差距。因此，需要优化区域农业经济增长与要素禀赋耦合协调的空间分布格局，从而实现区域农业经济增长的协调发展。

2.4　区域农业经济增长路径的理论分析

区域农业经济增长与要素禀赋空间分异的分析结果表明，由于经济单元所处地理位置的差异，经济单元之间的农业要素禀赋存在天然差异，但是在地域上同时呈现出一定的空间集聚态势。因此，以农业要素禀赋为源泉的农业经济增长，由于要素禀赋区域差异的存在而呈现出明显的空间分异。同时，农业经济增长与要素禀赋耦合协调的空间分布格局表明，区域经济发展过程中，农业要素禀赋状况决定了农业经济增长的潜力，两者的不断耦合是推进区域经济协调发展和区域经济格局优化的重要途径。基于此，本研究认为，区域农业经济增长的协调发展，需要综合考虑区域不同经济单元所具有的农业要素禀赋相对优势，以及要素禀赋与农业经济增长的耦合协调性，有针对性、有重点地选择适合经济单元农业要素禀赋特点的、差异化的农业经济增长路径。也就是说，区域农业经济增长路径选择，要在充分考虑区域农业经济增长与要素禀赋空间效应的前提条件下，注重发挥要素禀赋作用机制，发挥农业经济增长与要素禀赋耦合的协调机制，不断缩小区域农业经济增长的差距。

2.4.1 基于空间效应的区域农业经济增长路径选择

区域经济发展的空间效应随着新经济地理学的兴起日益引起学者的关注，越来越多的研究将空间要素作为经济发展的一个重要因素考虑。刘迎霞（2010）研究指出，不仅仅是区域生产要素禀赋状况会影响到经济增长，而且地理位置、相邻区域的经济绩效等因素均会影响到该区域的经济增长。此外，前文在进行文献梳理时，空间相关性、空间分异现象、空间溢出效应等方面的相关研究成果也表明，对区域经济发展展开研究不可忽视空间效应的作用。农业经济在空间上具有明显的地域性，而且受土地、自然条件等的影响较大。可以说，农业经济的区域差异天然存在。因此，探讨区域农业经济增长路径，不仅需要充分考虑到区域农业经济增长是否存在空间效应，而且需要考虑到农业要素禀赋（作为驱动因素）空间效应对农业经济增长的深刻影响。也就是说，区域农业经济增长路径的选择，除了需要分析本区域农业经济的驱动因素，也需要对各驱动因素的空间效应予以剖析。

第一，基于区域内农业要素禀赋在空间分布上的集聚与分散状态，选择非均衡的农业经济增长路径。具体而言，对于要素禀赋水平相对较低的经济单元，重点是改善农业要素禀赋结构和提升农业要素禀赋水平，并根据要素禀赋相对比较优势优先发展具有区域竞争力的农业产业，从而使农业经济增长保持持续“追赶”的动力。对于要素禀赋水平相对较高的经济单元，重点是利用好农业要素禀赋的既定优势，在继续维持农业经济增长高水平的前提条件下，将相对落后或不满足区域要素禀赋相对优势的农业产业向相邻经济单元转移，并开拓性地探究农业经济发展新的增长点，保持“领跑”优势。对于要素禀赋水平处于较高与较低之间的经济单元，首要任务是提升要素禀赋水平，并注意对现有农业产业结构进行调整，通过产业结构转型升级实现农业经济的快速发展。

第二，基于区域内农业经济增长的空间集聚与空间溢出效应，相邻经济单元选择一体化均衡发展的农业经济增长路径。分析认为，要素禀赋表现出显著的空间集聚特征，而且其空间集聚是比较普遍的现象（周慧、曹广喜，2010）。因此，对于农业经济增长水平“高-高”集聚的经济单元，重点是利用好农业经济增长的集聚效应和溢出效应，既要努力实现农业产业集聚的规模经济，又要发挥好农业经济增长的资本溢出和技术溢出效应，可考虑选择区域一体化的农业经济增长路径，在要素流动、产业空间布局调整等方面采取一体化的发展战略。对于农业经济增长水平“低-低”集聚的经济单元，也需要通过放开要素市场、调整产业结构等措施提升要素禀赋水平和改善要素禀赋结构，可考虑选择对内对外一体化均衡发展路径，通过建立区域统一的要素市场、规范区域农业经济合作、协调区域农业政策倾斜等，尽快摆脱影响区域农业经济增长恶性循环的尴尬局面。对于农业经济增长处于“低-高”或“高-低”集聚状态的经济单元，也需要通过一体化均衡发展的农业经济增长路径，通过发挥农业经济增长水平高的经济单元的溢出效应，带动农业经济增长低水平的相邻经济单元提升农业经济增长水平。

2.4.2 基于要素禀赋作用机制的区域农业经济增长路径选择

区域农业经济增长空间分异的要素禀赋作用机制表明，要素禀赋是农业经济增长的源泉，要素禀赋的空间分异是导致区域农业经济增长空间分异的根本原因。因此，区域农业经济增长路径选择需要充分考虑要素禀赋积累对农业经济增长的驱动作用。

第一，基于农业生产要素禀赋空间分异的现状与发展趋势，区域内各经济单元选择与生产要素禀赋相对比较优势相匹配的农业经济增长路径。区域农业经济增长的目标是尽量缩小发展差距，由于区域内各经济单元的土地、劳动力、资本和技术等生产要素禀赋存在明显差异，区域农业经济增长路径选择可从全局（区域）、局部（内部区域）和经济单元（省域）三个层面考虑。从全局层面而言，需要站在全局发展的战略高度，重点提高落后地区的农业经济增长水平，向落后区域提供一定的技术和资本支持，发挥现代先进生产要素在农业经济增长中的强有力作用。例如，农业经济增长相对发达区域则利用好要素禀赋综合水平较高的优势，继续改善要素禀赋结构，发挥农业经济增长对相邻省（自治区、直辖市）的带动效应，走“发达区域带动落后区域的农业经济增长”之路。从局部层面而言，相邻经济单元在地域上接近，要素禀赋呈现出一定的空间集聚特征，可考虑在局部区域内根据要素禀赋优势的空间分布特点，走“与要素禀赋优势相匹配的农业经济增长”之路。例如，在土地要素禀赋集中区重点发展农业规模化经营，在劳动力要素禀赋集中区重点发展劳动力需求旺盛、附加值高的经济作物，并适时推进农村劳动力的有序转移，在资本和技术要素禀赋集中区，可选择使用农业机械替代人工，通过农业研发和发展附加值高的郊区农业弥补土地资源的不足，促使农业经济增长向高效率、高品质、高附加值的方向发展。从经济单元层面而言，经济单元之间生产要素禀赋的相对差距和绝对差距是区域农业经济增长协调发展的最大制约因素，且生产要素禀赋相对比较优势是不断变化发展的，可考虑根据经济单元的要素禀赋发展趋势，不断改善要素禀赋结构，走“与要素禀赋结构转型相适应的农业经济增长”之路。

第二，基于农业产业结构区域差异特点，区域内各经济单元选择与产业结构相对比较优势相匹配的农业经济增长路径。前文对新结构经济学理论渊源及其发展的梳理结果表明，目前来看，遵循相对比较优势原则的农业发展道路，是升级要素禀赋结构，实现持续产业升级、收入增长和减贫的最好方法（林毅夫，2010）。因此，区域农业经济增长应在提升生产要素禀赋水平和改善生产要素禀赋结构的基础上，进一步通过农业产业结构转型升级实现区域农业经济增长，可考虑从全局、局部和经济单元三个层面选择适合的转型路径。其一，从全局层面而言，应根据农业产业结构禀赋相对优势对区域内农业产业结构进行调整，通过改善农业产业结构相对比较优势促进区域农业经济增长。例如，适当扩大具有竞争优势的农业产业发展，同时适当缩减不具有竞争优势的农业产业发展，从而优化区域内农业产业结构，提升区域农业产业结构禀赋水平。其二，从局部层面而言，综合考虑农业产业结构区域差异及农业生产要素禀赋区域差异，引导农业产业结构合理布局和有序转移，实现区域农业产业结构转型升级。其三，从经济单元层面而言，各经济单元应根据农业产业结构的相对比较优势，有针对性地制定农业产业结构转型升级的激励政策，鼓励发展具有竞争优势的农业产业。例如，沿海经济发达省份加快推进传统的劳动密集型和土地密集型农业产业向中、西部转移，重点发展资本密集型和技术密集型农业产业。

2.4.3 基于耦合协调机制的区域农业经济增长路径选择

区域农业经济增长空间分异的耦合协调机制分析表明，经济单元农业经济增长与要素禀赋的耦合协调性，反映了农业经济增长与其要素禀赋的匹配程度。尽管区域农业经济增长是生产要素禀赋与农业产业结构综合影响产生的结果，但是两者的非协调发展在一定程度上进一步加剧了不同经济单元之间农业经济增长水平的差距；反之，农业经济增长与要素禀赋的协调发展有助于缩小经济单元农业经济增长的差距。因此，区域农业经济增长路径选择需要考虑如何优化两者的耦合协调性，尤其是基于耦合协调机制对区域农业经济增长路径进行空间格局优化，重点在于根据两者的耦合协调类型对不同耦合协调类型区域的农业经济增长路径进行有针对性的优化。

第一，针对农业经济增长与要素禀赋耦合协调性较差的空间区域，农业经济增长路径选择应遵从要素禀赋相对比较优势，尽快改变这种非理想状态的耦合协调关系。一是针对农业经济增长水平滞后于要素禀赋发展的区域，由于区域内经济单元农业经济增长水平普遍滞后且与要素禀赋存在不协调，首要任务是根据农业生产要素禀赋优势调整农业产业结构，重点挖掘区域内得天独厚的农业资源，扶持对区域农业经济增长带动效果明显的特色农业产业。二是针对农业经济增长水平超前于要素禀赋发展的空间区域，农业经济增长本就处于相对较高水平，制约农业经济增长进一步发展的主要原因是要素禀赋发展滞后，表现为技术和资本等现代生产要素投入偏少，可考虑从改善生产要素禀赋结构着手，加大农业技术和资本要素在农业全产业链环节的投入力度，尤其是在投资回报率高的农业关键环节。

第二，针对农业经济增长与要素禀赋耦合协调性较好的空间区域，农业经济增长路径选择的重点是加快农业产业结构转型，加快区域农业经济增长可持续发展进程。对于这种耦合协调类型的区域而言，要素禀赋水平相对较高且要素禀赋结构较合理，农业经济增长水平也处于较高水平，已经具备从生态、环境保护、循环经济等多层面推进农业可持续发展的良好条件，农业经济增长应更多地与区域农业功能开发与农业结构战略性调整结合起来，大力发展具有较高经济效益，应用较多现代生产要素，具有旅游、休闲、生态、循环、环保、社区、教育等多种功能的农业产业形态。

第三，针对农业经济增长与要素禀赋耦合协调性一般的空间区域，区域农业经济增长路径选择应兼顾提升要素禀赋水平和农业经济增长水平。对于这种耦合协调类型的区域而言，区域内经济单元的农业经济增长与要素禀赋水平均有较大提升潜力。一方面，在农业要素禀赋水平提升方面，加大资本、技术等现代生产要素的比重，在条件具备的情况下有序推进土地集中连片规模经营和农村剩余劳动力向非农产业转移；另一方面，在农业经济增长水平提升方面，加快农业产业结构调整进程，抓住承接发达地区农产品加工业、劳动密集型农业产业等的转型机遇，通过农业产业结构转型推进农业经济发展。

2.5 理论分析框架构建

2.5.1 区域农业经济增长空间分异及其路径选择的内在逻辑

长期以来，区域农业经济增长受到多方面因素的综合影响。在已有文献资料中，许多学者认为农业经济增长的关键在于农业生产要素禀赋结构升级，也有学者提出产业结构升级、技术进步和制度创新是农业经济增长的主要动力。本研究综合分析认为，农业经济增长的关键在于提升要素禀赋水平，并基于农业生产要素禀赋状况调整农业产业结构，实现生产要素和农业产业结构等禀赋水平与农业经济增长之间达成良好匹配。此外，农业经济增长空间分异的根源不仅仅是要素禀赋的区域差异，土地、劳动力、资本、技术、产业结构等的相对结构优势，以及要素禀赋与区域农业经济增长之间的不协调发展，也是导致农业经济增长区域差异明显的重要原因。

因此，必须清楚地认识到，农业经济增长空间分异的根本原因在于要素禀赋的区域差异，以及要素禀赋之间发展的不协调性。一方面，农业要素禀赋的区域和空间分布状况使得农业经济增长的基础条件存在明显不同；另一方面，由于农业要素禀赋之间的不协调，区域农业产业结构难以充分发挥比较优势，区域农业经济发展会滞后于要素禀赋水平提升，反过来又会阻碍要素禀赋结构的改善。因此，只有实现区域农业经济增长与要素禀赋的协调发展，既注重农业要素禀赋的转型升级，加快要素禀赋的积累，同时基于要素禀赋状况与发展趋势不断调整农业结构，才能打破区域农业经济增长极度不平衡的传统桎梏，实现区域农业经济增长的协调发展和持续发展。

2.5.2 理论分析框架

根据上述分析，本研究的核心内容包括：农业要素禀赋空间分异、农业经济增长空间分异、两者耦合协调性的空间分布格局，以及由此衍生的农业生产要素禀赋结构转型、农业产业结构转型和农业经济增长空间格局优化这六个问题。基于此，本研究首先对农业要素禀赋水平进行总体评价和区域动态比较分析，并分析其时空演变特征，然后对农业经济增长的空间分异、驱动因素及其空间效应进行分析，之后进一步实证分析农业经济增长与要素禀赋的耦合协调性及其空间分布格局。在此基础上对南方地区进行内部空间区域划分，并基于空间格局优化视角对农业经济增长的总差距进行了分解分析，进而在比较分析南方地区“四大内部区域”农业经济增长驱动因素及其空间效应的基础上，有针对性地探讨了各区域农业经济增长的路径选择。最后，分别从农业生产要素禀赋结构和农业产业结构的空间分异出发，进一步深入分析了各内部区域农业生产要素禀赋结构转型升级路径和农业产业结构转型升级路径。

综合分析认为，本文的核心研究内容之间存在内在逻辑一致性，这种内在逻辑关系构成了本文的理论分析框架，具体如图 2－2 所示。

图 2－2 中，本研究的理论分析框架清晰地显示出农业要素禀赋与区域农业经济增长之间关系的内在演变逻辑。具体来说，农业要素禀赋的空间差异一定程度上决定了农业经济增长在区域分布格局上的空间分异现象，因此两者的耦合协调性使得我们能够将具有相同耦合协调类型的区域［或省（自治区、直辖市）］看作具有相似发展潜力的区域，从而能够据此对特定区域进行内部区域的细分，也就意味着不同内部区域的农业经济增长路径选择存在差异。与此同时，具有不同农业要素禀赋水平的内部区域，由于要素禀赋相对结构优势的差异，导致不同类型农业生产要素禀赋和农业产业结构对区域农业经济增长的贡献（或影响程度）存在差异。因此，探讨区域农业经济增长路径需要更深入地探讨区域农业生产要素禀赋结构的升级路径，以及区域农业产业结构的转型

路径。最终，升级后的农业生产要素禀赋结构和转型后的农业产业结构，又将导致区域农业要素禀赋水平的新一轮变化，这种新的农业要素禀赋空间分异趋势会使得各要素对区域农业经济增长的影响出现新的变化。

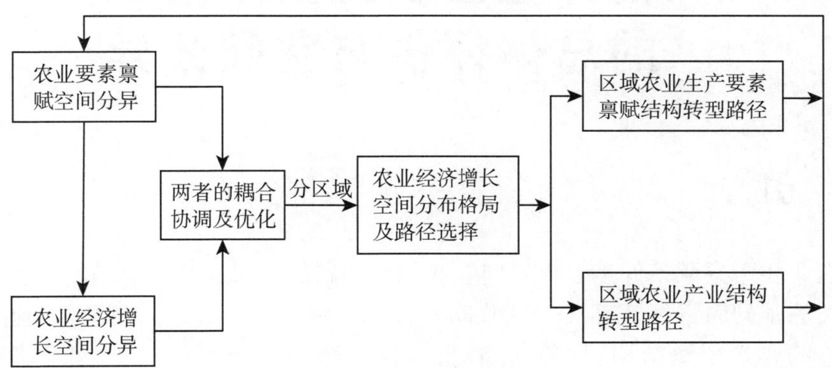

图2-2　理论分析框架

3 南方地区农业要素禀赋的总体评价与空间分异

3.1 引言

农业要素禀赋条件是分析我国农业经济问题的逻辑起点，也是决定农业经济增长的基础因素（辛翔飞、刘晓昀，2007；魏金义，2016）。我国农业发展所面临的要素禀赋结构正在发生着根本性变化（吴丽丽、李谷成、周晓时，2015）。农业发展正处于结构转型的关键时期，一方面，技术结构内生于要素禀赋结构（林毅夫，2011），另一方面，农业要素禀赋结构的区域差异是导致农业产业结构区域差异的主要原因（向云、祁春节、陆倩，2017），而且要素禀赋变化是区域经济增长动力转换的关键，主导要素升级将会导致在原有经济基础上产生新一轮的聚集或再聚集，并实现区域经济增长的动力转换（张永恒、郝寿义、杨兰桥，2016）。因此，如何认识和评价农业要素禀赋水平，把握好新时期农业要素禀赋变化的新趋势和空间分异特征，并基于要素禀赋的空间分布差异有序推进农业生产要素禀赋结构和产业结构升级，是农业结构转型过程中亟待解决的重大战略性问题之一，也是当前区域经济发展理论层面与实践层面迫切需要攻克的重要课题。

梳理已有文献，国内学者围绕农业要素禀赋系数的测算（常向阳、姚华锋，2005）、农业要素禀赋结构的时空演变与异质性（魏金义、祁春节，2015）、要素禀赋变化对技术进步和农业增长的重要影响（辛翔飞、刘晓昀，2007；魏金义、祁春节，2015；吴丽丽、李谷成、周晓时，2015；魏金义，2016；付明辉、祁春节，2016）等关键性问题展开了一系列研究。总体而言，已有研究中主要将劳动力、土地和资本等要素纳入农业要素禀赋的内涵（程名望、阮青松，2010；李素琴、李炳一，2012；吴丽丽，2016），测算方法主要基于要素禀赋之间的相对系数，或基于要素相对系数测算要素禀赋结构系数。另外，国内外对空间分异与空间分布的相关研究主要集中在社会学、地理学等领域（Gini，1921；Duncan，1955；Theil，1972），近年来国内学者开始关注区域经济的空间分异，如对区域经济发展、农业现代化、农业生态文明水平等的空间分异研究（李敏纳、蔡舒、覃成林，2011；龙冬平等，2014；牛敏杰等，2016）。目前来看，农业要素禀赋及其变化的重要性已经受到学术界的高度关注，但是对农业要素禀赋水平进行测算和系统评价的相关研究并不多见，对农业要素禀赋水平定量测度及其空间分异特征方面的分析明显不足，特别是将技术要素和农业产业结构作为地区农业要素禀赋重要组成部分并加以定量分析的相关研究较为缺乏。鉴于此，本研究以我国南方地区为例，尝试构建农业要素禀赋的评价指标体系及相应的定量分析方法，并利用南方地区 12 省 1 区 2 市 1997—2015 年的相关数据，对南方地区农业要素禀赋水平进行定量测算并进行总体评价，并对南方地区农业要素禀赋的空间分异特征及其发展演变进行详细分析。这既是对现有理论分析的有益补充，也有助于从整体上把握南方地区农业要素禀赋的时空状况，从而有针对性地实现农业要素禀赋升级，进而在推进南方地区农业产业结构转型和农业经济增长等方面具有一定的参考价值和指导意义。

3.2　指标体系、测算方法与数据来源

3.2.1　农业要素禀赋评价指标体系构建

基于对我国南方地区农业要素禀赋变化基本状况的观察，结合已有文献资料对农业要素禀赋的归纳和总结。本研究认为除了传统的生产要素投入，农业技术要素和农业产业结构在相当程度上也体现出地区［或省（自治区、直辖市）］在农业经济发展方面的潜力和相对优势。在此基础上，本研究构建了南方地区农业要素禀赋水平的评价指标体系（表 3－1）。在对劳动力禀赋、土地禀赋、资本禀赋、技术禀赋和产业结构禀赋定量测算的基础上，以这 5 类单要素禀赋的结果为依据测算得到南方地区农业要素禀赋的综合水平。

表 3－1　南方地区农业要素禀赋的评价指标体系

要素禀赋类型	测算指标	计算方法
劳动力禀赋	劳动力投入	农林牧渔业从业人员
	人力资本水平	初中及以上文化水平所占比重
土地禀赋	土地投入	农作物总播种面积
	土地基础设施	有效灌溉面积/播种面积
	土地质量	粮食产量/粮食播种面积
资本禀赋	政府资本支持	地方财政农林水事务支出/农林牧渔业从业人员
	农户资本投入	农户固定资产投资/农林牧渔业从业人员
农业技术禀赋	农业技术装备	农机总动力/播种面积
	农业技术水平	农业技术人员/农林牧渔业从业人员

（续）

要素禀赋类型	测算指标	计算方法
产业结构禀赋	产业结构	（地区总产值－农林牧渔业增加值）/地区总产值
	种植结构	非粮食种植面积/总播种面积

资料来源：作者根据相关资料整理得到。

3.2.2 测算方法

3.2.2.1 农业要素禀赋的测算方法

1. 单要素禀赋指数

本研究根据熵权法计算各要素禀赋指标的权重，在此基础上构建单要素禀赋指数来反映南方地区农业要素禀赋状况。其中，农业要素禀赋指数的具体公式如下所示：

$$N_{ij} = \sum_{j=p}^{q} W_j \times Y_{ij} \tag{3.1}$$

$$W_j = H_j / \sum_{j=1}^{n} H_j = (1-E_j) / \sum_{j=1}^{n} (1-E_j) \tag{3.2}$$

$$E_j = -k \times \sum_{i=1}^{n} P_j \times \ln P_j [K = 1/\ln(n)] \tag{3.3}$$

$$P_j = Y_{ij} / \sum_{j=1}^{n} Y_{ij} \tag{3.4}$$

$$Y_{ij} = \frac{X_{ij} - X_{(j)\min}}{X_{(j)\max} - X_{(j)\min}} \tag{3.5}$$

式中，N_{ij} 表示 i 省（自治区、直辖市）（或区域）第 j 类要素禀赋的指数，W_j 表示对应要素禀赋 j 指标的权重，E_j 表示对应的熵值，P_j 表示对应的权重，Y_{ij} 表示 i 要素禀赋 j 指标进行标准化处理后的数据值；X_{ij} 、$X_{\min}$ 和 $X_{\max}$ 分别表示 i 要素禀赋 j 指标的原始数据、最小值和最大值。

2. 要素禀赋综合指数

在单要素禀赋指数的基础上可测算要素禀赋综合指数，具体计算公式如下所示：

$$CN_{it} = \sum_{h=1}^{n} W_h \times N_h (h = 1,2,3,4,5) \tag{3.6}$$

式中，CN_{it} 表示 i 省（自治区、直辖市）（或区域）第 t 年的要素禀赋综合指数，N_h 和 W_h 分别表示对应的单要素禀赋指数和相应的要素禀赋指标权重。

3.2.2.2 农业要素禀赋空间分异的测算方法

测算空间分异指数的方法有数十种，主要包括基尼系数、差异性指数、锡尔系数、D（adj.）指数等（Morgan，1983；Wong，1998；Morrill，1991；Dawkins，2004）。根据石恩名（2015）等对国内外社会空间分异指数属性的归纳和比较，D指数能够较好地测算单个经济单元与总体空间的偏离程度，因此选择D指数来测算南方地区农业单要素禀赋指数的空间分异情况。但是，考虑到本研究中农业要素禀赋综合指数涉及五个群体，本研究选择基于多组群计算的分异指数D（m）来测算南方地区农业要素禀赋的总体空间分异状况。具体计算公式如下所示：

$$D = \frac{1}{2} \times \sum_{i=1}^{n} \left| \frac{b_{ij}}{B} - \frac{W_i}{W} \right| \tag{3.7}$$

$$D(m) = \frac{1}{2} \times \frac{\sum_{i=1}^{n} \sum_{j=1}^{n} | N_{ij} - N_{i.} \times N_{.j} / N |}{\sum_{j=1}^{n} N \times P_{.j} \times (1 - P_{.j})} \tag{3.8}$$

$$P_{.j} = \frac{N_{.j}}{N} \tag{3.9}$$

式中，D（m）和D分别表示南方地区农业要素禀赋的空间分异指数和单要素禀赋的空间分异指数，b_{ij}表示i省（自治区、直辖市）第j类生产要素禀赋结构指数，B表示i省（自治区、直辖市）（或区域）的要素禀赋结构综合指数，W_i表示南方地区i类要素禀赋结构指数的合计数，W表示南方地区生产要素禀赋结构综合指数，N_{ij}表示i省（自治区、直辖市）第j类要素禀赋指数，$N_{i.}$表示i省（自治区、直辖市）（或区域）的要素禀赋综合指数，$N_{.j}$表示南方地区j类要素禀赋指数的合计数，N表示南方地区要素禀赋综合指数，$P_{.j}$表示南方地区j类要素禀赋指数占整个区域农业要素禀赋综合指数的比例。D（m）和D的取值范围为［0，1］，取值越大表明区域内农业要素禀赋的空间分异特征越明显，取值为0代表要素禀赋不存在空间分异，取值为1则代表要素禀赋存在完全的空间分异。

3.2.3 度量指标及数据来源

3.2.3.1 度量指标

（1）劳动力要素禀赋 为了更准确地测算南方地区各省（自治区、直辖市）劳动力要素禀赋水平，本研究不仅考虑劳动力的投入数量，而且从人力资本层面考虑劳动力要素的质量。其中，劳动力投入数量指标用农林牧渔业从业人员数量来表示，人力资本投入则采用农村地区初中及以上文化水平所占比重来表征。

(2) 土地要素禀赋 以往的研究中通常仅将土地投入数量作为地区土地要素禀赋的度量指标（常向阳、姚华锋，2005；魏金义，2016；向云、祁春节、陆倩，2017），考虑到土地要素禀赋还受到基础设施和土地质量等的影响，本研究选择农作物总播种面积、有效灌溉面积比重和单位面积粮食产量来综合测算各省（自治区、直辖市）土地要素禀赋指数。

(3) 资本要素禀赋 采用资本投入绝对数量来度量的方法无疑有失偏颇，各省（自治区、直辖市）劳动力要素禀赋和土地要素禀赋均存在明显差异，劳均资本投入水平相对而言能够更好地反映地区资本要素禀赋水平。因此，本研究采用农业劳动力人均政府资本投入和农户投入 2 个指标来测算各省（自治区、直辖市）资本要素禀赋指数。

(4) 技术要素禀赋 技术要素禀赋可以从科技队伍、科技投入、科技成果和科技成果转化等方面进行测度（李敏纳等，2016），考虑到数据的可获性与代表性，本研究采用农业技术装备水平和农业技术人员所占比重作为各省（自治区、直辖市）农业技术要素禀赋的代理指标。

(5) 产业结构禀赋 在当前工业反哺农业的大背景下，地区农业产业结构禀赋除了农业种植结构这一关键性指标，明显还受到非农产业结构的极大影响。因此，采用地区产业结构和农业种植结构 2 个指标来表征各省（自治区、直辖市）农业产业结构的禀赋水平。

3.2.3.2 数据来源及说明

本研究所有指标的数据均来源于官方统计年鉴以及各省（自治区、直辖市）统计局的官方数据，数据的时间跨度均为 1997—2015 年。其中，劳动力、资本要素禀赋相关指标数据来源于《中国农村统计年鉴》，土地要素禀赋和产业结构禀赋相关指标数据来源于《中国统计年鉴》，技术要素禀赋相关指标数据来源于《中国农业统计资料》和《中国科技统计年鉴》。研究区域不包括香港特别行政区、澳门特别行政区和台湾地区。

3.3 南方地区农业要素禀赋的发展演变与总体评价

3.3.1 农业要素禀赋的动态变化

运用公式（3.1～3.5）计算各省（自治区、直辖市）农业单要素禀赋指数，根据各省（自治区、直辖市）均值可得到南方地区 1997—2015 年农业单要素禀赋指数的动态变化情况（图 3-1）。总体而言，南方地区农业要素禀赋水平自 1997 年以来略有上升，农业要素禀赋指数从大到小依次为土地要素、产业结构、劳动力要素、技术要素和资本要素，但是各要素禀赋之间也存在一定差异。

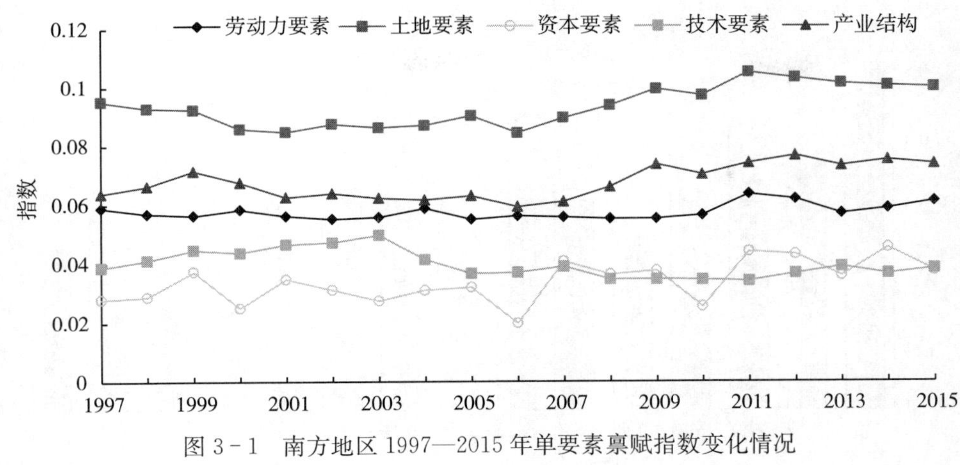

图 3-1　南方地区 1997—2015 年单要素禀赋指数变化情况

具体而言，资本要素禀赋指数在 5 类要素禀赋中均值最低，且波动较为频繁，说明南方地区农业资本要素投入年际间变化明显；土地要素禀赋指数则最高，反映出南方地区土地资源丰富且耕地质量相对较高；劳动力要素禀赋指数的变化情况则反映出南方地区农业劳动力资源一直处于充裕状态；技术要素禀赋指数从 1997 年的 0.038 7 增加到 2003 年的 0.049 7，然后下降到 2015 年的 0.038 3，反映出南方地区农业技术装备水平和农业人才队伍水平经过短暂的提升之后又回落的变化状况。

根据公式（3.6）进一步测算得到南方地区各省（自治区、直辖市）1997—2015 年的农业要素禀赋综合指数（图 3-2）。总体而言，南方地区农业要素禀赋变化呈现出三大特点：其一，大部分省（自治区、直辖市）的农业要素禀赋综合指数呈现出先降后升的 U 形态势，其中江苏、安徽、海南等 10 个省（自治区）有如此表现。例如，安徽省农业要素禀赋综合指数有 1997 年的 0.290 1 下降到 2006 年的 0.239 7，再上升到 2015 年的 0.331 8。其二，南方地区农业要素禀赋存在明显的区域差异。江苏、浙江、上海、广东和福建等的农业要素禀赋明显高于其他省（自治区）。例如，上海市和江西省 1997 年、2006 年和 2015 年的农业要素禀赋综合指数分别为 0.505 2 和 0.258 0、0.475 9 和 0.250 7、0.417 0 和 0.278 5，表现出显著的绝对差距。其三，大部分省（自治区、直辖市）的农业要素禀赋水平并没有随着年份变化表现出显著降低的状况。例如，尽管上海市农业要素禀赋综合指数由 1997 年的 0.505 2 下降到 2015 年的 0.475 9，但是总体水平仍然处于南方地区各省（自治区、直辖市）的前列，贵州省的农业要素禀赋综合指数由 1997 年的 0.160 1 增长到 2015 年的 0.201 2，但是总体而言依然处于较低水平。

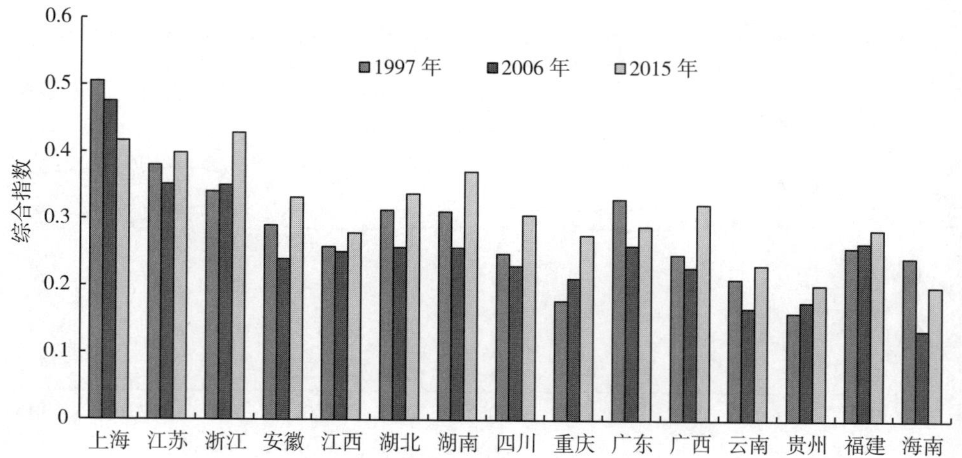

图 3-2 南方地区各省（自治区、直辖市）1997—2015 年农业要素禀赋综合指数变化

由于篇幅限制，本图仅绘出 1997 年、2006 年和 2015 年的农业要素禀赋综合指数，但是能够较好反映各省（自治区、直辖市）农业要素禀赋的总体变化趋势

3.3.2 农业要素禀赋综合水平的区域优势比较

根据各省（自治区、直辖市）农业要素禀赋综合指数与南方地区均值的比较，可计算得到各省（自治区、直辖市）1997—2015 年农业要素禀赋的区域比较优势系数（表 3-2）。观察可知，1997 年以来南方地区农业要素禀赋水平存在明显的区域差异，具有农业要素禀赋优势的省（直辖市）包括上海、浙江、江苏、湖南、湖北和广东，其他省（自治区、直辖市）则缺乏区域比较优势。

表 3-2 南方地区各省（自治区、直辖市）1997—2015 年农业要素禀赋的区域优势比较

年份	上海	江苏	浙江	安徽	江西	湖北	湖南	四川	重庆	广东	广西	云南	贵州	福建	海南
1997	1.78	1.34	1.20	1.02	0.91	1.10	1.09	0.87	0.62	1.16	0.87	0.74	0.56	0.90	0.85
1998	1.75	1.35	1.23	1.01	0.92	1.15	1.09	0.89	0.62	1.17	0.88	0.72	0.53	0.90	0.81
1999	1.69	1.40	1.19	1.00	0.91	1.23	1.10	0.85	0.62	1.16	0.88	0.69	0.57	0.93	0.79
2000	1.79	1.37	1.31	1.00	0.91	1.12	1.08	0.93	0.66	1.07	0.83	0.75	0.57	0.85	0.76
2001	1.73	1.37	1.36	1.00	0.94	1.16	1.07	0.91	0.64	1.06	0.84	0.72	0.58	0.88	0.73
2002	1.72	1.46	1.41	1.01	0.87	1.16	1.03	0.94	0.72	1.02	0.83	0.70	0.58	0.85	0.68
2003	1.67	1.31	1.46	0.96	0.89	1.05	1.07	0.95	0.73	1.04	0.83	0.73	0.62	0.99	0.71

（续）

年份	上海	江苏	浙江	安徽	江西	湖北	湖南	四川	重庆	广东	广西	云南	贵州	福建	海南
2004	1.72	1.30	1.46	0.97	0.93	1.01	1.09	0.94	0.72	1.07	0.82	0.69	0.62	1.03	0.63
2005	1.68	1.33	1.45	0.96	0.98	0.98	1.06	0.98	0.75	0.97	0.86	0.68	0.64	1.08	0.60
2006	1.85	1.37	1.37	0.93	0.98	1.00	1.00	0.89	0.82	1.01	0.89	0.65	0.69	1.03	0.52
2007	1.68	1.31	1.37	0.90	1.01	1.02	0.94	0.88	0.86	1.00	0.89	0.68	0.65	1.11	0.70
2008	1.71	1.26	1.39	0.93	0.99	1.02	1.04	0.86	0.89	0.99	0.90	0.64	0.63	1.08	0.67
2009	1.60	1.27	1.37	0.88	1.01	1.06	1.09	0.98	0.90	0.98	0.92	0.65	0.62	1.04	0.63
2010	1.69	1.24	1.33	0.90	0.99	1.02	1.12	0.96	0.93	1.01	0.93	0.65	0.63	1.03	0.57
2011	1.31	1.22	1.32	0.93	1.02	0.92	1.15	1.00	0.97	1.08	0.99	0.75	0.64	1.00	0.70
2012	1.31	1.21	1.31	0.91	1.01	1.11	1.14	0.95	0.96	1.08	0.98	0.72	0.65	0.99	0.66
2013	1.36	1.23	1.42	0.98	0.90	1.11	1.15	0.95	0.87	1.00	1.01	0.78	0.68	0.95	0.61
2014	1.32	1.28	1.34	1.07	0.91	1.07	1.18	0.93	0.88	0.90	1.05	0.76	0.69	0.99	0.62
2015	1.34	1.28	1.38	1.07	0.89	1.08	1.19	0.98	0.89	0.93	1.03	0.74	0.65	0.91	0.64
均值	1.62	1.31	1.35	0.97	0.95	1.07	1.09	0.93	0.79	1.04	0.91	0.71	0.62	0.97	0.68

第一，就各省（自治区、直辖市）1997—2015 年农业要素禀赋区域比较优势系数的均值而言，东部沿海的江苏、浙江、上海和中部的湖北、湖南等省（直辖市）在南方地区具有较为明显的农业要素禀赋优势；西部的四川、重庆、云南、贵州、广西等省（自治区、直辖市）则明显缺乏区域比较优势。第二，就各省（自治区、直辖市）农业要素禀赋区域比较优势系数的变化情况而言，上海、广东、云南、海南等省（直辖市）要素禀赋优势下降较为明显，浙江、四川、重庆、广西等省（自治区、直辖市）则呈现出较为明显的大幅增长趋势，其他省的变化趋势则不太明显。例如，上海市农业要素禀赋区域比较优势系数由 1997 年的 1.78 下降为 2015 年的 1.34，降幅达 24.72%；重庆市的区域比较系数则由 1997 年的 0.62 增长到 2015 年的 0.89，涨幅达 43.55%；四川省农业要素禀赋的区域比较优势系数基本处于 0.90～1.00。

总体而言，我国南方地区农业要素禀赋表现出明显的动态变化特征，各省（自治区、直辖市）农业要素禀赋相对优势的发展演变则呈现出显著的区域差异特征，反映出我国南方地区农业要素禀赋及其相对优势自 1997 年以来不断发展变化。随着区域农业经济增长的不断发展，尽管省（自治区、直辖市）之间的差异仍然存在，尤其是东部沿海与西部内陆的差距依然较大，但是区域内总体上呈现出渐趋缩小的态势。

3.3.3 农业单要素禀赋水平的区域优势比较

根据各省（自治区、直辖市）农业单要素禀赋指数与南方地区均值的比较，可计算得到各省（自治区、直辖市）1997—2015 年农业单要素禀赋的区域比较优势系数的均值（表 3-3）。从表中反映出的情况来看，上海、江苏、浙江、湖北等省（直辖市）的农业单要素禀赋整体上具有相对优势，农业单要素禀赋区域优势系数均值大于 1.0 的有 4 类及以上；贵州、云南、重庆和江西等省（直辖市）则整体上处于相对劣势地位，农业单要素禀赋优势系数均值小于 1.0 的有 4 类及以上。整体而言，沿海地区省份的农业要素禀赋水平普遍优于内陆地区。

表 3-3 南方地区各省（自治区、直辖市）1997—2015 年农业单要素禀赋的区域优势比较

禀赋类型	上海	江苏	浙江	安徽	江西	湖北	湖南	四川	重庆	广东	广西	云南	贵州	福建	海南
土地要素	1.17	1.58	1.13	1.25	1.08	1.03	1.26	1.22	1.18	0.82	0.86	0.65	0.62	0.82	0.33
劳动力要素	1.09	1.13	0.95	1.12	0.84	1.00	1.51	1.26	0.55	1.31	1.24	0.85	0.65	0.84	0.67
资本要素	3.21	1.29	1.68	0.72	0.97	1.20	0.54	0.60	0.51	0.85	0.42	0.45	0.18	0.99	1.39
技术要素	1.81	1.50	2.16	0.88	0.93	0.93	0.86	0.58	0.47	0.66	0.69	0.89	0.59	1.12	0.93
产业结构	1.87	0.97	1.37	0.64	0.86	1.19	0.91	0.60	0.77	1.42	1.04	0.66	0.83	1.20	0.68

具体而言，就土地要素禀赋的区域优势比较来看，具有区域相对优势的省（直辖市）包括上海、江苏、浙江、安徽、江西、湖北、湖南、四川和重庆，主要集中在长江上中下游地区。就劳动力要素禀赋的区域优势比较来看，具有相对优势的有上海、江苏、安徽、湖北、湖南、四川、广东和广西等省（自治区、直辖市）。就资本要素禀赋的区域优势比较来看，上海、江苏、浙江、湖北和海南等省（直辖市）具有一定的相对比较优势。就技术要素禀赋的区域优势比较来看，上海、江苏、浙江和福建这 4 个沿海省（直辖市）具有明显的相对优势。就产业结构的区域优势比较来看，上海、浙江、湖北、广东、广西和福建等省（自治区、直辖市）的禀赋水平高于南方地区平均水平，具有一定的比较优势。值得注意的是，云南、贵州 2 省的 5 类单要素禀赋均低于南方地区平均水平，反映出这两省相对较差的要素禀赋区域优势。

3.4 南方地区农业要素禀赋的空间分异

3.4.1 农业要素禀赋的空间分异态势

根据公式（3.7～3.9）计算得到南方地区 1997—2015 年农业要素禀赋的总

体空间分异和单要素禀赋的空间分异情况（图 3－3）。总体而言，南方地区农业要素禀赋存在一定的空间分异，土地、劳动力、资本、技术和产业结构等单要素禀赋则存在较为显著的空间分异，但是资本和技术的要素禀赋近年来则呈现出较为明显的下降趋势。具体而言，就农业要素禀赋的总体空间分异系数的变化情况来看，南方地区农业要素禀赋表现出较为稳定的空间分异特征，基本维持在 0.15 左右；2015 年农业要素禀赋的空间分异指数为 0.145 2，说明南方地区农业要素禀赋综合指数存在一定的空间分异，但是空间分异的程度并不十分明显，原因可能是 5 类单要素禀赋的差异在一定程度上抵消了总的空间分异水平。

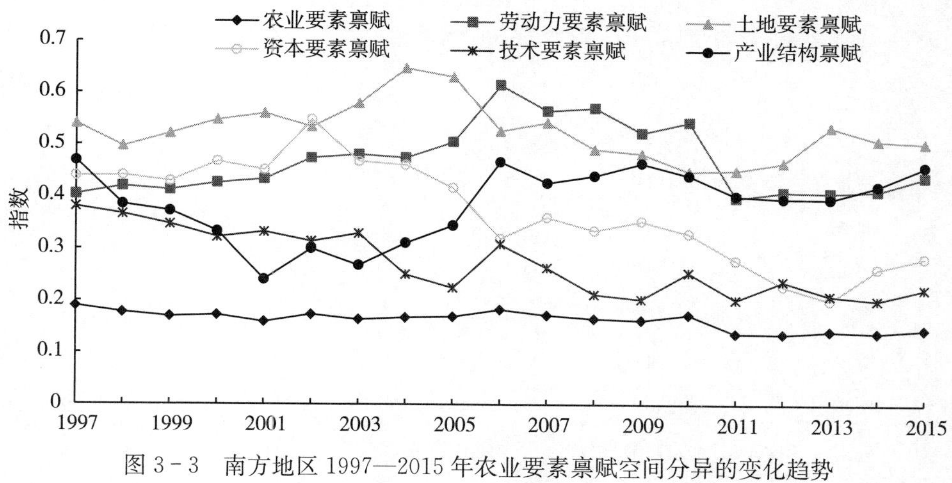

图 3－3 南方地区 1997—2015 年农业要素禀赋空间分异的变化趋势

就单要素禀赋空间分异系数的变化趋势来看，5 类单要素禀赋的空间分异程度从大到小大致为土地要素、劳动力要素、产业结构、资本要素和技术要素。单要素禀赋空间分异的发展趋势主要表现为三大特征：其一，产业结构禀赋的空间分异水平总体上呈现出先降后升的 V 形趋势，其空间分异系数由 1997 年的 0.468 3 下降到 2001 年的 0.241 0，之后又回升到 2015 年的 0.458 8。其二，土地、劳动力和资本要素禀赋的空间分异特征表现为先升后降的倒 V 形趋势，三类要素禀赋空间分异系数的峰值分别出现在 2004 年（0.647 4）、2006 年（0.615 4）和 2002 年（0.548 3）。其三，技术要素禀赋的空间分异特征总体上处于下降态势，其空间分异系数由 1997 年的 0.379 3 下降为 2015 年的 0.223 9，降幅达 40.97%，反映出南方地区各省（自治区、直辖市）之间在农业技术方面的差距日渐缩小，可能得益于我国农业技术推广工作的持续开展。

3.4.2 农业要素禀赋的空间分布特征

前文的分析表明，尽管南方地区农业要素禀赋综合指数的空间分异并不十分明显，但是各单要素禀赋的空间分异则较为显著。因此，根据前文测算得到的 1997—2015 年南方地区各省（自治区、直辖市）农业要素禀赋指数，进一步对 1997 年、2003 年、2009 年和 2015 年的农业要素禀赋分布情况进行分析（表 3-4）。

表 3-4 南方地区 1997—2015 年各省（自治区、直辖市）农业要素禀赋

地区	1997 年	2003 年	2009 年	2015 年
上海	0.505 2	0.470 3	0.482 7	0.417 0
江苏	0.380 5	0.368 4	0.381 8	0.398 9
浙江	0.340 7	0.411 0	0.412 2	0.428 9
安徽	0.290 1	0.270 0	0.266 3	0.331 8
江西	0.258 0	0.250 1	0.302 9	0.278 5
湖北	0.313 0	0.296 6	0.318 6	0.337 7
湖南	0.310 8	0.301 8	0.328 9	0.370 7
四川	0.247 7	0.267 2	0.295 1	0.305 5
重庆	0.177 2	0.205 9	0.271 1	0.275 5
广东	0.329 7	0.292 4	0.294 4	0.288 8
广西	0.246 4	0.232 5	0.276 9	0.321 9
云南	0.210 1	0.204 2	0.194 5	0.230 8
贵州	0.160 1	0.175 2	0.185 8	0.201 2
福建	0.257 0	0.278 7	0.312 7	0.283 9
海南	0.242 1	0.199 9	0.190 3	0.198 8

1997 年，南方地区农业要素禀赋水平总体偏低，综合指数低于 0.290 的省（自治区、直辖市）有 8 个。其中，综合指数超过 0.329 的有上海、江苏、浙江、广东，超过 0.290 的共有 7 个省（自治区、直辖市），得分低于 0.194 的有重庆和贵州，其他 9 个省（自治区、直辖市）则介于 0.194 至 0.329。从农业要素禀赋的空间分布格局来看，上海独占鳌头，然后是优势较为明显的江苏、浙江、广东、湖南和湖北等省，反映出东部沿海地区农业要素禀赋的综合优势相对明显；要素禀赋综合水平最差的重庆、云南和贵州则均分布在西部内陆地区，反映出西部是南方地区农业要素禀赋显著缺乏优势的区域。

2003 年，南方地区农业要素禀赋水平有所下降，除了江苏、浙江、上海农业要素禀赋综合水平相对较高，要素禀赋综合指数低于 0.302 的省（自治区、直辖市）达到 12 个。综合指数低于 0.210 的省（直辖市）达到 4 个，海南省农业要素禀赋水平下降明显，但是东部的福建省、中西部的四川省，农业要素禀赋水平则有微弱提升。从农业要素禀赋综合指数的空间分布来看，东部地区农业要素禀赋水平明显高于中西部，且呈现出一定的集聚趋势，中西部农业要素禀赋水平尽管有所提升，但整体而言仍然处于较低水平。

2009 年，南方地区农业要素禀赋水平有了明显提升，综合指数高于 0.277 的省（直辖市）达到 9 个，低于 0.194 的省减少为 2 个。其中，综合指数高于 0.329 的有上海、江苏和浙江这 3 个省（直辖市），低于 0.194 的则是贵州和海南。从农业要素禀赋综合指数的空间分布来看，江苏、浙江、上海仍然是南方地区农业要素禀赋优势最为明显的区域；东部沿海除了海南省，其他省（直辖市）的农业要素禀赋综合水平明显高于中西部区域。

2015 年，南方地区农业要素禀赋水平相对于 2009 年有了进一步提升。综合指数超过 0.306 的省（自治区、直辖市）达到 7 个，低于 0.231 的省仍然是云南、贵州和海南。从农业要素禀赋的空间分布格局来看，南方地区农业要素禀赋的集聚趋势更加明显，综合水平最高的区域集中在江苏、浙江、上海 3 省（直辖市），其次是安徽、湖北、湖南和广东，紧跟着是广东、福建、江西和四川，最差的则仍然是云南、贵州和海南。

3.4.3　农业单要素禀赋的空间分异特征

表 3-4 和表 3-5 的分析结果表明，尽管南方地区农业要素禀赋综合水平的空间分异特征并不十分显著，但是各单要素禀赋呈现出较为明显的空间分异特征，进一步将各省（自治区、直辖市）2015 年的农业单要素禀赋水平划分为 4 个等级。总体而言，南方地区农业各要素禀赋综合水平具有显著的空间分异特征，表现出明显的空间集聚性。就农业要素禀赋的空间分布状况而言，南方地区 5 类单要素禀赋的空间分布均表现出显著的区域差异，各要素禀赋内部则显现出显著的空间集聚特征。

表 3-5　2015 年南方地区各省（自治区、直辖市）农业单要素禀赋

地区	劳动力要素	土地要素	资本要素	技术要素	结构要素
上海	0.063 1	0.108 4	0.060 9	0.061 7	0.122 9
江苏	0.070 6	0.150 4	0.062 3	0.054 6	0.060 9
浙江	0.061 8	0.110 8	0.072 9	0.086 7	0.096 6
安徽	0.065 0	0.132 3	0.055 0	0.043 4	0.036 0
江西	0.057 5	0.107 1	0.035 8	0.021 6	0.056 5

（续）

地区	劳动力要素	土地要素	资本要素	技术要素	结构要素
湖北	0.056 7	0.102 0	0.068 7	0.033 2	0.077 1
湖南	0.095 9	0.129 6	0.030 0	0.040 4	0.074 8
四川	0.077 5	0.120 0	0.029 2	0.026 9	0.052 0
重庆	0.042 3	0.118 5	0.020 3	0.019 9	0.074 5
广东	0.082 9	0.072 0	0.009 0	0.022 1	0.102 7
广西	0.082 8	0.086 6	0.042 0	0.032 0	0.078 5
云南	0.054 9	0.069 1	0.024 0	0.029 8	0.053 1
贵州	0.041 3	0.058 8	0.011 5	0.025 8	0.063 8
福建	0.037 8	0.088 4	0.022 8	0.039 3	0.095 5
海南	0.029 2	0.049 4	0.018 5	0.037 2	0.064 4

第一，农业单要素禀赋空间分布的区域差异。就各类农业单要素禀赋的区域分布而言，劳动力要素禀赋水平高的区域集中在广东、广西、湖南和四川这4个省（自治区），土地要素禀赋水平高的区域主要分布在江苏、安徽和湖南，资本要素禀赋水平高的则主要包括江苏、浙江、上海、安徽和湖北，技术要素禀赋水平高的也在江苏、浙江、上海，产业结构禀赋高的集中分布在东部沿海的上海、浙江、福建和广东。综合5类单要素禀赋的空间分布情况而言，江苏、浙江、上海在资本、技术和产业结构禀赋方面具有显著优势；云南、贵州和海南的所有单要素禀赋水平均处于南方地区的较低水平，迫切需要改善农业要素禀赋状况；重庆和福建两省除了具有一定的产业结构禀赋优势，其他4类要素禀赋均处于劣势地位；广东和广西则在劳动力、资本和产业结构方面具有相对较高的要素禀赋水平；安徽、湖北、湖南、江西和四川等省则普遍缺乏技术要素禀赋优势。

第二，农业单要素禀赋内部的空间集聚。5类要素禀赋的空间分布状况可知，南方地区各省（自治区、直辖市）农业单要素禀赋水平的分布格局呈现出一定的空间集聚特征。例如，劳动力要素禀赋水平较高的区域主要分布在相邻的广东、广西和湖南，其次是江苏、浙江、上海和安徽，呈现出地域上的“高-高”集聚特征。产业结构禀赋的空间分布中，禀赋水平较高的区域集中在上海、浙江、福建和广东这4个东部沿海省（直辖市），其次是湖北、重庆、湖南和广西，均呈现出明显的地域集聚特征。资本要素禀赋的分布格局显示，江苏、浙江、上海、安徽、湖北5省（直辖市）表现出显著的“高-高”集聚特征，四川、重庆、云南、贵州、湖南等省（直辖市）则呈现出明显的“低-低”集聚现象。

3.5 研究结论与讨论

本部分通过构建农业要素禀赋的评价指标体系，基于熵权法测算了1997—2015年南方地区12省1区2市农业要素禀赋指数，对南方地区农业要素禀赋水平的变化趋势和现状进行了总体评价；在此基础上结合差异性指数（D指数）与基于多组群计算的分异指数D（m），测算并分析了南方地区农业要素禀赋的空间分异状况。主要结论如下：

第一，南方地区农业要素禀赋综合水平自1997年以来略有上升，农业要素禀赋指数从大到小依次为土地要素、产业结构、劳动力要素、技术要素和资本要素。大部分省（自治区、直辖市）的农业要素禀赋综合指数呈现出先降后升的U形态势，且大部分省（自治区、直辖市）的农业要素禀赋水平并没有随着年份变化表现出显著降低的长期趋势。

第二，1997年以来南方地区农业要素禀赋水平存在明显的区域差异，具有农业要素禀赋相对优势的包括上海、浙江、江苏、湖南、湖北和广东等5省1市，其他省（自治区、直辖市）则缺乏相对比较优势。其中，东部的江苏、浙江、上海和中部的湖北、湖南等省（直辖市）在南方地区具有较为明显的农业要素禀赋优势，西部的四川、重庆、云南、贵州和广西等省（自治区、直辖市）则明显缺乏区域比较优势；上海、广东、云南、海南等省（直辖市）要素禀赋优势下降较为明显，浙江、四川、重庆、广西等省（自治区）则呈现出明显的大幅增长趋势，其他省的变化趋势则不太明显。

第三，南方地区农业要素禀赋存在一定的空间分异，土地要素、劳动力要素、资本要素、技术要素和产业结构等的禀赋水平表现出较为显著的空间分异特征，但是资本要素和技术要素的禀赋水平近年来则呈现出较为明显的下降趋势。其中，产业结构禀赋的空间分异水平总体上呈现出先降后升的V形趋势，土地、劳动力和资本要素禀赋的空间分异表现为先升后降的倒V形趋势，技术要素禀赋的空间分异总体上处于下降态势。

第四，南方地区农业单要素禀赋的空间分异特征也很明显，表现出显著的空间集聚性，5类单要素禀赋的空间分布也呈现出显著的区域差异，各要素禀赋内部则显现出明显的空间集聚特征。其中，江苏、浙江、上海在资本、技术和产业结构等的禀赋方面具有显著优势，云南、贵州和海南的所有单要素禀赋水平均处于南方地区的较低水平。

通过分析南方地区各省（自治区、直辖市）农业要素禀赋水平的变化趋势和空间分异特征发现，南方地区各省（自治区、直辖市）劳动力、土地、资本、技术和产业结构等要素禀赋水平存在明显的区域差异，而且5类单要素禀赋也呈现出显著的空间分异特征，反映出南方地区农业要素禀赋水平的差异化已是既定事实。鉴于以上分析结论，根据各省（自治区、直辖市）农业要素禀赋水平选择适合的农业发展道路尤为重要，对于缺乏要素禀赋相对优势的省（自治区、直辖市）需要不断升级农业要素禀赋结构，具有要素禀赋相对优势的省（自治区、直辖市）则需要加强不同要素之间的协调性，以更好地适应农业转型升级的现实需求。至于如何提升南方地区农业要素禀赋水平和改善农业要素禀赋结构，则需要根据各农业单要素对农业经济增长的贡献程度决定。

4 南方地区农业经济增长的空间分异及其驱动因素

4.1 引言

我国农业发展所面临的要素禀赋结构正发生着根本性变化（吴丽丽、李谷成、周晓时，2015；魏金义，2016），前文的分析结果也反映出我国南方地区农业要素禀赋表现出显著的空间分异特征。近年来，我国南方地区农业经济发展取得了巨大进步，相关统计数据显示，南方地区农业经济增长水平由1997年的0.517 2万元/人增加到2015年的1.410 9万元/人，增幅达172.80%，年均增长9.09%。但与此同时，南方地区农业经济增长的区域差异也日益引起学术界的广泛关注，如何实现区域农业经济的协调发展，缩小区域内各省（自治区、直辖市）之间农业经济增长的绝对差距和相对差距，已经成为南方地区农业经济能否稳步增长和协调发展的重要课题。对近年来学者的相关研究梳理发现，已有部分学者对中国区域之间（郑晶、温思美、孙良媛，2008；周端明，2009；何红光、宋林、李光勤，2017）、各省（自治区、直辖市）之间（曾国平、罗航艳、曹跃群，2010；郑文、张建华，2013）、县域之间（余成群等，2009；刘养卉、龚大鑫、窦学诚，2010；谢花林，2010；李成圆、熊黑钢、闫人华，2013；连旭，2016；张和东、廖善刚、郭亚军，2017）的农业发展差距问题展开过大量研究，相关研究成果表明农业经济发展水平的不平衡性呈现出逐渐加剧趋势，且表现出一定的空间集聚特征。

对相关文献资料的进一步梳理发现，测算空间分异指数的方法有数十种，主要包括基尼系数、差异性指数、锡尔系数、D（adj.）指数、Moran's I指数等，且国外学者对空间分异的相关研究主要集中在对种族、教育、医疗等热点问题的测算与分析等方面（Morgan，1983；Wong，1998；Morrill，1991；Dawkins，2004）。近年来，国内学者借鉴国外空间分异测算方法对区域经济、土地利用、城镇化等展开了一系列研究。例如，李敏纳等（2017）系统研究了海南建省以来经济增长空间分异格局演变情况，陈利等（2017）基于云南省1985—2013年统计年鉴数据，采用ESDA、空间变异函数和面板数据空间回归模型等多种方法，从时间和空间二维角度深入剖析了县域经济空间格局的演变机理及其内在逻辑。夏浩、苑韶峰、杨丽霞（2017）采用空间分析法和地理探测器分析并揭示了浙江省县域土地经济效益空间格局演变及其驱动机制。张慧（2017）利用耕地压力指数、GDI 指数、空间自相关、平均增长指数等方法分析了 2001—2013 年中国耕地压力的时空分异格局与过程。刘欢、邓宏兵、谢伟伟（2017）分析了长江经济带 2006—2013 年长江经济带人口城镇化的全局和局部空间演化特征及差异。总结发现，国内对空间分异的研究侧重于对时空演变特征、区域空间差异等的描述和探讨，这些研究成果为探究区域经济的空间差异奠定了基础，但是基于区域差异视角对导致空间分异现象形成原因和驱动因素等的相关研究还不多见，而区域差异驱动因素的深入分析正是推动区域经济协调发展的关键。鉴于此，本研究尝试以农业经济增长为研究对象，借助探索性空间数据分析（ESDA）方法对我国南方地区农业经济增长水平的空间分异情况进行分析，在此基础上进一步探讨导致空间分异的主要驱动因素及其空间效应，从而为南方地区实现农业经济协调发展，进而推进区域农业要素禀赋结构和农业产业结构等的转型升级提供一定的参考价值。

4.2 研究区域概况、研究方法与数据来源

4.2.1 研究区域概况

近年来，南方地区与北方地区的经济差异日益明显。过去中国经济经常说东中西的差距，现在南北的分化态势也趋于明显（王一鸣，2016）。结合东中西三大经济地带，将北方区域分为北部沿海区、北中部区、西北区，南方区域分为南部沿海区、南中部区、西南区进行纵向对比可以明显看出，经济增速“南快北慢”、GDP 总量占比“南升北降”特征明显[①]。进一步梳理发现，从全国经济地理格局来看，随着产业转型升级和“三大战略”推动实施，以前西部省（自治区、直辖市）因区位条件限制造成的与东部的差距在趋小，但北方（包括西北）和南方（包括西南）的差距存在扩大的迹象（冯彪，2017）。

具体就南方地区农业经济增长而言，作为我国重要区域的南方地区，其内部各省（自治区、直辖市）之间的农业经济增长差异也较为明显，发达省（自治区、直辖市）与落后省（自治区、直辖市）的绝对差距和相对差距均较大。从长期变化趋势而言，南方地区农业经济增长水平最高与最低省（自治区、直辖市）的绝对差距由 1997 年的 0.793 7 万元/人增加到 2015 年的 2.457 0 万元/人，相对差距由 1997 年的 5.035 1 倍略升为 2015 年的 5.584 8 倍。例如，相关统计数据显示，2015 年南方地区农业经济增长水平最高的江

① 中国南北城市之间的差距仍然明显［N］. 财视客，2017 - 08 - 22. http：//www. orz520. com/a/redian/2017/0822/2843213. html？ from＝haosou _ news.

苏省（2.992 9 万元/人）与最低的云南省（0.535 9 万元/人），绝对差距相差 2.457 0 万元/人。

4.2.2 研究方法

4.2.2.1 探索性空间数据分析（ESDA）方法

近年来，学者采用全局 Moran's I 指数和局部空间自相关分析方法（有 Moran 散点图方法和 LISA 方法）展开了大量研究，取得的相关成果也很丰富。目前来看，ESDA 方法已经成为研究变量之间是否存在空间相关性的成熟方法（陈培阳、朱喜钢，2011）。本研究选择 ESDA 方法来分析南方地区农业经济增长的空间分异情况，具体计算公式如下所示：

$$I = n \times \frac{\sum_{i=1}^{n}\sum_{j=1}^{n} W_{ij} \times (X_i - \overline{X}) \times (X_j - \overline{X})}{\sum_{i=1}^{n}\sum_{j=1}^{n} W_{ij} \times \sum_{i=1}^{n}(X_i - \overline{X})^2} \tag{4.1}$$

式中，X_i 和 X_j 分别表示 i 省（自治区、直辖市）和 j 省（自治区、直辖市）的人均农业增加值，$\overline{X}$ 表示南方地区人均农业增加值的平均值。W_{ij} 为邻近空间权重，i 省（自治区、直辖市）和 j 省（自治区、直辖市）相邻则取值为 1，反之则取值为 0。特别指出的是，本研究将广东省作为海南省的唯一邻域。一般而言，Moran's I 指数大于 0 认为存在正相关性，小于 0 认为存在负相关性，等于 0 则表示不存在相关性。

考虑到全局 Moran's I 指数只能从总体上反映南方地区农业经济增长的空间特征，为了能更细致地分析南方地区各省（自治区、直辖市）农业经济增长的地理空间分布状况，在计算南方地区农业经济增长的全域空间相关性后，进一步采用 Moran 散点图方法分析各省（自治区、直辖市）农业经济增长的空间分布与集聚状况。根据 Moran 散点图的一般分析经验，分布在第一和第三象限的省（自治区、直辖市）表示存在空间正相关性，且第一象限表示经济单元之间表现出“高-高”集聚特征，第三象限表现出“低-低”集聚特征，第二象限表现出“低-高”集聚特征，第四象限表现出“高-低”集聚特征。

4.2.2.2 农业经济增长驱动因素的空间回归模型

经济增长的内涵是平均收入水平的不断提高，平均收入水平不断提高的潜力主要依靠要素禀赋、产业结构与技术升级（林毅夫、苏剑，2007；林毅夫，2011）。相关研究成果还表明，区域经济发展离不开技术要素在空间上的集聚。具体来说，技术集聚程度的不同，也意味着其对区域创新能力的影响程度不同，进而对区域经济增长速度的影响也会不同（黄晖、金凤君，2011），产业结构也对经济增长有巨大的正向作用（张辉、丁匡达，2013）。据此判断，农业经济增长不仅受到传统农业生产要素投入的影响，还受到产业结构和技术升级等的影响。与此同时，省（自治区、直辖市）之间空间效应的区域差异也对农业经济增长存在显著影响。因此，本研究采用空间计量模型中常用的空间面板滞后模型（公式 4.2）、空间面板误差模型（公式 4.3 和 4.4）和空间杜宾模型（公式 4.5），分别对南方地区农业经济增长的驱动因素进行比较分析。

$$\ln Y_{it} = \alpha_{it} + \beta_i X_{it} + \rho W_{y_{it}} + \varepsilon_{it} \tag{4.2}$$

$$\ln Y_{it} = \beta_i X_{it} + \varepsilon \tag{4.3}$$

$$\varepsilon_{it} = \lambda W \varepsilon_{it} + \mu_{it} \tag{4.4}$$

$$\ln Y_{it} = \beta_0 + \rho W_{it} \ln Y_{it} + \beta_i X_{it} + \delta W_{it} X_{it} + \varepsilon_{it} \tag{4.5}$$

式中，Y_{it} 表示 i 省（自治区、直辖市）第 t 年的人均收入水平，X_{it} 为外生解释变量，包括劳动力、土地、资本的要素禀赋指数以及技术要素禀赋指数和产业结构禀赋指数，W_{it} 表示面板数据的空间权重矩阵，本研究采用邻近空间权重矩阵，ρ 和 λ 分别表示空间回归系数和空间误差系数，待估参数 β_i 表示自变量对因变量的影响程度，$\delta W_{it} X_{it}$ 表示解释变量的空间滞后项，ε 为随机误差项，μ 为正态分布的随机误差向量。其中，农业生产要素禀赋水平和农业产业结构禀赋水平均基于熵权法构建的农业单要素禀赋指数计算得到（见第 3 部分）。

4.2.3 相关指标及数据来源

谢花林（2010）将第一产业增加值作为衡量农业经济增长指标，程琳琳（2016）则采用人均农业生产总值来表示，前文对农业经济增长概念界定时也提到了常用的 3 种指标（见第 1 部分）。因此，本研究在此启示下采用平均每一农业劳动力新创造出的农业产值作为各省（自治区、直辖市）农业经济增长水平的指标。其中，农业增加值用可比价格计算得到的农林牧渔业增加值来表征。此外，本研究关于农业要素禀赋的相关指标与前文第 3 部分所用指标一致，数据来源同第 3 部分。

4.3 南方地区农业经济增长的空间分异

4.3.1 农业经济增长水平的时空演变

基于南方地区各省（自治区、直辖市）农业经济增长水平的变化趋势（图 4-1）可看出，南方地区各省（自治区、直辖市）农业经济增长水平自 1997 年以来均呈大幅提升的态势，但是各省（自治区、直辖市）之间存在显著的区域差异。其一，从时间层面而言，各省（自治区、直辖市）2015 年农业经济增长水平均高于 1997 年水平，且提升幅度较大，说明南方地区农业经济发展较快，取得的成绩较为明显。例如，上海市农业经济增长水平由 1997 年的 0.990 4 万元/人增加到 2015 年的 2.899 8 万元/人，增幅达 192.79%；增幅较小的海南省，农业经济增长水平也由 1997 年的 0.880 4 万元/人增加到 2015 年的 1.013 3 万元/人，增长了 15.10%。值得注意的是，南方地区各省（自治区、直辖市）农业经济增长水平在 1997—2003 年期间几乎没有变化，1997 年和 2003 年的农业经济增长水平轨迹如出一辙。其二，从空间分布层面而言，南方地区农业经济增长水平较高的主要有上海、江苏、浙江、广东、福建和湖北等 6 省（直辖市），四川、重庆、云南、贵州和广西等省（自治区、直辖市）则处于较低水平。由此不难发现，东部沿海省（直辖市）农业经济增长水平较高且增长幅度较大，其次是中部省（自治区），西部省（直辖市）农业经济增长在整个南方地区处于较低水平且增长相对缓慢。

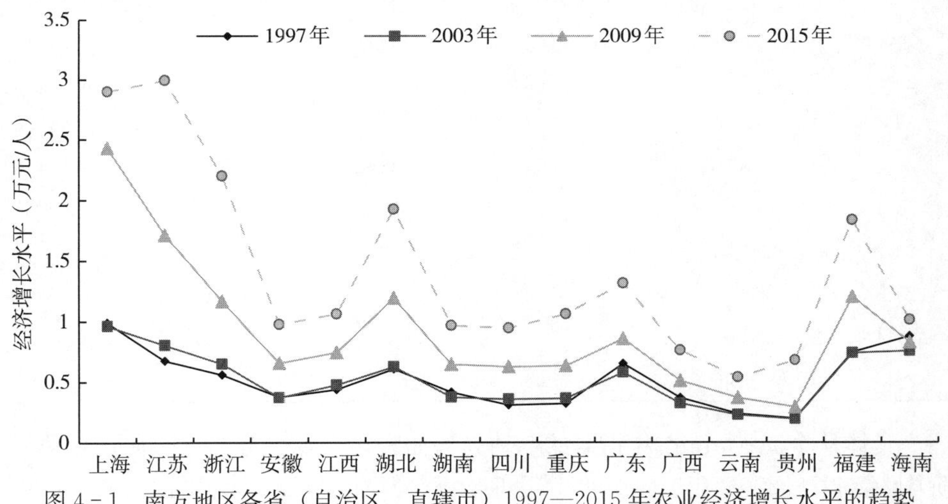

图 4-1　南方地区各省（自治区、直辖市）1997—2015 年农业经济增长水平的趋势

4.3.2　农业经济增长的全局空间自相关性分析

表 4-1 列出了南方地区 1997—2015 年农业经济增长水平的全局 Moran's I 指数及其显著性，从中可明显看出，南方地区农业经济增长存在显著的全局空间自相关性。Moran's I 指数由 1997 年的 0.446 0 增加到 2015 年的 0.536 6，总体呈现出波动增长的态势，整个研究期间的全局 Moran's I 指数均为正值，且均通过显著性检验。

表 4-1　南方地区 1997—2015 年农业经济增长水平的全局 Moran's I 指数

年份	Moran's I 指数	E（I）期望值	标准差	*Z* 值	*P* 值
1997	0.446 0	−0.071 4	0.165 3	3.184 6	0.001 0

（续）

年份	Moran's I 指数	E（I）期望值	标准差	Z 值	P 值
1998	0.432 9	−0.071 4	0.175 2	2.871 1	0.005 0
1999	0.497 0	−0.071 4	0.174 3	3.251 0	0.003 0
2000	0.474 0	−0.071 4	0.176 2	3.094 3	0.001 0
2001	0.493 8	−0.071 4	0.181 8	3.137 5	0.002 0
2002	0.507 8	−0.071 4	0.172 6	3.375 4	0.003 0
2003	0.520 0	−0.071 4	0.178 3	3.300 7	0.002 0
2004	0.517 6	−0.071 4	0.168 2	3.540 2	0.001 0
2005	0.499 6	−0.071 4	0.161 3	3.521 8	0.001 0
2006	0.431 8	−0.071 4	0.137 5	3.656 9	0.001 0
2007	0.488 4	−0.071 4	0.155 6	3.558 6	0.001 0
2008	0.452 0	−0.071 4	0.154 3	3.399 7	0.003 0
2009	0.472 6	−0.071 4	0.152 9	3.543 7	0.002 0
2010	0.386 9	−0.071 4	0.132 8	3.460 0	0.002 0
2011	0.401 3	−0.071 4	0.135 6	3.522 3	0.002 0
2012	0.483 5	−0.071 4	0.160 8	3.467 4	0.003 0
2013	0.543 7	−0.071 4	0.165 3	3.678 7	0.002 0
2014	0.544 8	−0.071 4	0.173 5	3.508 1	0.001 0
2015	0.536 6	−0.071 4	0.164 1	3.788 1	0.002 0

具体从全局 Moran's I 指数的变动趋势而言，大致可分为三个阶段：第一阶段（1997—2003 年），波动上升期，全局 Moran's I 指数由 1997 年的 0.446 0 增加到 2003 年的 0.520 0，说明南方地区农业经济增长的全局自相关性有所增强。第二阶段（2004—2009 年），波动下降期，全局 Moran's I 指数由 2004 年的 0.517 6 下降到 2008 年的 0.452 0，反映出南方地区农业经济增长的全局自相关性有所回落，但仍然处于相对较高水平。第三阶段（2010—2015 年），持续增长期，全局 Moran's I 指数由 2010 年的 0.386 9 增加到 2015 年的 0.536 6，全局空间自相关性处于较高水平。由此表明，1997 年以来，南方地区农业经济增长水平相似的省（自治区、直辖市）在空间分布格局上表现出集聚的趋势，且这种集中分布趋势随着时间的推进表现的愈加明显。也就是说，南方地区农业经济增长水平的总体空间差异在不断缩小，尤其是农业经济增长水平高的省（自治区、直辖市）与其他高值省（自治区、直辖市）表现出相邻或集聚态势，农业经济增长水平低的省（自治区、直辖市）也与其他低值省（自治区、直辖市）相邻或集聚。

4.3.3 农业经济增长的局部空间自相关分析

前文的分析结果表明，我国南方地区农业经济增长总体上存在空间自相关性和空间集聚特征，且全局 Moran's I 指数在 2003 年和 2009 年是重要的转折点。为了更清晰地反映出南方地区各省（自治区、直辖市）农业经济增长的空间集聚状态，本研究列出了 1997 年、2003 年、2009 年和 2015 年南方地区农业经济增长水平的 Moran 散点图（图 4－2）。从图 4－2（a）～（d）的总体变化趋势可大致看出，自 1997 年以来，我国南方地区农业经济增长水平的总体空间差异在逐渐缩小，但是省（自治区、直辖市）之间则呈现出显著的局部差异。整体而言，南方地区各省（自治区、直辖市）农业经济增长的局部空间自相关性较为明显。

观察图 4－2（a）可看出，1997 年，农业经济增长水平处于“高-高”和“低-低”集聚状态的省（自治区、直辖市）分别为 5 个和 6 个，说明南方地区农业经济增长呈现出显著正相关的空间依赖性，省（自治区、直辖市）之间表现出较为明显的集中趋势。具体而言，云南、贵州、广西、四川、重庆和湖南等省（自治区、直辖市）均位于“低-低”集聚的第三象限，且这几个省（自治区、直辖市）之间互为相邻省（自治区、直辖市），表明西部省（自治区、直辖市）的农业经济增长整体处于较低水平。福建、安徽、广东、江西和海南等省则位于“高-高”集聚的第一象限，反映出这一时期农业经济增长水平较高的省主要分布在东南沿海和中部地区。位于第二象限的省为浙江、江苏和湖北，说明这 3 个省的农业经济增长水平跟周边省（自治区、直辖市）相比相对较低。

观察图 4－2（b）可看出，2003 年，西部省份农业经济增长水平的集聚状况变动不大，仍然处于较低水平的集聚状态，东、中部省份的农业经济增长水平则变动较大。具体而言，江苏、浙江 2 省由“低-高”变为“高-高”集聚类型，安徽和江西变为“低-高”类型，湖北则变为“高-低”类型，上海由“低-低”变为“高-高”类型，主要原因在于江苏、浙江、上海等东部省（直辖市）农业经济增长水平有了大幅提升，湖北、安徽和江西等中部省农业经济增长水平则相对降低。由此反映出南方地区农业经济增长水平基本呈现出“东部沿海省（直辖市）最高，其次是中部省（自治区、直辖市），西部省（直辖市）则处于较低水平”的总体分布格局。

图 4－2（c）和（d）反映的情况基本一致。总体而言，2009 年以后南方地区农业经济增长水平的空间分布格局进一步呈现出“低-低”和“高-高”的集聚态势。相比 1997 年和 2003 年而言，南方地区各省（自治区、直辖市）农业经济增长水平均有了较大提升，且各省（自治区、直辖市）之间的局部空间差异呈缩减趋势。具体而言，从 Moran 散点图中各省（自治区、直辖市）的

分布状况来看，东部沿海的江苏、浙江、上海和福建这 4 个省（直辖市）为稳定的“高-高”集聚类型，云南、贵州、广西、四川、重庆、湖南、广东和海南等 8 个省（自治区、直辖市）则为稳定的“低-低”集聚类型，且这些省（自治区、直辖市）的集中趋势日益明显。从 Moran 散点图的变动情况来看，广东和海南这 2 个沿海省由 2003 年的“高-高”集聚类型变为“低-低”集聚类型，说明这 2 个省的农业经济增长水平相对相邻的其他省（自治区、直辖市）有所下降。据此进一步说明，南方地区农业经济增长水平的空间集聚趋势日趋明显。

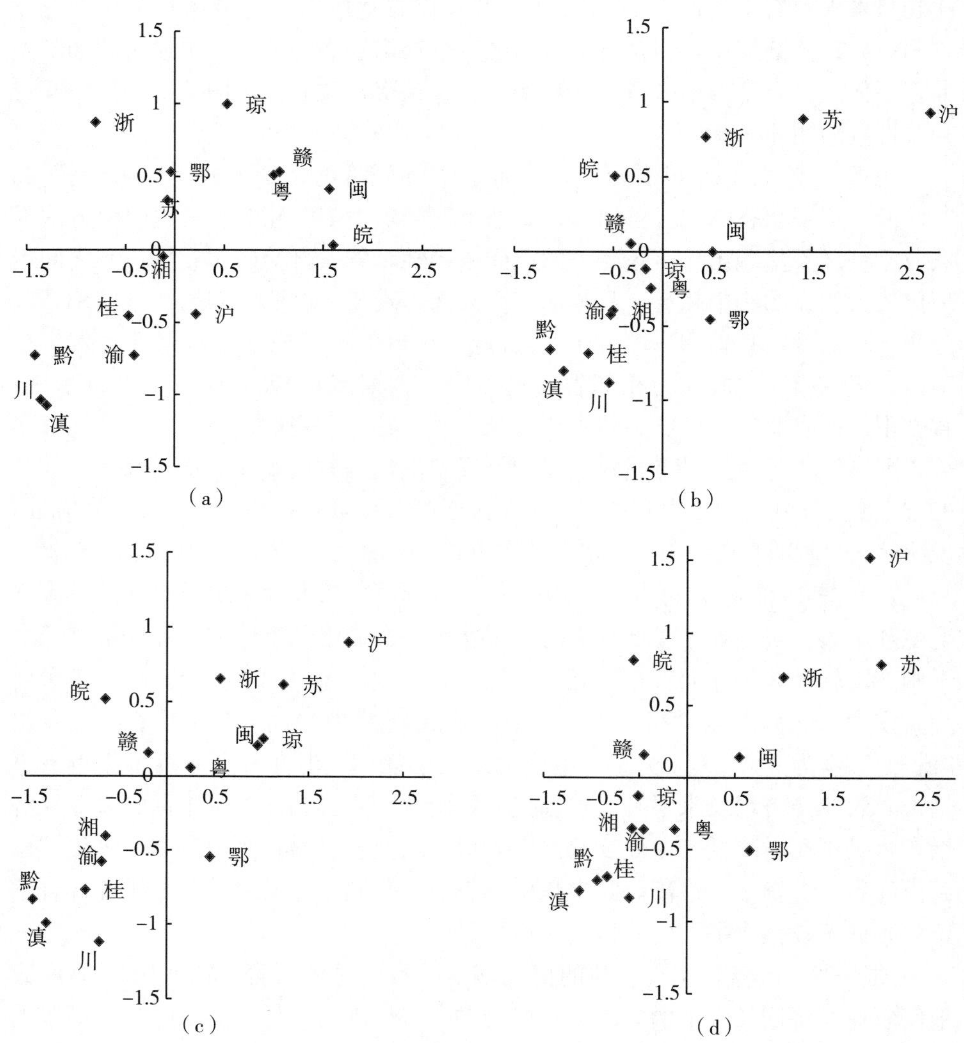

图 4-2 南方地区各省（自治区、直辖市）1997—2015 年农业经济增长水平的 Moran 散点图

(a) 1997 年 (b) 2003 年 (c) 2009 年 (d) 2015 年

4.4 南方地区农业经济增长空间分异的驱动因素

前文的分析结果得出，南方地区农业经济增长存在显著的空间相关性。Wald（18.84）和 Lratio（41.89）的检验结果表明，南方地区农业经济增长空间分异驱动因素的回归分析并不适合采用 SAR 模型和 SEM 模型。因此，我们进一步采用 SLM 模型和 SDM 模型展开分析，经过 AIC 值和 BIC 值的检验认为，加入误差滞后项 AIC 和 BIC 值均变大，根据陈强（2014）关于空间面板回归分析的一般经验，显然应选择空间杜宾模型。

综合分析认为，选择时间固定效应的空间杜宾模型对南方地区农业经济增长空间分异的驱动因素进行分析符合要求。表 4－2 的回归分析结果显示，R^2 为 0.889 0，说明该模型拟合效果较好，Log－likelihood 和 Breusch－Pagan test 的值分别为 236.340 6 和 11.770 0，进一步表明模型估计结果能够解释南方地区农业经济增长空间分异的原因，也与前文的理论分析一致。总体而言，空间自回归系数 ρ 在 1%水平上显著为正，说明我国南方地区农业经济增长存在较为明显的空间溢出效应；空间估计系数为 0.452 0，表明农业经济增长水平提高 1%会带来相邻省（自治区、直辖市）农业经济增长水平提高 0.452 0%，这与南方地区农业经济增长存在显著空间正相关性的分析结果较为一致。

表 4－2 南方地区农业经济增长空间分异驱动因素的回归结果

变量	估计系数	标准差	Z 值
ln（labour）	0.013 8	0.051 7	0.270 0
ln（land）	0.309 4***	0.039 1	7.900 0
ln（capital）	0.141 8***	0.018 0	7.890 0
ln（technology）	0.082 4*	0.044 0	1.880 0
ln（structure）	0.337 7***	0.045 7	7.390 0
ρ	0.452 0***	0.054 9	8.240 0
R^2		0.889 0	
Breusch－Pagan test		11.770 0	
Log－likelihood		236.340 6	
AIC		−919.620 6	

注：*、** 和 *** 表示通过 10%、5%和 1%的显著性水平检验。表 4－3 与此相同。

4.4.1 农业经济增长空间分异的驱动因素分析

表 4－2 的回归结果显示，土地、资本、技术和产业结构等要素禀赋对南

方地区农业经济增长的空间分异均具有显著的正向影响；劳动力要素禀赋的正向影响在统计上不显著，在此不做专门讨论。模型估计系数的结果表明，南方地区农业经济增长存在空间分异的主要原因在于各省（自治区、直辖市）土地、资本、技术和产业结构等要素禀赋存在差异。就各主要驱动因素的具体影响程度来看，导致南方地区农业经济增长空间差异的首要因素是产业结构禀赋（系数为0.337 7），其次是土地要素禀赋（0.309 4），然后是资本要素禀赋（0.141 8），最后是技术要素禀赋（0.082 4）。具体而言，各驱动因素的回归系数存在一定差异，且在不同统计水平上显著，说明各驱动因素对农业经济增长的影响程度存在较大差异。

其一，土地和资本要素禀赋的估计系数分别为0.309 4和0.141 8，说明南方地区农业生产要素中土地和资本要素禀赋对农业经济增长的影响也存在较大差异，可能的原因是各省（自治区、直辖市）在土地投入数量、耕地基础设施和土地质量等方面存在一定差异，也在一定程度上反映出土地要素仍然是导致南方地区农业经济增长空间分异较为重要的影响因素之一。

其二，产业结构禀赋的估计系数为0.337 7，是5类要素禀赋类型中系数最大的，直接反映出各省（自治区、直辖市）农业产业结构的区域差异是南方地区农业经济增长空间分异的最主要的驱动因素。原因可能在于产业结构禀赋既反映了各省（自治区、直辖市）农业产业结构是否满足其农业生产要素禀赋优势，又反映了地区农业经济发展的潜力。根据产业结构禀赋的空间分布态势来看，具有产业结构禀赋优势的省（自治区、直辖市）其经济发展水平一般也相对较高①。

其三，技术要素禀赋的估计系数为0.082 4，且通过了10%显著性水平的检验，说明技术禀赋的差异对南方地区农业经济增长的有一定的正向影响，但是并没有产业结构禀赋、土地和资本要素禀赋的影响程度大。原因可能在于随着农业技术进步的不断加快，各省（自治区、直辖市）之间的技术要素禀赋差距在逐渐缩小，因而对区域农业经济增长空间差异的贡献也相对较小。

其四，劳动力要素禀赋的影响在统计上不显著。原因可能是：就劳动力投入数量而言，西部省（自治区、直辖市）具有一定的数量优势，但是就人力资本水平而言，东部沿海省（自治区、直辖市）无疑占据明显优势。综合两者来看，各省（自治区、直辖市）劳动力要素禀赋之间的差距反而在不断缩减。例

① 根据南方地区各省（自治区、直辖市）农业要素禀赋指数的计算结果分析发现，产业结构禀赋高的省（自治区、直辖市）集中分布在东部沿海的上海、浙江、福建和广东等省（直辖市）。

如，根据相关数据显示①，广西、四川和湖南等省（自治区）农业劳动力数量较多，而上海、江苏、浙江、广东等省（直辖市）农民受教育程度则较高。

4.4.2 农业经济增长空间分异驱动因素的空间效应分析

农业经济增长空间分异驱动因素的分析结果表明，各省（自治区、直辖市）劳动力、土地和资本等生产要素禀赋的差异，以及农业技术和产业结构禀赋的差异，均对南方地区农业经济增长的空间分异有重要影响。与此同时，农业经济增长的空间分布格局表现出明显的“高-高”和“低-低”集聚状况，为了进一步探究主要驱动因素对农业经济增长空间分布状况的影响，在前文分析的基础上对各驱动因素的空间效应展开分析（表 4－3）。

表 4－3 南方地区农业经济增长主要驱动因素的空间效应

变量	LR _ Direct		LR _ Indirect		LR _ Total	
	估计系数	Z 值	估计系数	Z 值	估计系数	Z 值
ln (labour)	0.016 9	0.300 0	0.013 9	0.330 0	0.030 9	0.310 0
ln (land)	0.294 4***	8.150 0	−0.150 7	−1.600 0	0.143 7	1.470 0
ln (capital)	0.153 3***	8.520 0	0.109 7***	4.380 0	0.263 0***	7.180 0
ln (technology)	0.085 4*	1.950 0	0.060 0*	1.880 0	0.145 3**	1.970 0
ln (structure)	0.360 4***	7.670 0	0.259 6***	3.770 0	0.620 0***	5.910 0

表 4－3 的结果显示，资本要素禀赋、技术要素禀赋和产业结构禀赋对农业经济增长产生显著的正向效应，劳动力和土地要素禀赋的正向效应在统计上不显著，且总效应相对较小。由此可进一步推测，资本要素禀赋、技术要素禀赋和产业结构禀赋作为推进农业经济增长不断提高的主要因素，也是导致农业经济增长空间差异的主要驱动因素。其中，产业结构、资本和技术等禀赋的空间效应系数表明，南方地区产业结构禀赋、资本要素禀赋和技术禀赋每提高1%，将分别带来农业经济增长水平提高 0.620 0%、0.263 0%和 0.145 3%。

就各驱动因素直接效应、间接效应和总效应的具体情况而言，主要驱动因素的空间效应以正向效应为主，但是也存在明显的差异。其一，劳动力要素禀赋对农业经济增长具有正向的直接、间接和总效应，但是在统计上均不显著。其二，土地要素禀赋对农业经济增长的直接效应为 0.294 4，间接效应为−0.150 7，说明某省（自治区、直辖市）土地要素禀赋指数提高 1%，将带来

① 根据各省份农林牧渔业从业人员数量、初中及以上文化水平所占比重等数据计算得到各省份劳动力要素禀赋指数。

本省农业经济增长水平显著提升 0.294 4%，但是土地要素的负向间接效应在统计上不显著，说明这种负向影响的作用相当有限。其三，资本要素禀赋的直接效应和间接效应分别为 0.153 3 和 0.109 7，说明某省（自治区、直辖市）资本要素禀赋指数提高不仅会提升本省农业经济增长水平，而且对相邻省（自治区、直辖市）也有一定的带动效果，且带动效应明显。其四，技术禀赋的直接效应和间接效应分别为 0.085 4 和 0.060 0，说明技术禀赋指数的提升对区域农业经济增长水平提高有微弱的效果。其五，产业结构禀赋的直接效应和间接效应分别为 0.360 4 和 0.259 6，是 5 类主要驱动要素中空间效应最明显的，反映出产业结构要素禀赋提升不仅会直接提升本省（自治区、直辖市）农业经济增长水平，而且会给相邻省（自治区、直辖市）带来正向的影响，说明农业产业结构的升级将是推动区域农业经济增长的关键要素和重要力量。

4.5 研究结论与启示

本研究采用探索性空间数据分析（ESDA）方法对南方地区农业经济增长的空间分异特征进行了分析，在此基础上根据 1997—2015 年南方地区 12 省 1 区2 市农业要素禀赋指数，构建了面板数据的空间计量回归模型，实证分析了南方地区农业经济增长空间分异的驱动因素及其空间效应。主要研究结论如下：

第一，南方地区各省（自治区、直辖市）1997—2015 年农业经济增长水平总体上呈大幅提升态势，但是省（自治区、直辖市）之间存在显著的区域差异。其中，农业经济增长水平较高的主要是沿海地区的江苏、浙江、上海、广东、福建等省（直辖市），以及中部地区发展较快的湖北等省，西部地区的四川、重庆、云南、贵州、广西等省（自治区、直辖市）则处于相对较低水平。

第二，南方地区农业经济增长存在显著的全局空间自相关性和局部空间自相关性，尽管整个区域的总体空间差异在逐渐缩小，但是省（自治区、直辖市）之间仍呈现出显著的局部差异。其中，1997 年以来，南方地区农业经济增长水平相似的省（自治区、直辖市）在空间分布上表现出集聚的趋势，且这种集中分布趋势随时间的推进表现的愈加明显，农业经济增长水平高的省（自治区、直辖市）与其他高值省（自治区、直辖市）表现出相邻或集聚态势，农业经济增长水平低的省（自治区、直辖市）也与其他低值省（自治区、直辖市）相邻或集聚。从 Moran 散点图的分布状况而言，东部沿海的江苏、浙江、上海和福建这 4 个省（直辖市）为稳定的“高-高”集聚类型，云南、贵州、广西、四川、重庆、湖南、广东和海南等 8 个省（自治区、直辖市）则为稳定的“低-低”集聚类型，且这些省（自治区、直辖市）的集中趋势日益明显。

从 Moran 散点图的变动情况而言，广东和海南这 2 个沿海省由 2003 年的“高-高”集聚类型变为“低-低”集聚类型，说明这 2 个省的农业经济增长水平相对其他省（自治区、直辖市）有所下降。

第三，南方地区农业经济增长存在空间分异的主要原因在于各省（自治区、直辖市）土地、资本、技术等要素禀赋和产业结构禀赋的差异。就主要驱动因素的影响程度来看，影响南方地区农业经济增长空间差异的首要因素是产业结构禀赋，其次是土地要素禀赋，然后是资本要素禀赋，最后是技术要素禀赋。另外，南方地区农业经济增长的空间分异还受到主要驱动因素空间效应的影响，主要驱动因素的空间效应以正向效应为主，但是也存在明显差异。产业结构、资本和技术等禀赋的空间效应表明，南方地区农业结构禀赋、资本要素禀赋和技术禀赋每提高 1%，将分别带来农业经济增长水平相应提高 0.620 0%、0.263 0%和 0.145 3%。劳动力和土地要素禀赋空间效应的影响则相对较弱，在统计上表现出非显著性。

农业经济增长水平受到区域农业生产要素禀赋和农业产业结构禀赋的综合影响，其空间分异的形成也缘于区域内省（自治区、直辖市）之间的要素禀赋差异。农业经济增长空间分异驱动因素及其空间效应的分析结果表明，要素禀赋的空间集聚与溢出效应，是导致南方地区农业经济增长空间分异格局形成及其发展演变的重要力量。由此给南方地区农业经济增长带来的启示有：其一，各省（自治区、直辖市）农业经济增长的首要任务是加快要素禀赋结构升级。在农业“资本深化”和产业结构战略性调整的总体趋势下，尤其注重资本要素禀赋水平的提升和产业结构的转型升级。其二，基于省（自治区、直辖市）之间农业经济增长的空间效应和相互关联，充分考虑区域农业经济的协调发展，加强相邻省（自治区、直辖市）之间农业发展的区域协同性，并努力缩减省（自治区、直辖市）之间农业经济增长的差距。其三，各省（自治区、直辖市）农业经济增长的关键是实现农业生产要素与农业产业结构之间的有机协调，基于农业要素禀赋现状和“相对比较优势”原则推进农业技术要素禀赋水平和农业产业结构禀赋水平的提升。

5　南方地区农业经济增长与要素禀赋耦合协调及优化

5.1　引言

前文的分析结果表明，无论是农业要素禀赋水平还是农业经济增长水平，南方地区各省（自治区、直辖市）之间的差异均较为明显，表现出显著的空间分异特征。南方地区农业经济增长发展的区域不平衡性也日益加剧，逐渐引起学术界的关注和重视。此外，南方地区农业要素禀赋条件正在发生着深刻变化，各省（自治区、直辖市）农业要素禀赋现状及其发展趋势也存在明显的区域差异。部分学者的研究指出，要素禀赋是经济增长的源泉（覃成林、李敏纳，2010），经济增长潜力的开发首先需要把握要素禀赋结构变化的事实（任保平，2015），要素禀赋变化是区域经济增长动力转换的关键，主导要素升级将会导致在原有经济基础上产生新一轮的聚集或再聚集，并实现区域经济增长的动力转换（张永恒、郝寿义、杨兰桥，2016）。可见，持续的农业经济增长不仅需要立足于农业要素禀赋现状，而且需要契合要素禀赋的变化趋势，农业经济增长与要素禀赋存在内在的耦合关系。因此，如何实现农业经济增长与要素禀赋的区域协调发展，缩小区域内各省（自治区、直辖市）间的农业经济增长差距，已经成为南方地区农业稳步增长重要而紧迫的现实问题。

梳理相关文献资料发现，经济增长与要素禀赋之间的紧密关系已经是学术界众多专家的普遍共识，已有研究结果表明，要素禀赋是导致经济差异的初始因素（冯长春、曾赞荣、崔娜娜，2015），经济发展的核心问题在于要素禀赋结构升级（徐朝阳、林毅夫，2010），区域性要素禀赋在区域经济增长率的决定中起着至关重要的作用（郝大江，2009），禀赋结构差异会导致地区经济发展水平的空间波动（李跃、蒙永胜，2014）。部分学者针对农业经济增长和农业要素禀赋也展开了一些研究，如单一要素对农业经济增长的影响（吴清华、周晓时、冯中朝，2015；刘金全、徐宁、刘达禹，2016；刘岳平、钟世川，2016；辛冲冲、陈志勇，2017）、要素禀赋变化与农业经济增长的脱钩关系（魏金义，2016）、要素禀赋变化与中国农业增长路径（吴丽丽、李谷成、周晓时，2015）等。但是，目前来看，关于农业经济增长与要素禀赋耦合协调关系的研究尚显不足。基于此，本研究利用南方地区12省1区2市1997—2015年的相关数据，对南方地区农业经济增长与要素禀赋的耦合协调性进行分析，并对南方地区农业经济增长与要素禀赋耦合协调类型的空间分布及其演变进行详细分析，并在此基础上尝试将南方地区进一步细分为若干内部区域，进而探讨其耦合协调的空间格局优化路径。

5.2　研究方法与数据来源

5.2.1　研究方法

本研究借鉴毕国华等（2017）构建的系统时空耦合测度模型，通过耦合度模型、耦合协调度模型和相对发展指数模型对“农业经济增长-农业要素禀赋”系统的时空耦合演变进行分析。模型具体形式与公式如下所示：

$$C=\sqrt{U_1\times U_2}/(U_1+U_2) \tag{5.1}$$

$$D=\sqrt{C\times \mathrm{T}} \tag{5.2}$$

$$T=\alpha\times U_1+\beta\times U_2 \tag{5.3}$$

$$S=U_1/U_2 \tag{5.4}$$

式中，C 表示农业经济增长与农业要素禀赋的耦合度，D 表示两者的耦合协调度，T 表示两者的综合协调指数，S 表示两者的相对发展指数，U_1 和 U_2 分别表示农业经济增长和农业要素禀赋的评价值。其中，农业要素禀赋基于熵值法计算得到（第 3 部分），农业经济增长以平均每一农业劳动力新创造出的农业产值来表征，农业增加值用可比价格计算得到的农林牧渔业增加值来表示。另外，考虑到农业经济增长与农业要素禀赋之间的相互作用程度存在一定差异，农业要素禀赋提升会促进农业经济增长，农业经济增长的实现并不必然导致农业要素禀赋水平提高。因此，本研究对 α 和 β 的取值分别为 0.60 和 0.40。

耦合协调度模型的分析经验表明（于伟、张鹏，2015；魏金义、祁春节，2015；刘玉、潘瑜春、唐林楠，2017），耦合度仅反映系统间协同作用的强弱程度，但是耦合度在某些情况下无法区分系统间差异化的表现；耦合协调度能反映出不同区域系统间整体协调性的强弱，但是无法区分不同时点系统间的状态耦合协调关系的动态变化。同步发展指数正好能揭示出不同年份系统间的协调发展是否同步。借鉴已有研究结果，耦合度、耦合协调度和同步发展指数越大，则农业经济增长与农业要素禀赋之间的耦合协调关系越紧密。具体而言，$0<C\leqslant 0.30$ 表示农业经济增长与农业要素禀赋间处于低水平耦合关系，$0.30<C\leqslant 0.50$ 表示处于中度耦合关系（颉颃阶段），$0.50<C\leqslant 0.80$ 表示处于良性耦合关系（共振阶段），$0.80<C\leqslant 1.00$ 表示处于高水平耦合关系；$0<D\leqslant 0.30$ 表示农业经济增长与农业要素禀赋间处于低度耦合协调，$0.30<D\leqslant 0.50$ 表示处于中度耦合协调，$0.50<D\leqslant 0.80$ 表示处于高度耦合协调，$0.80<D\leqslant$

1.00 表示处于极度耦合协调；$S \leqslant 0.90$ 表示农业经济增长滞后于农业要素禀赋，$0.90 < S \leqslant 1.40$ 表示两者同步优化，其中，$S > 1.40$ 表示农业经济增长相对超前于农业要素禀赋状况（表 5-1）。

表 5-1　农业经济增长与农业要素禀赋的耦合协调类型

耦合协调度	相对发展指数	耦合协调类型	耦合协调类型解释
低度耦合协调 $0 < D \leqslant 0.30$	$S \leqslant 0.90$	低度耦合滞后	农业经济增长滞后，要素禀赋水平提升较快
	$0.90 < S \leqslant 1.40$	低度耦合同步	农业经济增长与要素禀赋水平同步提升
	$S > 1.40$	低度耦合超前	农业经济增长超前，要素禀赋水平提升滞后
中度耦合协调 $0.30 < D \leqslant 0.50$	$S \leqslant 0.90$	中度耦合滞后	农业经济增长滞后，要素禀赋水平提升较快
	$0.90 < S \leqslant 1.40$	中度耦合同步	农业经济增长与要素禀赋水平同步提升
	$S > 1.40$	中度耦合超前	农业经济增长超前，要素禀赋水平提升滞后
高度耦合协调 $0.50 < D \leqslant 0.80$	$S \leqslant 0.90$	高度耦合滞后	农业经济增长滞后，要素禀赋水平提升较快
	$0.90 < S \leqslant 1.40$	高度耦合同步	农业经济增长与要素禀赋水平同步提升
	$S > 1.40$	高度耦合超前	农业经济增长超前，要素禀赋水平提升滞后
极度耦合协调 $0.80 < D \leqslant 1.00$	$S \leqslant 0.70$	极度耦合滞后	农业经济增长滞后，要素禀赋水平提升较快
	$0.90 < S \leqslant 1.40$	极度耦合同步	农业经济增长与要素禀赋水平同步提升
	$S > 1.40$	极度耦合超前	农业经济增长超前，要素禀赋水平提升滞后

5.2.2　相关指标及数据来源

本研究所有指标的数据均来源于官方统计年鉴以及各省（自治区、直辖市）统计局的官方数据，数据的时间跨度均为 1997—2015 年。其中，劳动力、资本要素禀赋相关指标数据来源于《中国农村统计年鉴》，土地要素禀赋和产业结构禀赋相关指标数据来源于《中国统计年鉴》，技术要素禀赋相关指标数据来源于《中国农业统计资料》和《中国科技统计年鉴》。需要特别指出的是，由于部分省（自治区、直辖市）或地区数据获取困难，本研究区域不包括我国的香港特别行政区、澳门特别行政区和台湾地区。其中，农业经济增长水平和农业要素禀赋水平的测算指标均与前文第 3 部分和第 4 部分一致，在此不再赘述。

5.3　农业经济增长与要素禀赋耦合协调的时空演变

根据耦合协调度模型测算得到 1997—2015 年南方地区农业经济增长与要素禀赋的耦合度、协调度与相对发展指数，据此对 1997—2015 年南方地区各省（自治区、直辖市）农业经济增长与要素禀赋的耦合协调情况进行深入分析，进而对南方地区 1997 年、2003 年、2009 年和 2015 年农业经济增长与要素禀赋耦合协调类型的空间分布格局及其时空演变特征进行了对比分析。

5.3.1 耦合协调性发展演变的阶段性特征

表 5-2 的结果显示，1997 年以来，南方地区农业经济增长与要素禀赋之间的耦合协调类型以中度耦合同步和中度耦合超前为主，但是两者的耦合协调性并不理想，两者的相对发展指数基本处于同步优化阶段，而且近年来呈现出下降的总体趋势，反映出我国南方地区农业经济增长与要素禀赋的耦合协调性开始出现恶化状态，亟须对两者的耦合协调性予以改善。其中，农业经济增长与要素禀赋的耦合度介于 0.491 3～0.500 0，耦合协调度则介于 0.363 7～0.440 1，说明两者的耦合协调关系一直处于颉颃阶段，两者的耦合协调性不容乐观。值得注意的是，南方地区农业经济增长与要素禀赋的相对发展指数介于 0.804 7～1.637 9，且 19 年间两者相对发展指数的平均值为 1.282 0，说明两者基本处于同步优化阶段，存在较大改进空间。

表 5-2 南方地区 1997—2015 年农业经济增长与要素禀赋的耦合协调情况

年份	U_1	U_2	C	D	S	耦合协调类型
1997	0.413 9	0.284 6	0.491 3	0.421 9	1.454 6	中度耦合超前
1998	0.429 0	0.286 2	0.489 9	0.426 9	1.499 0	中度耦合超前
1999	0.458 3	0.302 1	0.489 3	0.440 1	1.517 0	中度耦合超前
2000	0.459 5	0.280 5	0.485 2	0.433 8	1.637 9	中度耦合超前
2001	0.457 1	0.284 9	0.486 3	0.434 5	1.604 5	中度耦合超前
2002	0.463 6	0.284 9	0.485 5	0.436 3	1.627 0	中度耦合超前
2003	0.433 6	0.281 6	0.488 6	0.426 8	1.539 7	中度耦合超前
2004	0.422 6	0.280 1	0.489 6	0.423 1	1.509 0	中度耦合超前
2005	0.341 7	0.277 2	0.497 3	0.396 3	1.232 8	中度耦合同步
2006	0.281 6	0.256 7	0.499 5	0.368 3	1.096 8	中度耦合同步
2007	0.332 7	0.286 3	0.498 6	0.395 8	1.162 0	中度耦合同步
2008	0.320 4	0.286 2	0.499 2	0.391 3	1.119 6	中度耦合同步
2009	0.306 1	0.300 9	0.500 0	0.389 9	1.017 2	中度耦合同步
2010	0.252 3	0.284 2	0.499 1	0.363 7	0.887 9	中度耦合滞后
2011	0.258 6	0.321 3	0.497 1	0.375 5	0.804 7	中度耦合滞后
2012	0.334 7	0.321 9	0.499 9	0.405 9	1.039 7	中度耦合同步
2013	0.395 2	0.306 8	0.496 0	0.422 5	1.288 0	中度耦合同步

（续）

年份	U_1	U_2	C	D	S	耦合协调类型
2014	0.362 7	0.317 0	0.498 9	0.414 5	1.144 3	中度耦合同步
2015	0.366 1	0.311 3	0.498 4	0.414 2	1.176 0	中度耦合同步
均值	0.373 1	0.292 3	0.494 2	0.409 5	1.282 0	中度耦合同步

注：U_1和U_2分别表示农业经济增长与农业要素禀赋的评价值。

具体而言，从农业经济增长与要素禀赋的耦合协调关系来看，1997 年以来两者的耦合度和耦合协调度均处于 0.500 0 以下，且两者耦合度与耦合协调度的平均值分别为 0.494 2 和 0.409 5，表明南方地区农业经济增长与要素禀赋之间的交互作用逐渐显现，但是两者的耦合协调性总体上仍处于中度耦合水平（颉颃阶段），与良性共振耦合水平（共振阶段）还存在一定的差距。从农业经济增长与要素禀赋的相对发展程度来看，大部分年份的相对发展指数在 0.90 以上（仅 2010 年和 2011 年除外），且两者的相对发展指数呈现出下降的总体趋势，由 1997 年的 1.454 6 下降到 2015 年的 1.176 0，降幅为 19.15%，反映出南方地区由“农业经济增长发展超前于农业要素禀赋”逐渐转变为“农业经济增长与农业要素禀赋同步优化”，进一步说明两者的协调性在不断改善。

5.3.2 耦合协调性的时空差异

从表 5-3 可看出，南方地区各省（自治区、直辖市）农业经济增长与要素禀赋之间的耦合协调性总体上呈现出下降趋势，且存在较为明显的区域差异。其一，从时间层面来看，2015 年与 1997 年相比，安徽等 9 个省份的耦合度有所下降，上海等 8 个省份的耦合协调度有所下降，上海、安徽、江西、湖南、广西和云南这 6 个省（自治区、直辖市）的耦合度与耦合协调度均出现不同程度下降。由此表明，南方地区大部分省（自治区、直辖市）农业经济增长与要素禀赋之间的耦合协调性随时间变化表现出下降趋势。其二，从空间层面来看，农业经济增长与要素禀赋耦合协调水平较高的省（直辖市）集中在东部沿海的江苏、浙江、上海等地，耦合协调水平较低的则集中在云南、贵州、广西和重庆等西部内陆省（自治区、直辖市）。

表 5-3 南方地区 1997—2015 年农业经济增长与要素禀赋耦合协调时空差异

省（自治区、直辖市）	2015 年				1997 年			
	U_1	U_2	C	D	U_1	U_2	C	D
上海	0.972 1	0.417 0	0.458 4	0.586 3	1.010 0	0.505 2	0.471 4	0.617 2

(续)

省(自治区、直辖市)	2015年				1997年			
	U_1	U_2	C	D	U_1	U_2	C	D
江苏	1.010 0	0.398 9	0.450 5	0.587 3	0.613 8	0.380 5	0.486 0	0.502 9
浙江	0.686 1	0.428 9	0.486 5	0.532 7	0.466 8	0.340 7	0.493 9	0.453 5
安徽	0.188 8	0.331 8	0.480 8	0.343 9	0.234 3	0.290 1	0.497 2	0.357 2
福建	0.540 4	0.283 9	0.475 2	0.456 1	0.704 0	0.257 0	0.442 6	0.482 1
江西	0.224 2	0.278 5	0.497 1	0.349 6	0.311 8	0.258 0	0.497 8	0.380 1
湖北	0.575 3	0.337 7	0.482 8	0.481 5	0.526 4	0.313 0	0.483 6	0.461 8
湖南	0.184 9	0.370 7	0.471 2	0.349 5	0.282 0	0.310 8	0.499 4	0.382 9
广东	0.325 5	0.288 8	0.499 1	0.393 9	0.582 8	0.329 7	0.480 4	0.481 0
广西	0.102 5	0.321 9	0.428 0	0.285 3	0.223 9	0.246 4	0.499 4	0.341 1
海南	0.204 3	0.198 8	0.500 0	0.317 9	0.871 4	0.242 1	0.412 5	0.505 6
重庆	0.222 6	0.275 5	0.497 2	0.348 1	0.164 3	0.177 2	0.499 6	0.291 0
四川	0.176 1	0.305 5	0.481 6	0.331 3	0.150 0	0.247 7	0.484 7	0.302 7
贵州	0.069 0	0.201 2	0.436 1	0.230 6	0.010 0	0.160 1	0.235 2	0.128 4
云南	0.010 0	0.230 8	0.199 5	0.140 1	0.057 1	0.210 1	0.410 0	0.220 2
均值	0.366 1	0.311 3	0.498 4	0.414 2	0.413 9	0.284 6	0.491 3	0.421 9

具体而言，南方地区农业经济增长与要素禀赋之间耦合协调性的时空差异特征主要表现在3个方面：其一，时序分析结果表明，南方地区大部分省（自治区、直辖市）的耦合协调性有所下降。其中，耦合度有所下降的包括上海、江苏、浙江、安徽、福建、江西、湖北、湖南、广西等9个省（自治区、直辖市），耦合协调度有所下降的包括上海、安徽、福建、江西、湖南、广东、广西和海南等8个省（自治区、直辖市），耦合度与耦合协调度均下降的省（自治区、直辖市）有上海、安徽、福建、江西、湖南和广西。例如，上海市2015年的耦合度与耦合协调度分别为0.458 4和0.586 3，相比1997年分别下降了2.76%和5.01%。其二，空间分析结果表明，南方地区农业经济增长与要素禀赋之间的耦合协调性呈现出“东高西低”的空间分布特征。例如，2015年耦合协调度高于0.50的包括上海（0.586 3）、江苏（0.587 3）和浙江（0.532 7）这3省（直辖市），低于0.30的包括云南（0.140 1）、贵州（0.230 6）和广西（0.285 3）这3省（自治区），其他省（直辖市）则介于0.30～0.50；另外，福建（0.456 1）、广东（0.393 9）等东部沿海省和湖北（0.481 5）、湖南（0.349 5）等中部省的耦合协调度也明显高于西部省（自治区、直辖市）。

其三，时空差异的综合分析结果表明，东部沿海省（直辖市）农业经济增长与要素禀赋的耦合协调性在不断下降，西部省（自治区、直辖市）的耦合协调性则呈上升趋势。例如，广东的耦合协调度由1997年的0.481 0下降到2015年的0.393 9，贵州的耦合协调则由1997年的0.128 4上升到2015年的0.230 6。

5.3.3 相对发展状况及其时空差异

前文的分析结果表明，南方地区农业经济增长与要素禀赋之间的耦合协调性存在明显的时空差异特征，基于相对发展指数对两者的相对发展状况进行进一步分析（图5-1）。

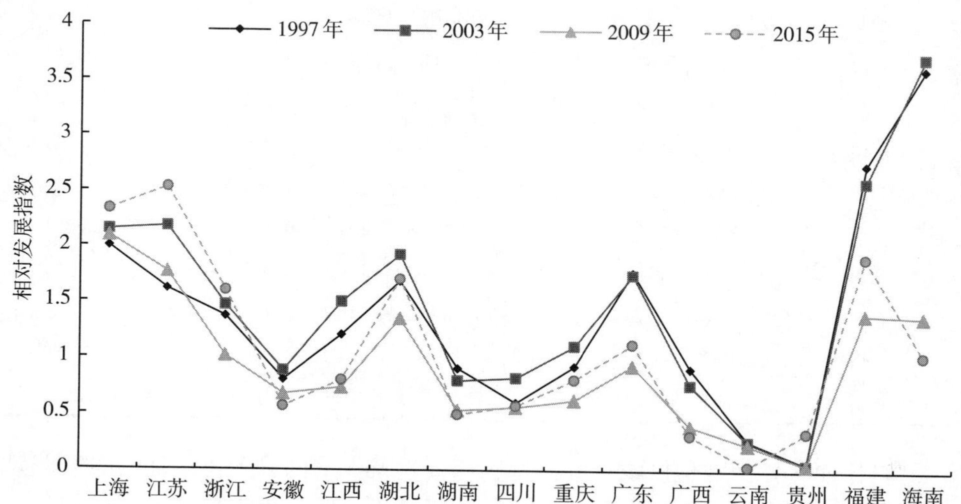

图5-1 南方地区各省（自治区、直辖市）1997—2015年农业经济增长与要素禀赋相对发展指数

总体而言，近年来南方地区大部分省（自治区、直辖市）农业经济增长与要素禀赋的相对发展程度有所下降，说明农业经济增长发展滞后于农业要素禀赋水平提升，仅有少数东部沿海省（直辖市）的农业经济增长发展超前于要素禀赋水平提升。具体而言，其一，就农业经济增长与要素禀赋相对发展指数的现状来看，2015年农业经济增长发展相对滞后于要素禀赋的包括安徽、江西、湖南、四川、重庆、广西、云南和贵州等8个省（自治区、直辖市），农业经济增长发展相对超前的则包括东部沿海的上海、江苏、福建、广东、海南以及中部的湖北等6个省（直辖市）。其二，就农业经济增长与要素禀赋相对发展指数的时空变化趋势来看，1997年以来相对发展指数增加的主要有上海、江苏、浙江和贵州4省（直辖市），相对发展指数下降的主要是江西、广东、广西、云南、福建和海南等6省（自治区），安徽、湖北、湖南、四川、重庆

5省（直辖市）的相对发展指数变化不明显。由此表明，南方地区农业经济增长与要素禀赋的相对发展状况也存在明显的时空差异特征。

5.4 农业经济增长与要素禀赋耦合类型的分布及空间区域划分

5.4.1 耦合协调类型的分布格局及其动态演化

分析表明，南方地区农业经济增长与要素禀赋之间的耦合协调性表现出明显的时空差异特征，根据耦合度、耦合协调度与相对发展指数的组合情况，可得到南方地区1997—2015年农业经济增长与要素禀赋耦合协调类型（表5-4），时间截面选择1997年、2003年、2009年和2015年。总体而言，南方地区农业经济增长与要素禀赋的耦合协调类型存在显著的空间分异特征，表现出明显的空间集聚性，耦合协调类型在空间分布上呈现出“低-低”或“高-高”的集中趋势。东部沿海的江苏、浙江、上海3省（直辖市）处于高度耦合超前的耦合协调类型，西部的云南、贵州和广西3省（自治区）则是低度耦合滞后类型，中部的安徽、江西、湖南和西部的重庆和四川等省（直辖市）则属于中度耦合滞后类型，且在地域上呈现出相邻态势。

表5-4 南方地区1997—2015年农业经济增长与要素禀赋耦合协调类型

地区	1997年	2003年	2009年	2015年
上海	高度耦合超前	高度耦合超前	高度耦合超前	高度耦合超前
江苏	中度耦合超前	高度耦合超前	高度耦合超前	高度耦合超前
浙江	中度耦合同步	高度耦合超前	中度耦合同步	高度耦合超前
安徽	中度耦合滞后	中度耦合滞后	中度耦合滞后	中度耦合滞后
江西	中度耦合同步	中度耦合超前	中度耦合滞后	中度耦合滞后
湖北	中度耦合超前	中度耦合超前	中度耦合同步	中度耦合超前
湖南	中度耦合同步	中度耦合同步	中度耦合滞后	中度耦合滞后
四川	低度耦合滞后	中度耦合滞后	中度耦合滞后	中度耦合滞后
重庆	低度耦合同步	中度耦合同步	中度耦合滞后	中度耦合滞后
广东	中度耦合超前	中度耦合超前	中度耦合同步	中度耦合同步
广西	中度耦合同步	中度耦合滞后	低度耦合滞后	低度耦合滞后
云南	低度耦合滞后	低度耦合滞后	低度耦合滞后	低度耦合滞后
贵州	低度耦合滞后	低度耦合滞后	低度耦合滞后	低度耦合滞后
福建	中度耦合超前	中度耦合超前	中度耦合同步	中度耦合超前
海南	高度耦合超前	中度耦合超前	中度耦合同步	中度耦合同步

1997 年，南方地区农业经济增长与要素禀赋的耦合协调类型有 6 种，且以低度耦合滞后、中度耦合同步和中度耦合超前为主。其中，处于低度耦合滞后类型的主要有四川、云南、贵州 3 省，处于中度耦合同步类型的有浙江、江西、湖南和广西 4 省（自治区），处于中度耦合超前的有江苏、福建、广东和湖北 4 省，上海和海南则处于高度耦合超前，安徽处于中度耦合滞后，重庆则处于低度耦合同步类型。

2003 年，南方地区农业经济增长与要素禀赋的耦合协调类型有 5 种，且以中度耦合超前、高度耦合超前和中度耦合滞后为主。其中，处于中度耦合超前类型的主要有福建、广东、海南、江西和湖北 5 省，处于高度耦合超前的是江苏、浙江、上海 3 省（直辖市），处于中度耦合滞后类型的有安徽、广西和四川 3 省（自治区），处于中度耦合同步的有湖南、重庆 2 省（直辖市），云南、贵州 2 省则处于低度耦合滞后类型。

2009 年，南方地区农业经济增长与要素禀赋的耦合协调类型减少为 4 种，且以中度耦合滞后、中度耦合同步和低度耦合滞后为主。其中，处于中度耦合滞后的有安徽、江西、湖南、四川、重庆 5 省（直辖市），处于中度耦合同步的有浙江、福建、广东、海南和湖北 5 省，处于低度耦合滞后的有广西、云南、贵州 3 省（自治区），江苏、上海 2 省则处于高度耦合超前类型。

2015 年，南方地区农业经济增长与要素禀赋的耦合协调类型有 5 种，且以中度耦合滞后、高度耦合超前和低度耦合滞后 3 种为主。其中，处于中度耦合滞后类型的有安徽、江西、湖南、四川、重庆 5 省（直辖市），处于高度耦合超前的是江苏、浙江、上海 3 省（直辖市），处于低度耦合滞后的有广西、云南、贵州 3 省（自治区），海南、广东 2 省处于中度耦合同步类型，福建、湖北 2 省则处于中度耦合超前类型。

5.4.2 南方地区内部空间区域划分

前文的分析结果表明，南方地区 1997—2015 年农业经济增长与要素禀赋的耦合协调类型既表现出显著的空间分异特征，又存在相对集中的空间集聚特征，说明南方地区农业经济增长与要素禀赋存在一定的空间区域分布。与此同时，南方地区地域范围的广阔，区域内自然条件、经济、社会等各方面差异较大，使得区域内部各省（自治区、直辖市）存在明显的差异。因此，有必要对南方地区进行内部区域划分，便于根据各区域特点和要素禀赋相对优势状况，采取针对性的空间格局优化措施，探讨适合区域特点的农业经济增长转型路径，从而不断缩小区域发展差距，促进区域农业经济增长与要素禀赋的协调发展。

关于我国区域划分的方法众多，本研究借鉴国务院发展研究中心的划分结果，即在原有的东、中、西和东北地区四块的基础上将我国31个省（自治区、直辖市）依照自然条件、资源禀赋和结构相近等因素划分为8个区域。在此基础上，本研究综合考虑各省（自治区、直辖市）地理空间分布、农业经济增长和农业要素禀赋水平及其耦合协调情况，将南方地区大致划分为“四大内部区域”，即长江上中游区［包括四川、重庆、湖北、湖南、江西和安徽等6省（直辖市）］、东部沿海平原区［包括上海、江苏和浙江3省（直辖市）］、南部沿海丘陵区（包括福建、广东和海南3省）和西南丘陵山区［包括云南、贵州、和广西3省（自治区）］，各区域内的主要特点如表5-5所示。

表5-5 基于耦合协调类型的南方地区空间区域划分

内部区域	包含行政区域	区域特点
长江上中游区	四川、重庆、湖北、湖南、江西、安徽	区域内农业经济增长处于相对较高水平，农业要素禀赋优势明显，农业经济增长与要素禀赋的耦合协调类型主要属于中度耦合滞后状态
东部沿海平原区	上海、江苏和浙江	区域内农业经济增长处于较高水平，农业要素禀赋优势显著，农业经济增长与要素禀赋的耦合协调类型属于高度耦合超前状态
南部沿海丘陵区	福建、广东和海南	区域内农业经济增长处于较高水平，农业要素禀赋优势明显，耦合协调类型属于中度耦合同步
西南丘陵山区	云南、贵州、广西	区域内农业经济增长处于较低水平，农业要素禀赋基本欠缺优势，属于低度耦合滞后的协调类型

总体而言，南方地区“四大内部区域”各具特点。东部沿海平原区和南部沿海丘陵区属于农业经济增长与要素禀赋耦合状况相对较好的区域，而且目前农业经济增长处于较高水平。其次是长江上中游区，农业经济增长与要素禀赋之间处于中度耦合状态，但是农业经济增长发展相对滞后于农业要素禀赋水平提升。西南丘陵山区的农业经济增长与要素禀赋耦合较差，且两者的协调性极其欠缺，是迫切需要改善要素禀赋结构和提升农业经济增长水平的重点区域，也是推进整个南方地区农业经济增长协调发展的关键区域。

5.4.2.1 长江上中游区

长江上中游区包括四川、重庆、湖北、湖南、江西和安徽5省1市，是南方地区自然条件相对较好、人口较为密集、农业所占比重较大、农业经济增长水平有较大提升潜力的区域。作为南方地区内部囊括省（直辖市）最多、地域范围最广的一个区域，长江上中游区农业经济增长的快速发展，将大大提升南方地区的农业经济增长整体水平。与此同时，长江上中游区与其他3个区域在地域上均相邻，既能充分吸纳两大沿海区域在资本、技术和结构方面的优势条件，又承担着拉动西南丘陵山区农业经济增长的重要任务，是未来推进南方地区农业经济增长协调发展的重要区域。

目前来看，长江上中游区农业经济增长与要素禀赋的耦合协调基本处于中度耦合滞后状态，说明区域内农业经济增长与要素禀赋的耦合协调性的改善有较大的发展潜力，而且农业经济增长的发展整体上滞后于现有的农业要素禀赋水平，也反映出该区域农业经济增长的潜力较大。近年来该区域农业要素禀赋结构不断升级，也为区域农业经济增长的快速发展提供了条件。因此，未来长江上中游区农业经济增长的协调发展，一方面要充分发挥要素禀赋结构优势和不断调整农业产业结构，寻求区域农业经济新的增长点；另一方面要不断加强区域内部的统筹协调，推进区域农业经济的协同发展。

5.4.2.2 东部沿海平原区

东部沿海平原区位于长江下游的沿海一带，以平原地形为主，包括江苏、浙江和上海 2 省 1 市，是南方地区自然条件较好、经济相对发达、农业经济增长水平最高的内部区域。东部沿海平原区曾是我国重要的粮油生产基地和水产品基地，素有“鱼米之乡”的美称，但是由于农业产业的经济效益相对较低，该区域第一产业的地位已经远远落后于二、三产业，目前来看，东部沿海平原区的农业比重已经很低。相对于长江上中游和西南丘陵山区而言，东部沿海平原区在资本积累、农业科技研发与应用、农业产业结构调整等方面的优势较为明显，一定程度上反映出该区域具有较为雄厚的经济实力，能够为其农业经济增长提供坚实的经济基础。与此同时，东部沿海平原区的农业经济发展，能够有效带动相邻区域省（自治区、直辖市）的农业经济增长，尤其是农业产业结构调整过程中的产业转移，将为相邻区域的产业结构转型提供良好机遇。

目前来看，东部沿海平原区农业经济增长与要素禀赋之间的耦合协调性表现出明显的高度耦合超前特征，也反映出该内部区域农业经济增长水平相对较高，且与要素禀赋的耦合协调性较好，但是也存在农业要素禀赋发展滞后的状况。因此，未来东部沿海平原区农业经济增长的协调发展，重点是根据农业要素禀赋优势不断推进农业产业结构转型升级，并积极发挥区域农业经济增长的空间溢出效应，带动相邻区域的农业发展。

5.4.2.3 南部沿海丘陵区

南部沿海丘陵区包括福建、广东和海南 3 省，地形以丘陵、山地为主，土地资源相对较少，但是气候条件（光照、降水、热量等）优越，加上位于我国南部沿海，区位条件优越，经济发展水平也相对发达，区域内农业产业相对比较重要，而且农业经济增长水平也相对较高，是南方地区农业经济发展具有相对潜力的内部区域。南部沿海丘陵区北接东部沿海平原区的浙江、长江上中游区的江西和湖南，西接西南丘陵山区的广西，其农业经济增长将有效带动相邻省（自治区）的发展，尤其是西南丘陵山区，因为紧邻南部沿海丘陵区，将面临该区域农业产业结构调整和相关农业产业转移的良好机遇。

目前来看，南部沿海丘陵区农业经济增长与要素禀赋之间的耦合协调类型以中度耦合同步为主，反映出该区域农业经济增长还有相当大的潜力，而且与要素禀赋处于同步发展的上升期，与要素禀赋之间的耦合协调性也有改善的潜力。因此，未来南部沿海丘陵区农业经济增长的协调发展，重点是同步推进农业要素禀赋结构升级和农业经济结构转型，既要注重区域整体农业经济的发展，也要注重区域内部各省之间的差距，同时利用好相邻区域的劳动力和技术要素禀赋相对优势。例如，通过接受西南丘陵山区农村劳动力转移，既改善西南丘陵山区农业要素禀赋结构，又缓解区域内劳动力资源相对缺乏的困境，从而推进南部沿海丘陵区与西南丘陵山区的协调发展，缩小两大内部区域之间的差距。

5.4.2.4 西南丘陵山区

西南丘陵山区地形以山地和丘陵为主，土地资源较为缺乏，区域内包括广西、云南和贵州 3 省（自治区）。西南丘陵山区农业所占比重较大，农业劳动力数量众多，农业产业仍是该区域的重要产业，而且目前该区域农业发展相对其他三大区域处于明显落后的局面。总体而言，该区域自然条件相对较差，尤其是人多地少的矛盾较为突出，加上资本要素禀赋的相对劣势，导致区域农业经济增长水平较低，是制约整个南方地区农业经济增长协调发展的关键区域。

目前来看，西南丘陵山区农业经济增长与要素禀赋之间的耦合协调类型以低度耦合滞后为主，反映出该内部区域农业经济增长的潜力巨大。尽管目前该区域农业经济增长水平普遍偏低，且与要素禀赋之间的耦合协调性较差，但是该区域农业劳动力资源丰富、气候条件也利于发展农业产业，加上该区域是我国少数民族集聚地区和老少边穷地区，国家对该区域的政策扶持相对较多，只要善于利用好既有的农业要素禀赋优势条件和倾斜政策，该区域农业经济增长将成为推进南方地区农业经济协调发展的新增长点。因此，未来西南丘陵山区农业经济增长，重点是立足现有农业要素禀赋相对比较优势，承接好相邻发达省农业产业结构调整的机遇。与此同时，在推进区域农业经济发展的过程中，要注重改善农业要素禀赋结构，通过农业生产要素禀赋结构的转型升级推进区域内农业产业结构的转型，进而实现区域农业经济的飞跃式发展。

5.4.3 耦合协调类型的空间格局优化

前文的分析结果表明，我国南方地区农业经济增长与要素禀赋耦合协调关系存在明显的时空差异，且两者的耦合协调性呈现出由中度耦合超前转向中度耦合滞后的总体趋势，说明农业经济增长的发展逐渐滞后于农业要素禀赋水平提升。与此同时，两者的相对发展程度也表现出明显的非同步性，说明南方地区各省（自治区、直辖市）农业经济增长与要素禀赋的发展存在显著的不协调性，两者并未形成良性互动的关系，亟须改变这种非理想状态的耦合协调关系。因此，本研究认为，未来一段时期内，需要充分考虑各省（自治区、直辖市）农业要素禀赋现状与发展趋势，基于农业经济增长与要素禀赋耦合协调性的空间分布及其相对发展情况，有针对性、有重点地对两者的耦合协调关系进行空间格局优化。

首先，基于南方地区农业经济增长与要素禀赋之间的耦合协调类型，有针对性地采取措施改善相应省（自治区、直辖市）的耦合协调关系。第一，针对处于中度耦合滞后类型的省（直辖市），例如安徽、湖南、重庆等，农业经济增长发展滞后于要素禀赋水平提升，重点是基于农业要素禀赋状况调整农业产业结构，选择与农业要素禀赋相适应的、具有比较优势的农业产业，进而实现农业经济增长在符合当地要素禀赋优势的情况下快速稳定发展。第二，针对处于高度耦合超前类型的省（直辖市），例如上海、江苏和浙江等，农业要素禀赋水平提升速度相对缓慢，重点是加快农业要素禀赋结构升级，要将沿海地区在资本、技术等方面的优势引导向农业领域，实现农业要素禀赋水平的快速提升。第三，针对处于低度耦合滞后类型的省（自治区），例如云南、广西和贵州等，农业经济增长发展滞后，而且农业经济增长与要素禀赋之间的耦合协调性较差，重点是立足区域农业要素禀赋现状与发展趋势，不断挖掘地区农业优势资源。以广西为例，把握好“一带一路”发展机遇，利用当地良好的气候和生态优势，通过发展生态旅游、特色林果业等，积极推动农业经济增长。

其次，基于南方地区各省（自治区、直辖市）农业经济增长与要素禀赋耦合协调的空间分布特点，有重点地提升区域内农业经济增长和农业要素禀赋的总体水平。分析表明，南方地区农业经济增长与要素禀赋的耦合协调关系表现出明显的空间集聚特征，在空间格局上呈现出“东高西低”的空间分布特征，且相邻省（自治区、直辖市）在一定程度上存在“低-低”或“高-高”集聚态势。第一，针对农业经济增长和农业要素禀赋水平均较低的西部省（自治区），例如云南、广西和贵州，重点是加快提升农业要素禀赋水平，注重农业经济增长与要素禀赋的协调发展。一方面亟须提升资本要素、技术要素和产业结构等方面的禀赋水平，另一方面，考虑到西部省（自治区、直辖市）农业经济增长发展相对滞后，还需要发展与地区要素禀赋水平相吻合的农业产业结构，加快农业发展。第二，针对农业经济增长和农业要素禀赋水平均较高的东部沿海省（直辖市），例如上海、江苏和浙江等，重点是利用好沿海地区在资本、技术等要素投入方面的先发优势，在推进农业经济增长与农业要素禀赋结构升级的同时，积极发挥沿海省（直辖市）的辐射效应，带动相邻省（自治区、直辖市）的农业经济发展和要素禀赋结构转型。第三，针对农业经济增长水平与要素禀赋处于中度耦合协调状况的中部省（自治区、直辖市），例如，湖南、江西和湖北等省，既要做好承接东部沿海省（直辖市）相关产业转型的机遇，也要做好应对西部省（自治区、直辖市）农业劳动力转移、农业资本支持西部建设等的挑战。

5.5 研究结论与讨论

本研究利用 1997—2015 年南方地区的省域相关数据，借助耦合协调度模型对南方地区农业经济增长与要素禀赋耦合协调的时空演变进行了分析，并在对南方地区农业经济增长与要素禀赋耦合类型的空间分布格局进行具体分析的基础上，基于耦合协调类型将南方地区进一步划分为“四大内部区域”，进而探讨了其耦合协调的空间格局优化路径。主要研究结论如下：

第一，南方地区农业经济增长与要素禀赋之间的耦合协调关系以中度耦合为主，近年来呈现出不断下降的总体趋势，且各省（自治区、直辖市）之间存在明显的区域差异。其中，两者的耦合协调性并不理想，两者的相对发展指数基本处于同步优化阶段，但是近年来呈现出下降的总体趋势。农业经济增长与要素禀赋耦合协调水平较高的省（直辖市）集中在江苏、浙江、上海，耦合协调水平较低的则集中在云南、贵州、广西和重庆等西部省（自治区、直辖市）。近年来大部分省（自治区、直辖市）农业经济增长与要素禀赋的相对发展指数有所下降，说明农业经济增长发展滞后于农业要素禀赋提升，仅有少数东部省（直辖市）的农业经济增长发展超前于要素禀赋水平提升。

第二，南方地区农业经济增长与要素禀赋的耦合协调类型存在显著的空间分异特征，表现出明显的空间集聚性，耦合协调类型在空间分布上呈现出“低-低”或“高-高”的集中趋势。东部沿海的江苏、浙江、上海 3 省（直辖市）处于高度耦合超前的耦合协调类型；西部的云南、贵州和广西 3 省（自治区）则是低度耦合滞后类型；中部的安徽、江西、湖南和西部的重庆和四川等省（直辖市）则属于中度耦合滞后类型，且在地域上呈现出相邻态势。

第三，在考虑各省（自治区、直辖市）地理空间分布的基础上，根据各省（自治区、直辖市）农业经济增长与要素禀赋的耦合协调情况，将南方地区大致划分为“四大内部区域”，即长江上中游区（含四川、重庆、湖北、湖南、江西和安徽 5 省 1 市）、东部沿海平原区（包括江苏、上海、浙江 2 省 1 市）、南部沿海丘陵区（包括福建、广东、海南 3 省）和西南丘陵山区［包括云南、贵州、广西 3 省（自治区）］。

第四，南方地区农业经济增长与要素禀赋耦合协调空间格局的优化，需要充分考虑各省（自治区、直辖市）农业要素禀赋现状与发展趋势，基于两者耦合协调性的空间分布及其相对发展情况，有针对性地采取措施改善相应省（自治区、直辖市）的耦合协调关系，有重点地提升区域内农业经济增长和农业要素禀赋的总体水平。

区域经济发展过程中，农业要素禀赋状况决定了农业经济增长的潜力，两者的不断耦合是推进区域经济协调发展和区域经济格局优化的重要途径。现阶段我国南方地区各省（自治区、直辖市）农业要素禀赋水平存在较为明显的空间差异。一方面，只有选择与要素禀赋条件相适应的农业产业结构和农业增长方式，才能充分发挥出地区要素禀赋优势；另一方面，农业经济增长不断发展的同时还需要持续提升农业要素禀赋水平，只有不断推进农业生产要素禀赋结构和农业产业结构的转型升级，才能契合不断变动的区域农业经济发展步伐，从而实现区域农业经济增长与要素禀赋的协调发展。

6　基于空间格局优化的南方地区农业经济增长路径

6.1　引言

优化区域农业经济增长的空间分布格局，是新时期推进区域农业经济协调发展的关键目标，也是缩小区域内部各省（自治区、直辖市）之间农业经济发展差距的重要手段。我国从“九五”时期开始实施的区域协调发展战略，有效缩小了区域内经济单元之间的差距，显著改善了区域经济发展的协调性。但是，由于我国地域广阔，区域划分类型众多，如何从根本上解决区域经济发展的不平衡性问题，至今仍在探究之中。2015 年出台的“十三五规划建议”进一步强调了区域经济协调发展的重要性和紧迫性。与此同时，在区域经济协调发展的过程中，农业经济作为我国经济发展的“短板”，其发展的不平衡性问题也未从根本上得以解决。目前来看，区域经济协调发展仍是推进我国经济发展的重要目标，缩小地区之间农业经济差距也是实现区域经济持续、健康、稳定、协调发展的重要保障。因此，以南方地区农业经济增长为研究对象，深入剖析区域农业经济增长的差距及其主要来源，并在此基础上从空间格局优化视角探讨适合南方地区各内部区域的农业经济增长路径选择，具有十分重要的现实意义和理论价值。

对已有文献资料进行梳理发现，国外学者对区域经济增长差异问题进行了较多的理论探讨，尽管存在观点上的差异，但是已有的相关理论分析也为本研究提供了理论上的有力支撑。前文的归纳总结和梳理发现，区域经济增长差异的相关理论主要分为两大类：一类是区域经济增长均衡论（Rodan，1943；Nurkse，1953；Solow，1956；Swan，1956；Barro & Sala - i - Martin，1996；Fisher，1990），另一类是区域经济增长的非均衡论（Perroux，1950；Myrdal，1957；Hirschman，1958；Vernon，1966）。国内学者也借助相关理论探讨了区域经济增长路径（郝大江，2009；魏金义，2016）。例如，郝大江（2009）研究认为非正式约束与经济活动的相互匹配在区域经济增长的路径选择中起着至关重要的作用。但是，也有部分学者的研究观点认为，现有的区域划分方式大多忽略了经济社会发展水平在空间分布格局上的差异，因此得出的研究结论由于对空间因素的忽视而存在突出的不稳健性（杨明洪、孙继琼，2006；

Lemoine et al.，2015)。

事实上，农业经济增长水平的区域差异仅是表象，隐藏在背后的深层次问题是农业经济增长内在动力的区域差异问题。具体而言，土地要素、劳动力要素、资本要素、技术要素和农业产业结构等的禀赋差异，加上区域之间或各省（自治区、直辖市）之间千丝万缕的联系，区域农业经济的协调发展，已经不能简单地理解为落后地区向发达地区“靠拢”的问题。尤其是在区域农业经济发展存在“空间效应”的情况下，不仅需要考虑如何缩小区域间的发展差距，而且需要搞清楚各区域内部主要驱动因素及其空间效应对区域农业经济增长的影响程度，在此基础上形成适合各内部区域特点的农业经济增长路径。基于此，本研究主要聚焦于三个主要问题：一是南方地区农业经济增长的区域差距分析；二是深入剖析导致农业经济增长区域差距的原因；三是基于南方地区“四大内部区域”之间的经济差距，探讨“四大内部区域”可能的增长路径选择。

6.2　研究方法与数据来源

6.2.1　研究方法

6.2.1.1　农业经济增长水平区域差距的测算方法

对地区之间差距进行测度的方法包括变异系数法、基尼系数法、泰尔指数法和阿特金森指数等。相比于前两种方法，分解的基尼系数法除了能够对导致区域差距的因子进行分解，而且能够克服泰尔指数分解结果平均化的缺陷。因此，本研究借鉴 Dagum（1997）提出的将基尼系数（G）分解为区域内差距（G_w）和区域间差距（G_b）的方法，对南方地区农业经济增长水平的区域差距进行分析，具体的公式如下：

$$G=\frac{1}{2\overline{Y}}\sum_{i=1}^{m}\sum_{j=1}^{n}|Y_i-Y_j|/N^2=\frac{1}{2\overline{Y}}\sum_{j=1}^{k}\sum_{h=1}^{k}\sum_{i=1}^{n_j}\sum_{r=1}^{n_h}|Y_{ji}-Y_{hr}|/N^2 \tag{6.1}$$

式中，G 表示南方地区农业经济增长水平的区域差距。其中，Y_i 和 $\overline{Y}$ 表示 i 省（自治区、直辖市）的农业经济增长水平和南方地区的均值；$N=15$，表示南方地区的省（自治区、直辖市）数量，N_j 和 N_h 则代表区域 j 和区域 h 的省（自治区、直辖市）个数。

$$G_W=\sum_{j=1}^{k}G_{ij}\,P_j\,S_j \tag{6.2}$$

$$G_{jj}=\frac{1}{2\overline{Y}_j}\sum_{i=1}^{n_j}\sum_{r=1}^{N_j}|Y_{ji}-Y_{hr}|/N_j^2 \tag{6.3}$$

式中，G_W 和 G_{jj} 则分别是区域内农业经济增长水平的基尼系数及其贡献度。其中，根据第 5 部分对南方地区内部区域的划分结果，本研究的内部区域包括长江上中游区、东部沿海平原区、南部沿海丘陵区和西南丘陵山区，则 $k=4$ 表示南方地区内部区域个数。Y_{ji} 和 Y_{hr} 分别为对应区域 j 和区域 h 的农业经济增长水平。需要注意的是，对基尼系数进行分解时必须按照 4 个区域农业经济增长水平的大小进行排序，即满足 $\overline{Y_h} < \cdots < \overline{Y_r} < \overline{Y_k}$ 。

$$G_{jh} = \sum_{i=1}^{n_j} \sum_{r=1}^{n_h} |Y_{ji} - Y_{hr}| / N_j N_h (\overline{Y_j} + \overline{Y_h}) \tag{6.4}$$

$$G_b = \sum_{j=2}^{k} \sum_{h=1}^{j-1} G_{jh} (P_j S_h + P_h S_j) \tag{6.5}$$

式中，G_{jh} 和 G_b 分别表示南方地区区域间农业经济增长水平的基尼系数及其净差距的贡献度；$\overline{Y_j}$ 和 $\overline{Y_h}$ 分别表示区域 j 和区域 h 农业经济增长水平的均值；P_j 和 P_h 表示区域 j 和区域 h 的省（自治区、直辖市）个数占南方地区省（自治区、直辖市）个数的比重，即 $P_j = N_j / N$；S_j 和 S_h 则分布表示相应区域 j 和区域 h 农业经济增长水平的区域均值合计数占整个南方地区均值合计数的比重，即 $S_j = N_j \overline{Y_j} / N \overline{Y}$ 。其他指标的含义与前文一致，在此不再赘述。

6.2.1.2 农业经济增长的空间计量模型

前文的分析结果表明，农业经济增长主要受到土地、劳动力、资本、技术等要素禀赋，以及农业产业结构禀赋等的影响。与此同时，省（自治区、直辖市）之间空间效应的区域差异也对农业经济增长存在显著影响。在农业经济增长空间回归模型（第 4 部分）的基础上，本部分继续采用空间计量模型中常用的空间面板滞后模型（公式 4.2）、空间面板误差模型（公式 4.3 和 4.4）和空间杜宾模型（公式 4.5），分别对南方地区“四大内部区域”农业经济增长的驱动因素及其空间效应进行比较分析，从而明确各内部区域各驱动因素对区域内农业经济增长的影响程度。具体的空间计量模型公式如第 4 部分所示，在此不再赘述。

6.2.2 数据来源

谢花林（2010）将第一产业增加值作为衡量农业经济增长指标，程琳琳（2016）则采用人均农业生产总值来表示。本研究在此启示下采用平均每一农业劳动力新创造出的农业产值作为各省（自治区、直辖市）农业经济增长水平的指标。其中，农业增加值用可比价格计算得到的农林牧渔业增加值来表征。其中，各省（自治区、直辖市）农业劳动力人口数据以农林牧渔业从业人员数量表示，各省（自治区、直辖市）农业产值以农林牧渔业增加产值表示，所选指标的数据均来源于《中国统计年鉴》和《中国农村统计年鉴》，以及各省

（自治区、直辖市）统计局的官方数据。数据的时间跨度均为1997—2015年。由于部分省（自治区、直辖市）或地区数据获取困难，研究区域不包括我国的香港特别行政区、澳门特别行政区和台湾地区。

6.3 农业经济增长水平的区域差距及因子分解

6.3.1 农业经济增长水平的总体差距及变动趋势

根据公式（6.1、6.2、6.3）计算得到南方地区农业经济增长水平区域差距的基尼系数（图6-1）。观察发现，1997—2015年期间，南方地区农业经济增长水平的总体差距大致呈现出“先缓慢下降，然后波动上升，之后缓慢下降”的总体趋势，说明南方地区农业经济增长水平的总体差距表现出明显的阶段性特征。统计数据显示，基尼系数值由1997年的0.249 6下降到2001年的0.235 3，然后增加到2010年的0.336 1，之后又回落到2015年的0.283 2。

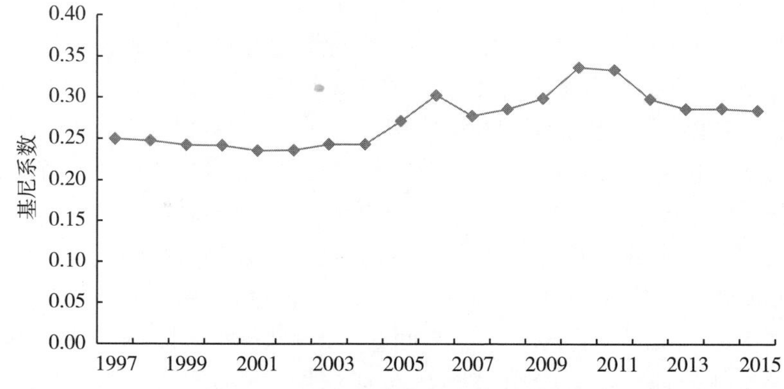

图6-1　南方地区1997—2015年农业经济增长水平的总体差距及其变化趋势

具体而言，可将南方地区农业经济增长水平的总体差距及其变化趋势划分为三个阶段：一是缓慢下降阶段（1997—2001年），南方地区农业经济增长水平的总体差距仅有微弱的下降趋势，年均降幅仅为1.43%，反映出这一阶段南方地区农业经济增长水平的总体差距基本不变。二是波动上升阶段（2002—2010年），南方地区农业经济增长水平波动上升趋势明显，年均增长率为4.76%，反映出这一阶段南方地区农业经济增长水平的总体差距在不断扩大。三是缓慢下降阶段（2011—2015年），南方地区农业经济增长水平出现缓慢回落现象，年均降幅为3.15%，反映出这一阶段南方地区的总体差距呈缩减趋势，说明近年来各省（自治区、直辖市）农业经济增长水平之间的差距在不断缩小。这与前文对南方地区农业经济增长水平空间分异的相关分析结果基本一致，也在一定程度上反映出南方地区各省（自治区、直辖市）农业经济的发展表现出显著的区域化特征。

6.3.2 区域农业经济增长水平差距分解

表 6－1 列出了南方地区“四大内部区域”1997—2015 年农业经济增长水平的差距。区域内横向比较分析发现，四大内部区域农业经济增长水平基尼系数的均值分别为 0.122 9、0.119 0、0.081 7 和 0.089 7，说明长江上中游区的内部差距最大，其次是东部沿海平原区，之后是西南丘陵山区和南部沿海丘陵区，由此也表明南方地区农业经济增长的区域内差距表现出显著的区域差异特征。

表 6－1 南方地区“四大内部区域”农业经济增长水平差距的分解结果

年份	南方地区	长江上中游区	东部沿海平原区	南部沿海丘陵区	西南丘陵山区
1997	0.249 6	0.127 7	0.129 1	0.067 0	0.106 5
1998	0.247 5	0.137 8	0.127 5	0.063 5	0.100 7
1999	0.242 1	0.117 2	0.088 1	0.069 5	0.090 4
2000	0.241 7	0.121 9	0.092 3	0.079 0	0.089 7
2001	0.235 3	0.121 0	0.086 7	0.063 8	0.089 9
2002	0.235 9	0.110 0	0.077 4	0.071 7	0.082 9
2003	0.242 8	0.110 7	0.086 5	0.057 1	0.087 5
2004	0.242 9	0.116 7	0.095 3	0.049 1	0.102 2
2005	0.270 8	0.115 7	0.131 7	0.047 1	0.100 4
2006	0.302 0	0.107 8	0.179 9	0.059 4	0.108 7
2007	0.277 2	0.101 3	0.138 5	0.081 5	0.105 1
2008	0.285 4	0.122 7	0.154 9	0.078 8	0.098 6
2009	0.298 1	0.118 0	0.158 8	0.086 4	0.092 7
2010	0.336 1	0.139 8	0.209 2	0.088 2	0.093 6
2011	0.332 8	0.133 8	0.201 9	0.088 9	0.093 4
2012	0.296 8	0.139 0	0.122 6	0.104 5	0.066 1
2013	0.285 2	0.135 5	0.049 9	0.132 9	0.073 4
2014	0.285 4	0.132 0	0.064 4	0.131 6	0.052 4
2015	0.283 2	0.126 9	0.065 6	0.132 2	0.069 6
均值	0.273 2	0.122 9	0.119 0	0.081 7	0.089 7

其一，长江上中游区各省份的农业经济增长差距最大，反映出该区域内部的发展相对其他区域的不平衡性更显著。1997 年以来的基尼系数呈现出“先

降后升”的波动变化趋势，以 2007 年为分界点，2007 年以后长江上中游区内部农业经济增长差距日趋扩大。其二，东部沿海平原区内部各省份之间也存在明显差距，且表现出显著的波动趋势，“峰值”（2010 年）与“谷值”（2013 年）之间的绝对差值为 0.159 3，反映出东部沿海平原区各省份农业经济发展的内部差距存在不稳定性，但总体而言仍然表现出缩小趋势，表明该区域内部差距在不断缩减。其三，与长江上中游区和东部沿海平原区相比，南部沿海丘陵区和西南丘陵山区内部差距明显小得多，其基尼系数值基本都在 0.100 0 左右，反映出这两个区域内部的农业经济发展的不平衡状况相对要好。但是，南部沿海丘陵区近年来的基尼系数呈不断扩大趋势，说明该区域内部的差距在逐渐扩大，需要引起足够的重视才行。西南丘陵山区的内部差距呈逐渐缩小的总体态势，说明该区域内部各省份之间的不均衡性在逐渐好转并向良性状况发展。

6.3.3 区域间农业经济增长水平差距分解

南方地区农业经济增长水平基尼系数分解的分析结果表明，“四大内部区域”之间尽管存在一定的差距，但是基尼系数值并不高（均小于 0.150 0），初步说明南方地区区域整体差距更多地表现为“四大区域”之间的差距。基于此，对南方地区区域间的农业经济增长水平差距进一步展开分析，结果如表6－2所示，共包括 6 个区域组合。从区域间农业经济增长水平基尼系数的均值来看，区域间差距由大到小依次为：东部沿海平原区与西南丘陵山区（0.572 4）、南部沿海丘陵区与西南丘陵山区（0.444 5）、长江上中游区与东部沿海平原区（0.356 4）、长江上中游区与西南丘陵山区（0.279 1）、长江上中游区与南部沿海丘陵区（0.221 0）、东部沿海平原区与南部沿海丘陵区（0.211 9）。据此分析认为，南方地区“四大内部区域”之间存在较为明显的差异。整体来看，西南丘陵山区与其他区域农业经济增长水平的差距最大，反映出该区域农业经济增长水平整体偏低的状况，从区域间农业经济增长水平基尼系数的变化趋势来看，除了南部沿海丘陵区与长江上中游区、南部沿海丘陵区与西南丘陵山区的农业经济增长水平差距在不断缩小，其他区域之间的差距均呈现出逐渐扩大的总体趋势。

表 6－2 南方地区“四大内部区域”间农业经济增长水平差距的分解结果

年份	长江-东部	长江-南部	长江-西南	东部-南部	东部-西南	南部-西南
1997	0.293 2	0.299 5	0.230 3	0.118 0	0.472 5	0.481 7
1998	0.283 3	0.287 4	0.241 9	0.115 3	0.474 9	0.486 5

（续）

年份	长江-东部	长江-南部	长江-西南	东部-南部	东部-西南	南部-西南
1999	0.269 7	0.313 3	0.228 0	0.094 4	0.466 2	0.503 0
2000	0.278 0	0.294 0	0.232 8	0.094 7	0.477 8	0.491 2
2001	0.277 6	0.267 7	0.242 1	0.088 3	0.487 0	0.478 1
2002	0.281 7	0.259 0	0.259 7	0.086 2	0.504 5	0.484 3
2003	0.309 0	0.242 7	0.266 3	0.105 7	0.531 5	0.474 2
2004	0.314 6	0.212 7	0.270 2	0.133 3	0.538 3	0.449 3
2005	0.380 1	0.216 7	0.262 7	0.187 6	0.584 5	0.449 1
2006	0.440 7	0.218 6	0.255 4	0.256 2	0.625 7	0.443 6
2007	0.384 5	0.185 1	0.282 7	0.246 5	0.601 8	0.425 1
2008	0.385 9	0.181 5	0.300 2	0.265 6	0.611 4	0.421 2
2009	0.406 0	0.170 2	0.317 4	0.297 8	0.640 0	0.425 7
2010	0.452 9	0.183 8	0.346 1	0.350 4	0.688 7	0.445 9
2011	0.452 4	0.182 8	0.336 8	0.353 1	0.682 2	0.433 5
2012	0.391 5	0.179 5	0.334 8	0.297 2	0.637 9	0.420 4
2013	0.379 4	0.169 6	0.321 8	0.305 8	0.624 9	0.394 5
2014	0.390 5	0.168 7	0.301 2	0.310 0	0.618 9	0.382 2
2015	0.400 2	0.166 1	0.272 7	0.320 4	0.606 8	0.355 4
均值	0.356 4	0.221 0	0.279 1	0.211 9	0.572 4	0.444 5

具体而言，6 个区域组合中，区域之间农业经济增长水平的差距表现出不同特征。其一，长江上中游区与东部沿海平原区之间的基尼系数值由 1997 年的 0.293 2 增长到 2015 年的 0.400 2，年均增长 1.92%，反映出这两个区域之间的差距还在不断扩大。其二，长江上中游区域南部沿海丘陵区之间的差距在不断缩小，基尼系数值由 1997 年的 0.299 5 降低为 2015 年的 0.166 1，降幅达 44.54%，表明这两个区域农业经济增长水平差距缩小的速度较快，区域协调发展的效果较为明显。其三，长江上中游区与西南丘陵山区之间的差距扩大，基尼系数值由 1997 年的 0.230 3 上升到 2015 年的 0.272 7，增幅为 18.41%，但是 2010 年后这两个区域之间的差距呈现出不断缩小的总体趋势，说明近年来两大区域之间农业经济增长的协调性有所改善。其四，东部沿海平原区与南部沿海丘陵区之间的差距表现出“先减再增后减”的变化趋势，基尼系数值由 1997 年的 0.118 0 缓慢下降为 2002 年的 0.086 2，然后上涨到 2011 年的 0.353 1，之后又下降到 2015 年的 0.320 4，反映出这两大区域之间差距的波动性特征。其五，东部沿海平原区、南部沿海丘陵区与西南丘陵山区之间的差距均不断扩

大，说明沿海区域与内陆区域之间农业经济增长的差距较大，从变化趋势和基尼系数值来看，沿海区域与西南丘陵山区之间的差距明显高于长江上中游区与西南丘陵山区之间的差距，反映出西南丘陵山区农业经济增长水平的提升仍是南方地区农业经济协调发展的“短板”，亟须采取“强心剂”措施予以改善。

6.3.4 区域农业经济增长水平差距贡献率分析

前文分析结果表明，南方地区内部区域之间的差距相比区域内部差距表现得更为明显。因此，根据公式（6.2、6.3、6.4、6.5）进一步计算得到南方地区农业经济增长水平总体差距的分解结果及其贡献程度（表6-3）。从表中可以看出，总体而言，区域间差距对总体差距的贡献更大，其贡献率均在87%以上；区域内差距对总体差距的贡献相对比较稳定，基本维持在11%左右；区域内差距和区域间差距构成的区域总差距的贡献率达到99%以上。由此说明，南方地区农业经济增长水平的总差距来源于区域内差距和区域间差距，且区域间差距带来的贡献尤为突出。

表6-3 南方地区农业经济增长水平总体差距的分解结果

年份	总量	区域内差距		区域间差距		区域总差距	
		贡献值	贡献率（%）	贡献值	贡献率（%）	贡献值	贡献率（%）
1997	0.249 6	0.029 7	11.899 0	0.219 1	87.780 4	0.248 8	99.679 5
1998	0.247 5	0.030 8	12.444 4	0.216 1	87.313 1	0.246 9	99.757 6
1999	0.242 1	0.025 8	10.656 8	0.215 7	89.095 4	0.241 5	99.752 2
2000	0.241 7	0.027 4	11.336 4	0.213 7	88.415 4	0.241 1	99.751 8
2001	0.235 3	0.026 3	11.177 2	0.208 4	88.567 8	0.234 7	99.745 0
2002	0.235 9	0.024 7	10.470 5	0.210 7	89.317 5	0.235 4	99.788 0
2003	0.242 8	0.024 6	10.131 8	0.217 6	89.621 1	0.242 2	99.752 9
2004	0.242 9	0.026 1	10.745 2	0.216 2	89.007 8	0.242 3	99.753 0
2005	0.270 8	0.028 0	10.339 7	0.242 2	89.438 7	0.270 2	99.778 4
2006	0.302 0	0.031 3	10.364 2	0.270 1	89.437 1	0.301 4	99.801 3
2007	0.277 2	0.028 7	10.353 5	0.247 9	89.430 0	0.276 6	99.783 5
2008	0.285 4	0.032 6	11.422 6	0.252 2	88.367 2	0.284 8	99.789 8
2009	0.298 1	0.032 6	10.935 9	0.265 0	88.896 3	0.297 6	99.832 3
2010	0.336 1	0.039 7	11.812 0	0.296 0	88.069 0	0.335 7	99.881 0
2011	0.332 8	0.038 4	11.538 5	0.293 9	88.311 3	0.332 3	99.849 8
2012	0.296 8	0.033 2	11.186 0	0.263 2	88.679 2	0.296 4	99.865 2

（续）

年份	总量	区域内差距		区域间差距		区域总差距	
		贡献值	贡献率（%）	贡献值	贡献率（%）	贡献值	贡献率（%）
2013	0.285 2	0.028 6	10.028 1	0.256 1	89.796 6	0.284 7	99.824 7
2014	0.285 4	0.028 6	10.021 0	0.256 5	89.873 9	0.285 1	99.894 9
2015	0.283 2	0.028 1	9.922 3	0.254 9	90.007 1	0.283 0	99.929 4
均值	0.273 2	0.029 7	10.883 4	0.242 9	88.917 1	0.272 7	99.800 5

具体而言；其一，区域内差距、区域间差距和区域总差距均比较稳定，其贡献值和贡献率基本都围绕均值略微波动，说明南方地区农业经济增长水平总体差距的来源较为固定，区域内差距和区域间差距基本能够解释整个南方地区存在差距的原因。其二，区域间差距自 1997 年以来呈现出“缓慢增长”的总体趋势，说明南方地区农业经济增长总体差距主要来自区域间差距。相关数据显示，区域间差距的贡献值和贡献率分别由 1997 年的 0.219 1 和 87.780 4%增加到 2015 年的 0.254 9 和 90.907 1%，在一定程度上也证实了区域间差距确实是导致南方地区总体差距的最重要来源。

总之，对南方地区农业经济增长水平总体差距的测算及其分解分析结果表明，1997 年以来南方地区农业经济增长的总体差距呈不断扩大趋势。事实上，“四大内部区域”之间的差距是导致总体差距存在且不断扩大的主要来源。因此，探讨南方地区农业经济增长的协调发展，需要根据区域间的差距对农业经济增长的空间格局进行优化，重点应该是分区域对不同区域内部农业经济增长的影响因素进行针对性分析，并据此采取适合各内部区域农业经济增长的相关措施。

6.4 “四大内部区域”农业经济增长驱动因素空间效应的比较

第 4 部分的分析结果表明，南方地区农业经济增长空间差异的首要驱动因素是农业产业结构禀赋，其次是土地要素禀赋，然后是资本要素禀赋，最后是技术要素禀赋。此外，农业要素禀赋的空间集聚与溢出效应，也是导致农业经济增长空间分异格局形成与演变的重要力量，主要驱动因素的空间效应以正向效应为主，但是也存在明显的内部差异。本部分前文对南方地区农业经济增长的区域差距及其分解分析结果表明，区域间差距是导致南方地区农业经济增长总体差距存在的主要原因。刘迎霞（2010）研究指出，不仅仅是区域生产要素禀赋状况会影响到经济增长，而且地理位置、相邻区域的经济绩效等因素均会影响到该区域的经济增长。据此，本研究认为，尽管农业生产要素禀赋和农业结构禀赋均是南方地区农业经济增长的重要驱动因素，但是南方地区“四大内部区域”之间的要素禀赋及其空间效应也存在差异。因此，考虑对“四大内部区域”农业经济增长驱动因素及其空间效应展开比较分析。

6.4.1 “四大内部区域”农业经济增长驱动因素的比较分析

农业生产要素禀赋和农业产业结构禀赋在南方地区的区域分布表现出明显的不平衡性，要素禀赋的空间分异可能会对南方地区农业经济增长的整体影响产生偏差。与此同时，为了清晰地反映各区域要素禀赋对农业经济增长的影响程度，本研究基于前文分析结果将南方地区分为“长江上中游区”“东部沿海平原区”“南部沿海丘陵区”和“西南丘陵山区”这四个区域进行比较分析。分析发现，各区域农业经济增长驱动因素的回归分析并不适合采用空间自回归模型（SAR）与空间面板误差模型（SEM），进一步利用STATA14.0软件分别对空间面板滞后模型（SLM）和空间杜宾模型（SDM）进行分析，经过AIC和BIC检验发现，加入误差滞后项AIC和BIC值均变大，显然应选择空间杜宾模型。综合分析认为，应选择时间固定效应的空间杜宾模型对南方地区“四大内部区域”农业经济增长的驱动因素进行分析，分析结果如表6-4所示。

表6-4　南方地区“四大内部区域”农业经济增长驱动因素的回归结果

变量	长江上中游区	东部沿海平原区	南部沿海丘陵区	西南丘陵山区
ln（labour）	−0.216 6**	0.000 9	0.272 1***	0.426 6***
ln（land）	0.410 6**	0.190 1***	0.672 4***	−0.001 3**
ln（capital）	0.051 0***	0.000 3***	0.046 8	0.000 1
ln（technology）	0.210 0***	−0.000 9***	0.153 5*	−0.000 1
ln（structure）	0.267 3***	0.000 5***	−0.258 6***	0.002 4***
ρ	−0.603 2***	−1.996 0***	−0.277 7***	−1.991 0***
R^2	0.926 2	0.821 8	0.999 5	0.999 7
Breusch-Pagan test	6.69	4.95	5.62	5.54
Log-likelihood	176.571 7	237.994 2	112.664 1	246.488 5
AIC	−304.445 1	−518.843 6	253.201 6	−602.073 7

注：***、**和*分别表示在1%、5%和10%统计水平上显著。

“四大内部区域”主要驱动因素对各区域农业经济增长的贡献程度存在明

显差异。总体而言，对长江上中游区农业经济增长具有显著正向影响的主要是土地要素、技术要素禀赋和农业产业结构禀赋，对东部沿海平原区农业经济增长具有显著正向影响的则是劳动力要素禀赋，南部沿海丘陵区则是土地、劳动力和技术要素禀赋，西南丘陵山区主要是劳动力要素禀赋。与此同时，对各区域农业经济增长产生负向影响的驱动因素和影响程度也存在较为明显的差异。分析各区域农业经济增长回归模型的估计系数可以发现，劳动力要素禀赋对长江上中游区具有显著的负向影响（估计系数为－0.216 6），技术要素则对东部沿海平原区具有微弱的负向影响（估计系数为－0.000 9），农业产业结构禀赋对南部沿海区具有较强的负向影响（估计系数为－0.258 6），土地和技术要素禀赋对西南丘陵山区具有一定的负向影响（估计系数分别为－0.001 3 和－0.000 1）。由此可知，南方地区“四大内部区域”之间，主要驱动因素对农业经济增长的贡献差异明显，也在一定程度上反映出各区域农业生产要素禀赋和农业产业结构存在明显差异。

具体而言，“四大内部区域”农业经济增长驱动因素贡献差异特征主要表现在以下几个方面：其一，资本要素禀赋对各区域均具有显著的正向影响，从估计系数的大小来看，尽管 4 个内部区域农业资本要素的估计系数都偏小，但是长江上中游区和南部沿海丘陵区要略微高于东部沿海平原区和西南丘陵山区，说明长江上中游区和南部沿海丘陵区各省份应加大对资本要素的投入。其二，西南丘陵山区土地要素的贡献为负值，且其他 3 个区域土地要素的贡献均高于西南丘陵山区，反映出西南丘陵山区相对较差的土地要素禀赋状况，一定程度上阻碍了该区域农业经济增长。其三，长江上中游区和南部沿海区农业技术要素禀赋的估计系数分别为 0.210 0 和 0.153 5，说明这 2 个区域农业技术要素投入对农业经济增长具有显著的正向影响，且贡献较大。其四，长江上中游区农业产业结构禀赋的估计系数为 0.267 3，反映出该区域农业结构对农业经济增长的贡献较为明显，通过农业产业结构调整预期将会取得较好效果；而南部沿海丘陵区则为－0.258 6，则反映出该区域的农业产业结构状况对农业经济增长存在一定的阻碍，亟须根据生产要素禀赋状况调整农业产业结构。其五，南部沿海丘陵区和西南丘陵区劳动力要素禀赋的估计系数分别为 0.272 1 和 0.426 6，说明这 2 个区域丰富的劳动力资源为区域农业经济增长做出了较大贡献，长江上中游区劳动力要素禀赋的估计系数为－0.216 6，说明该区域劳动力要素禀赋状况在一定程度上制约了农业经济增长。

但是，正如李飞、曾福生（2016）等学者的研究观点所言，空间计量模型除了能够解释非空间计量模型中解释变量的直接影响程度，还能够解释回归系数的反馈效应。也就是说，表 6－4 中各区域农业经济增长驱动因素的空间回归模型中，估计系数并不严谨。因此，进一步将各驱动因素的空间效应分解为直接效应和间接效应，从而更好地探究各区域农业经济增长驱动因素的贡献程度和空间溢出效应。

6.4.2 “四大内部区域”农业经济增长驱动因素空间效应的比较分析

表 6-5 的结果显示，南方地区“四大内部区域”主要驱动因素对农业经济增长的空间效应也存在明显差异，进一步证实了各区域农业要素禀赋对区域农业经济增长的贡献存在不同。

表 6-5 南方地区“四大内部区域”农业经济增长主要驱动因素的空间效应

区域	驱动因素	直接效应		间接效应		总效应	
		系数	Z 值	系数	Z 值	系数	Z 值
长江上中游区	劳动力	−0.169 6	−1.53	−0.187 0	−1.24	−0.356 7**	−2.10
	土地	0.337 6*	1.69	0.272 4	1.03	0.610 1***	2.63
	资本	0.043 4**	2.14	0.030 7	1.23	0.074 1***	3.01
	技术	0.125 5**	1.97	0.307 2***	3.66	0.432 7***	6.45
	产业结构	0.434 2***	6.84	−0.602 7***	−5.69	−0.168 5*	−1.71
东部沿海平原区	劳动力	0.299 7	1.35	−0.299 4	−1.35	0.000 3	1.36
	土地	0.278 8***	3.33	−0.088 8	−1.06	0.190 0***	12.32
	资本	0.117 5***	4.07	−0.117 4***	−4.07	0.000 1***	3.74
	技术	−0.299 3***	−3.11	0.299 0***	3.11	−0.000 3***	−2.98
	产业结构	0.170 9***	2.70	−0.170 7***	−2.70	0.000 2***	2.61
南部沿海丘陵区	劳动力	0.297 5***	2.66	−0.081 0	−1.48	0.216 5***	2.69
	土地	0.611 9***	7.12	0.316 9*	1.80	0.928 8***	4.09
	资本	0.054 4	1.63	−0.015 0	−1.18	0.039 4	1.64
	技术	0.164 6**	2.02	−0.041 4	−1.46	0.123 2*	1.85
	产业结构	−0.275 0***	−4.28	0.071 3*	1.90	−0.203 7***	−3.39
西南丘陵山区	劳动力	0.669 5***	13.48	−0.244 0***	−4.92	0.425 6***	14.93
	土地	−0.193 1***	−2.72	0.192 7***	2.72	−0.000 4***	−2.54
	资本	0.002 6	0.24	−0.002 6	−0.24	0.000 005 8	0.24
	技术	−0.014 4	−0.39	0.014 4	0.39	−0.000 1	−0.42
	产业结构	0.351 7***	4.44	−0.350 9***	−4.44	0.000 8***	3.61

注：***、** 和 * 分别表示在 1%、5%和 10%统计水平上显著。

6.4.2.1 长江上中游区农业经济增长驱动因素的空间效应

观察表 6-5 中长江上中游区农业经济增长主要驱动因素的空间效应，5 类主要驱动因素均对该区域农业经济增长有显著的空间效应，总效应的系数均通过了显著性检验。其中，劳动力和农业产业结构要素禀赋对农业经济增长具有显著的负向效应，土地、资本和技术要素禀赋则具有显著的正向效应，反映出该区域劳动力要素禀赋和农业产业结构禀赋对农业经济增长有抑制作用，而土地、资本和技术要素禀赋则能够促进区域农业经济增长。土地、资本和技术这 3 类驱动因素的空间效应系数表明，长江上中游区土地要素禀赋、资本要素禀赋和技术要素禀赋每提高 1%，将分别带来农业经济增长水平提高 0.610 1%、0.074 1%和 0.432 7%。

就 5 类驱动因素的直接效应、间接效应及其组合状况的具体情况来看，除了劳动力要素禀赋为负向效应，其他驱动因素以正向效应为主，但是各驱动因素之间的空间效应大小也存在一定差异。具体表现在以下几个方面：其一，就直接效应的系数来看，5 类驱动因素的系数均通过了显著性检验，说明 5 类要素禀赋均对该区域农业经济增长有重要影响。此外，根据直接效应的系数可以判断，农业产业结构要素的正向作用最为明显，其次是土地要素，之后是技术要素和资本要素，劳动力要素禀赋的系数为－0.169 6，反映出目前长江上中游区农业劳动力要素禀赋状况在一定程度上制约了区域农业经济增长。其二，就间接效应的系数来看，仅技术要素和农业产业结构要素通过了显著性检验，其中，技术要素的间接效应系数为 0.307 2，意味着技术要素投入每提高 1%，将带来周边相邻省（自治区、直辖市）农业经济增长水平提高 0.307 2%，表现出显著的技术外溢效应；但是，农业产业结构的间接效应系数为－0.602 7，则表示该区域农业产业结构禀赋的提升，可能会带给相邻省（自治区、直辖市）农业经济增长水平的下降。其三，就直接效应和间接效应的组合情况来看，长江上中游区技术要素和农业产业结构要素的空间效应明显，尤其是农业技术要素，其禀赋水平每提升 1%，不仅会给本区域农业经济增长水平提高贡献 0.125 5%，而且会给相邻区域农业经济增长水平提高贡献 0.307 2%。

6.4.2.2 东部沿海平原区农业经济增长驱动因素的空间效应

从表 6-5 中可以看出，除了劳动力要素，其他 4 类要素均对东部沿海平原区具有显著的空间效应，总效应的系数也通过了显著性检验，但是从效应的估计系数来看，除了土地要素外，其他要素的总效应系数均较小，且农业技术要素的总效应为负，说明该区域土地要素对农业经济增长的贡献较大，土地要素禀赋每提高 1%，将带来该区域农业经济增长水平提高 0.190 0%。

就 5 类驱动因素的直接效应、间接效应及其组合状况来看，除了农业技术要素禀赋为负向效应，其他 4 类要素以正向效应为主，说明该区域农业经济增长主要依赖于区域内要素禀赋的贡献。但是各驱动因素的空间效应也存在一定的差异，具体表现在以下三个方面：其一，就直接效应的系数来看，除了劳动力要素，其他 4 类驱动因素均通过了显著性检验，其中，土地、资本和农业产业结构均对区域农业经济增长具有显著的正向效应，估计系数分别为 0.278 8、0.117 5 和 0.170 9，意味着东部沿海平原区土地要素、资本要素和技术要素的禀赋水平每提高 1%，将分别带来农业经济增长水平提高 0.278 8%、0.117 5% 和 0.170 9%。其二，就间接效应的系数来看，资本、技术和农业产业结构的系数通过了显著性检验。其中，技术要素的系数为 0.299 0，表明东部沿海平原区农业技术的溢出效应明显，农业技术要素禀赋水平每提升 1%，将带来相邻区域农业经济增长水平提高 0.299 0%；土地和农业产业结构要素的系数分别为−0.088 8 和−0.170 7，表示该内部区域这 2 类要素禀赋水平的提升，可能会给相邻区域或省份农业经济增长带来负面影响。其三，就直接效应和间接效应的组合情况来看，东部沿海平原区资本、技术和结构要素的空间效应明显，尤其是农业资本和农业产业结构，其要素禀赋水平的提高将极大地促进该区域农业经济增长。

6.4.2.3 南部沿海丘陵区农业经济增长驱动因素的空间效应

从表 6-5 中南部沿海丘陵区农业经济增长驱动因素的空间效应可以看出，除了资本要素外，其他 4 类要素的空间效应均通过了显著性检验。其中，劳动力、土地、技术和农业产业结构的总效应分别为 0.216 5、0.928 8、0.123 2 和−0.203 7，反映出这 4 类要素的空间效应显著，尤其是土地要素，具有显著的正向效应，说明劳动力、土地和技术等要素禀赋水平的提升，能有效促进该区域农业经济增长。值得注意的是，农业产业结构的总效应系数为负值，说明该区域农业产业结构现状对区域农业经济增长起到阻碍作用。

就 5 类驱动因素的直接效应、间接效应及其组合状况来看，南部沿海丘陵区主要驱动因素以正向效应为主，说明目前该区域农业要素禀赋对农业经济增长的贡献较为明显。具体而言，各驱动因素的空间效应也表现出一定的区域性特点，主要表现在以下三个方面：其一，就直接效应的系数来看，除了农业资本要素，其他 4 类驱动要素的直接效应均通过了显著性检验。其中，劳动力、土地和技术要素禀赋为正向效应，系数分别为 0.297 5、0.611 9 和 0.164 6，表示该区域这 3 类要素禀赋水平每提升 1%，将带来该区域农业经济增长水平分别提高 0.297 5%、0.611 9% 和 0.164 6%。但是，农业产业结构的系数为−0.275 0，表现出显著的负向效应，说明目前该区域农业产业结构禀赋对区域农业经济增长还存在明显的阻碍作用，亟须推进农业产业结构的转型升级。其二，就间接效应的系数来看，仅有土地和农业产业结构的空间效应通过了显著性检验，且系数均为正，说明该区域土地要素禀赋和农业产业结构禀赋的改善，将会给相邻区域或相邻省份的农业经济增长带来促进作用，具有较好的空间外部性。其三，就直接效应和间接效应的组合情况来看，南部沿海区农业经济增长以直接效应为主，反映出该区域农业经济增长仍然需要加大劳动力、资本、技术等要素禀赋水平的提升，与此同时也要注重农业产业结构的调整，注重发挥农业产业结构的溢出效应，从而带动相邻区域农业经济增长。

6.4.2.4 西南丘陵山区农业经济增长驱动因素的空间效应

从表 6-5 中西南丘陵山区农业经济增长驱动因素的空间效应可以看出，资本和技术要素的空间效应均未通过显著性检验，其他 3 类要素的空间效应通过了显著性检验。其中，劳动力、土地和农业产业结构的总效应分别为 0.425 6、−0.000 4 和 0.000 8，反映出这 3 类要素的空间效应显著，尤其是劳动力要素，具有显著的正向效应，表明该区域劳动力要素禀赋水平的提升能够极大地促进区域农业经济增长。其他要素空间效应的总效应则较小，在此不做专门分析。

就 5 类驱动因素的直接效应、间接效应及其组合状况来看，西南丘陵山区农业经济增长主要驱动因素的空间效应以正向效应为主，说明该区域农业要素禀赋的改善有助于提升区域农业经济增长水平。具体而言，各驱动因素的空间效应也表现出一定的区域性特点，主要表现在以下三个方面：其一，就直接效应的系数来看，劳动力和农业产业结构均对农业经济增长具有显著的正向效应，说明目前该区域农业经济增长的主要贡献来源于具有相对比较优势的劳动力要素禀赋和农业产业结构禀赋，其估计系数也反映出该区域劳动力和农业产业结构禀赋水平每提升 1%，将促进该区域农业经济增长水平提高 0.669 5% 和 0.351 7%。与此同时，土地要素的直接效应为负，也反映出该区域土地要素禀赋劣势对区域农业经济增长的制约。其二，就间接效应的系数来看，土地要素具有显著的正效应，说明该区域土地要素禀赋的改善，将会给相邻区域或相邻省份的农业经济增长带来促进作用。但是，需要额外指出的是，劳动力和农业产业结构的间接效应均为负向，说明该区域这 2 类要素禀赋水平的提升，可能会给相邻区域或省份农业经济增长带来负面影响。其三，就直接效应和间接效应的组合情况来看，资本和技术要素对区域农业经济增长的影响效果不明显，且空间效应的系数偏小，反映出该区域在农业资本和农业技术要素方面的投入有待进一步加强。

总之，对南方地区“四大内部区域”农业经济增长主要驱动因素空间效应的分解分析结果表明，劳动力、土地、资本、技术和农业产业结构这 5 类农业要素对各区域农业经济增长的贡献存在明显差异，部分区域某一类或几类农业要素禀赋的相对劣势，也对目前各区域农业经济增长产生了阻碍作用。因此，针对“四大内部区域”农业经济增长主要驱动因素的贡献情况，有针对性地改善各区域农业生产要素禀赋，并适时调整农业产业结构，不仅会给本区域农业经济增长带来正面影响，而且在一定程度上还能够通过驱动因素的溢出效应，对相邻区域或相邻省（自治区、直辖市）带来促进作用。

6.5 基于空间格局优化视角的区域农业经济增长路径选择

前文的分析结果表明，南方地区土地、劳动力、资本和技术等生产要素禀赋以及产业结构对区域农业经济增长的影响程度存在显著差异，而且“四大内部区域”各驱动因素空间效应的差异也较为突出。由此说明，推进南方地区农业经济增长的协调发展，特别是在农业要素禀赋存在空间分异的现实背景下，尤其要重视根据农业要素禀赋的相对比较优势和区域农业经济增长现状特点，选择适合各内部区域实际需要的农业经济增长路径。此外，南方地区农业经济增长水平的总体差距主要来源于“四大内部区域”之间的差距，也就意味着不同区域和不同省（自治区、直辖市）需要选择非均衡的农业经济增长路径。因此，有必要基于“四大内部区域”间的差距和各区域内部差距，以及各区域农业经济增长驱动因素的贡献和空间效应，从缩小区域农业经济增长差距、实现空间格局优化等目标考虑，推动南方地区农业经济增长的协调发展。

从前文的研究结论可引申出对南方地区农业经济增长路径选择的若干启示。首先，从缩小区域内差距的目标考虑，各内部区域应选择一体化的均衡农业经济增长路径。区域一体化是指在一定区域内，在政策一体化、发展方针一体化和布局规划一体化的基础上，优化整合区域内各种资源，促进区域利益合理分配，尽可能减少内耗，从而使整个区域实现经济利益最大化（张佑林，2014）。“四大内部区域”各省（自治区、直辖市）在要素禀赋、农业经济增长水平等方面具有较强的趋同性，例如，西南丘陵山区的广西、云南和贵州3个省（自治区），土地、资本等要素禀赋均处于相对劣势，而且农业经济发展均处于比较落后状况。因此，根据各内部区域农业经济增长与要素禀赋等的具体特点，区域一体化的均衡增长路径选择的重点是加强区域内经济合作和资源空间整合。其次，从缩小区域间差距的目标考虑，应选择非均衡的区域农业经济增长路径。根据各内部区域农业经济增长水平、要素禀赋相对优势状况及二者的耦合协调性情况，“四大内部区域”各自的农业经济增长路径选择做如下考虑：对于农业经济增长处于较高水平的东部沿海和南部沿海地区，既要注重发挥好现有优势，保持农业经济增长稳步发展的良好势头，同时要为相邻区域、相邻省份的农业经济增长予以支持，例如资金向相邻省份农业产业园区建设、农业产业结构转型等方面投入；对于农业经济增长水平相对落后的内陆地区省份，首要任务是挖掘现有资源优势，发展具有比较优势的农业产业，同时把握住沿海区域在农业产业结构转型的发展机遇，承接一部分对本区域具有战略潜力的农业产业。

综合分析认为，南方地区农业经济增长协调发展和空间格局优化的关键在于缩小区域间的发展差距。因此，这里重点探讨“四大内部区域”非均衡的农业经济增长路径选择问题，至于区域内一体化的均衡增长路径，则在接下来的研究中另行深入探究。

其一，针对农业经济增长水平最低、农业要素禀赋相对欠缺优势，且与要素禀赋耦合协调性相对较差的西南丘陵山区，重点是不断挖掘区域内具有相对比较优势的农业要素资源，通过提升区域农业要素禀赋水平，从而改善农业经济增长快速发展的基础性条件。与此同时，缓解农业经济增长与要素禀赋低度耦合滞后状况的关键在于根据要素禀赋的相对优势发展具有相对比较优势的农业产业结构。例如，对于广西、云南和贵州这 3 个省（自治区）而言，尽管存在较为突出的人地矛盾，且资本要素投入相对欠缺，但是在劳动力和技术方面具有一定的相对结构优势，可以考虑优先发展劳动密集型、技术要求相对高且附加值高的农业产业，比如说特色林果业（柑橘、芒果等）、立体种养业等。

其二，针对农业经济增长水平一般、农业要素禀赋具有一定优势，且二者处于中度耦合滞后的长江上中游区，重点是改善区域内农业经济增长与要素禀赋的耦合协调性。尤其要发挥好该区域人地匹配度相对较好、长期作为我国粮食生产基地的水、地、人等优势条件，以及区域内安徽、湖北、江西、湖南等省与沿海经济发达省（直辖市）相邻的区位优势条件，加大对资本和技术要素投入的吸引力，并在此基础上推进区域农业产业结构转型，进而实现长江上中游区农业经济的快速发展。例如，对于安徽省而言，其一直是我国重要的商品粮基地，且靠近东部沿海平原区的江苏和浙江，可考虑发展有机稻种植和相应的谷物食品加工产业等。

其三，针对农业经济增长水平较高、要素禀赋相对优势明显，且二者处于中度耦合同步发展的南部沿海丘陵区，重点是进一步提升农业经济增长与要素禀赋的耦合协调性。分析认为，目前南部沿海丘陵区在土地和技术要素投入方面处于相对劣势，这与该区域丘陵地形为主、难以机械化作业和农业经济相对占比低等因素密切相关。因此，可考虑继续发挥该区域在劳动力要素、资本要素投入和产业结构方面的相对优势，对现有农业产业链进行资源整合，加大对具有区域竞争优势的农业产业的资本投入，从而推进农业经济增长的进一步发展。例如，对于福建省而言，可考虑利用资本、结构等优势条件，打造一批具有较强竞争力、覆盖农业全产业链、经济附加值较高的农业产业集群，如建设一批以茶叶、花卉苗木、水产品等为核心的，集生产、加工、物流、销售等一体化的农业产业园区。

其四，针对农业经济增长水平较高、农业要素禀赋优势显著，且二者高度耦合滞后的东部沿海平原区，重点是根据农业现代化发展要求对传统的农业产业结构进行调整，推进农业产业结构转型升级。相对而言，东部沿海平原区尽管具有较为显著的农业要素禀赋相对优势，而且农业经济增长处于较高水平，但是与发达国家相比仍存在一定差距，主要表现在农业生产过程中劳动力投入多、先进农业技术成果转化少、农业资本回报率相对低等方面。因此，可考虑根据该区域资本充裕、技术研发水平较高、产业结构相对合理等优势条件，进一步加大现代生产要素和先进生产要素的投入使用，同时以信息化改造传统农业。例如，以江苏省为例，可考虑广泛运用现代工业成果和科技、资本、技术等现代农业生产要素，科学、合理投入使用农业机械、生物良种、低毒农药、有机肥料等。此外，还可以通过推进农业物联网试验示范、农业电子商务、智慧农业等重点工作，把“互联网＋”现代农业作为农业结构转型的重要推手。

6.6 研究结论与启示

本研究基于分解的基尼系数对南方地区农业经济增长的差距及其原因进行了分析，在此基础上借助面板数据的空间计量模型，对“四大内部区域”农业经济增长主要驱动因素的空间效应进行了比较分析，得出的主要研究结论如下：

第一，南方地区农业经济增长的区域内差距表现出显著的区域差异特征，区域整体差距更多地表现为“四大内部区域”之间的差距。其中，长江上中游区、东部沿海平原区、南部沿海丘陵区、西南丘陵山区农业经济增长水平基尼系数的均值分别为 0.122 9、0.119 0、0.081 7 和 0.089 7，说明长江上中游区的内部差距最大，其次是东部沿海平原区，之后是西南丘陵山区和南部沿海丘陵区。基尼系数分解的分析结果表明，四大区域内部尽管存在一定的差距，但是基尼系数值并不高（均小于 0.150 0），区域间差距由大到小依次为：东部沿海平原区与西南丘陵山区、南部沿海丘陵区与西南丘陵山区、长江上中游区与东部沿海平原区、长江上中游区与西南丘陵山区、长江上中游区与南部沿海丘陵区、东部沿海平原区与南部沿海丘陵区。

第二，“四大内部区域”主要驱动因素对各区域农业经济增长的贡献程度存在明显差异，“四大内部区域”农业经济增长主要驱动因素的空间效应也存在较为明显的差异。其一，对长江上中游区农业经济增长具有显著正向影响的主要是土地、技术要素禀赋和农业产业结构禀赋，对东部沿海平原区农业经济增长具有显著正向影响的则是劳动力要素禀赋，南部沿海丘陵区则是土地、劳动力和技术要素禀赋，西南丘陵山区主要是劳动力要素禀赋。其二，劳动力要素禀赋对长江上中游区具有显著的负向影响，技术要素则对东部沿海平原区具有微弱的负向影响，农业产业结构禀赋对南部沿海区具有较强的负向影响，土地和技术要素禀赋对西南丘陵山区具有一定的负向影响。其三，劳动力、土地、资本、技术和农业产业结构这5类农业要素对各区域农业经济增长的贡献存在明显差异，部分区域某一类或几类农业要素禀赋的相对劣势，也对目前各区域农业经济增长产生了阻碍作用。

第三，从缩小区域内差距和区域间差距的研究目标考虑，提出南方地区应选择非均衡的区域农业经济增长路径，各内部区域应选择一体化的均衡农业经济增长路径。其中，西南丘陵山区的重点是不断挖掘区域内具有相对优势的农业要素资源，通过提升区域农业要素禀赋水平，以改善农业经济增长快速发展的基础性条件。长江上中游区的重点是提升区域内农业经济增长与要素禀赋的耦合协调性。南部沿海丘陵区重点是进一步提升农业经济增长与要素禀赋的耦合协调性。东部沿海平原区的重点是根据农业现代化发展要求对传统的农业产业结构进行调整，推进农业产业结构转型升级。

研究结果表明，南方地区农业经济增长的总体差距主要来源于区域间差距的贡献，无论是农业经济增长水平还是农业要素禀赋水平，区域内各省（自治区、直辖市）之间均存在一定程度的趋同性；此外，四大内部区域之间农业经济增长主要驱动因素（要素禀赋）的空间效应表现出较为明显的差异。据此说明，农业经济增长水平在区域空间分布格局上表现出非均衡性特点，而且区域内不同省（自治区、直辖市）农业经济增长驱动因素的影响作用因要素禀赋水平的差异而表现出明显不同。由此给南方地区农业经济增长空间格局优化带来的启示有：其一，从南方地区的全局考虑，基于不同内部区域发展特点，明确重点发展区、优化发展区、战略调整区，从而尽可能地缩减各内部区域农业经济增长差距。具体而言，西南丘陵山区农业经济整体处于落后地位，可作为推进南方地区农业经济增长的重点发展区域；长江上中游区农业经济增长与农业要素禀赋均有较大提升潜力，应作为优化发展区；东部沿海平原区和南部沿海丘陵区在农业经济增长和要素禀赋方面均具有相对优势，应作为战略调整区。其二，从南方地区内部区域的局域考虑，基于区域内省（自治区、直辖市）之间农业经济增长协调发展的目标，重点在政策支持、制度创新、产学研合作等方面加强省（自治区、直辖市）之间的协同发展。例如，以长江上中游区为例，6个省（直辖市）之间在生产要素市场整合、农业产业互补、农业产业区域布局优化、区域农业政策协同等方面加强合作，预期会给该区域农业经济协调发展带来良好效果。其三，从南方地区四大内部区域的比较而言，农业生产要素禀赋和农业产业结构是农业经济增长的重要推动力量。因此，十分有必要对农业生产要素禀赋结构的转型和农业产业结构的转型展开进一步的研究。

7 南方地区农业生产要素禀赋结构的空间差异及转型路径

7.1 引言

已有研究结果表明，区域经济空间分异源于要素禀赋的空间分异（李敏纳等，2011），而且农业要素禀赋是分析农业经济增长的逻辑起点（魏金义，2016），实现区域农业经济增长路径的空间格局优化，农业生产要素禀赋结构和农业产业结构的转型升级及空间优化是关键。新结构经济学关于农业经济增长的相关理论分析认为，要素禀赋是农业经济增长的基础，一国或一地区的产业结构变迁也归因于要素禀赋的变化，正是要素禀赋结构的不断变化和产业结构的不断变迁促进了农业经济的不断增长（林毅夫，2010）。也就是说，农业生产要素禀赋结构不仅直接影响到农业经济增长，而且由于生产要素禀赋结构的区域差异还会形成不同的农业产业结构变迁路径，进而间接影响到农业经济增长路径。因此，实现南方地区农业经济增长的协调发展，首要任务是把握区域内农业生产要素禀赋结构的空间分异特征及其成因，在此基础上有针对性地探讨南方地区"四大内部区域"农业生产要素禀赋结构的转型升级路径。

梳理已有的相关研究成果发现，关于要素禀赋及其结构变化的相关研究备受学者关注。Hayami 等（1970）创造性地提出"诱致性技术创新理论"，强调经济体初始要素禀赋条件对技术进步的约束，从理论上分析了诱导的农业技术进步过程；之后，Nghiep（1979），Kuroda（1987），Khatri（1998）及何爱、徐宗玲（2010）等学者采用不同方法对诱致性创新假说进行了验证。Binswanger（1974）研究认为在要素自由流动前提下各经济体的要素禀赋差异决定了其在替代稀缺要素的技术路径选择上的差异。林毅夫等（1989）研究发现不管是完全市场经济还是缺乏土地和劳动力要素市场的经济，要素禀赋状况对技术需求的影响完全一致，且验证了人为政策扭曲之下农业技术选择也由要素禀赋决定。近年来，我国农业生产要素禀赋结构变化对农业生产的影响越来越显著，魏金义、祁春节（2015）研究指出，土地、劳动力和资本等生产要素之间的相对价格变化，生产要素之间的相互替代关系，以及生产要素流动性差异的存在，是农业生产要素禀赋结构发生变化的根本原因（内因）；二元经济结构、制度性障碍及各生产要素所面临的外部环境差异则是生产要素禀赋结构变化的外因。Rozelle 等（1999）探讨了中国农村劳动力市场改革对劳动力的影响，认为留在家里的劳动力仍然可以经营农业且能够保证农业生产不会降低。孙文凯等（2011）认为户籍制度改革对引导中国农村劳动力的短期流动作用有限。还有学者对农业剩余劳动力的数量（王红玲，1998；王检贵、丁守海，2005；马晓河、马建蕾，2007；蒋若凡等，2013）、劳动力转移效益（潘文卿，1999）、转移模式（宋金平、王恩儒，2001）等进行了研究。例如，李旻、赵连阁（2009，2010）以辽宁省为例，探讨农业劳动力“老龄化”和“女性化”现象，以及农村劳动力流动对农业劳动力老龄化形成的影响和农业劳动力“女性化”对农业生产的影响。李谷成（2015）研究提出在劳动力深度转移和人地比例没有发生根本变化的情况下，资本深化及其对劳动、土地要素的替代是农业生产率增长的重要源泉，传统的劳动密集型农业生产方式正在经历转变，越来越倾向于劳动节约和“资本化”。

已有研究成果反映出农业生产要素禀赋变化已成为学术界普遍认可的事实，关于单个生产要素禀赋变化现状与趋势、影响因素及其影响的相关成果也很丰富。另外，现有研究大多以单个生产要素作为研究对象，且主要对劳动力和资本这两类生产要素展开深入研究。尽管胡瑞法、黄季焜（2001），魏金义（2016）等学者基于土地、劳动力和资本的存量对农业生产要素的投入结构进行了专门探讨，但是将技术要素作为一类专门的农业生产要素，将土地、劳动力、资本和技术这四类生产要素结合起来探究农业生产要素禀赋结构的空间分异特征的研究目前并不多见。因此，本研究拟以南方地区为例，通过构建农业生产要素禀赋结构指数，并借助分异指数对南方地区 1997—2015 年农业生产要素禀赋结构的空间分异特征展开专门分析，并进一步探讨南方地区农业生产要素禀赋结构空间分异的成因，在此基础上有针对性地探讨南方地区“四大内部区域”的农业生产要素禀赋结构转型及其空间优化问题。

7.2 研究方法与数据来源

7.2.1 研究方法

7.2.1.1 农业生产要素禀赋结构指数

前文（第 3 部分）基于熵权法计算得到土地、劳动力、资本和技术这 4 种生产要素的禀赋指数，在此基础上构建南方地区各省（自治区、直辖市）农业要素投入结构的生产要素禀赋结构指数。各生产要素禀赋的结构指数具体计算公式如下所示：

$$S_T = N_T/(N_T + N_L + N_K + N_A) \tag{7.1}$$

$$S_L = N_L/(N_T + N_L + N_K + N_A) \tag{7.2}$$

$$S_K = N_K/(N_T + N_L + N_K + N_A) \quad (7.3)$$

$$S_A = N_A/(N_T + N_L + N_K + N_A) \quad (7.4)$$

式中，S_T 、S_L 、S_K 和 S_A 分别表示土地、劳动力、资本和技术要素禀赋结构指数，N_T 、N_L 、N_K 和 N_A 则分别表示土地、劳动力、资本和技术要素的禀赋水平指数。

7.2.1.2 空间分异指数

根据石恩名（2015）等对国内外社会空间分异指数属性的归纳和比较，空间分异指数（D 指数）能够较好地测算单个经济单元与总体空间的偏离程度。因此，选择 D 指数来测算南方地区农业单要素禀赋指数的空间分异情况，具体计算公式如下所示：

$$D = \frac{1}{2} \times \sum_{i=1}^{n} \left| \frac{b_i}{B} - \frac{W_i}{W} \right| \quad (7.5)$$

式中，D 表示南方地区农业生产要素禀赋结构的空间分异指数，b_i 表示 i 省（自治区、直辖市）第 j 类生产要素禀赋结构指数，B 表示 i 省（自治区、直辖市）（或区域）的要素禀赋结构综合指数，W_i 表示南方地区 i 类要素禀赋结构指数的合计数，W 表示南方地区生产要素禀赋结构综合指数。D 的取值范围为 [0，1]，取值越大表明区域内农业生产要素禀赋的空间分异特征越明显，取值为 0 代表要素禀赋不存在空间分异，取值为 1 则代表单要素禀赋存在完全的空间分异。

7.2.2 数据来源及处理

本研究所用土地要素禀赋、劳动力要素禀赋、资本要素禀赋和技术要素禀赋的指数测算与第 3 部分相关指标一致，涉及的数据均来源于《中国统计年鉴》《中国农村统计年鉴》《中国农业统计资料》，以及南方地区各省（自治区、直辖市）统计局的官方数据。数据的时间跨度均为 1997—2015 年。研究区域不包括我国香港特别行政区、澳门特别行政区和台湾地区。

7.3 农业生产要素禀赋结构的空间分异

7.3.1 农业生产要素禀赋结构的空间分异特征

根据公式（7.5）计算得到南方地区 1997—2015 年农业生产要素禀赋结构的空间分异指数（图 7-1）。总体而言，南方地区土地、劳动力、资本和技术这 4 类生产要素的禀赋结构存在明显的空间分异现象，尽管近年来空间分异指数呈现出缩减趋势，但是劳动力要素禀赋结构和土地要素禀赋结构仍然表现出显著的空间分异。根据农业生产要素禀赋结构的均值来看，土地、劳动力、资本和技术等要素禀赋结构的空间分异指数均值分别为 0.609 7、0.722 6、0.457 1 和 0.376 4，由此说明 1997—2015 年期间南方地区农业生产要素禀赋结构存在显著的空间分异。

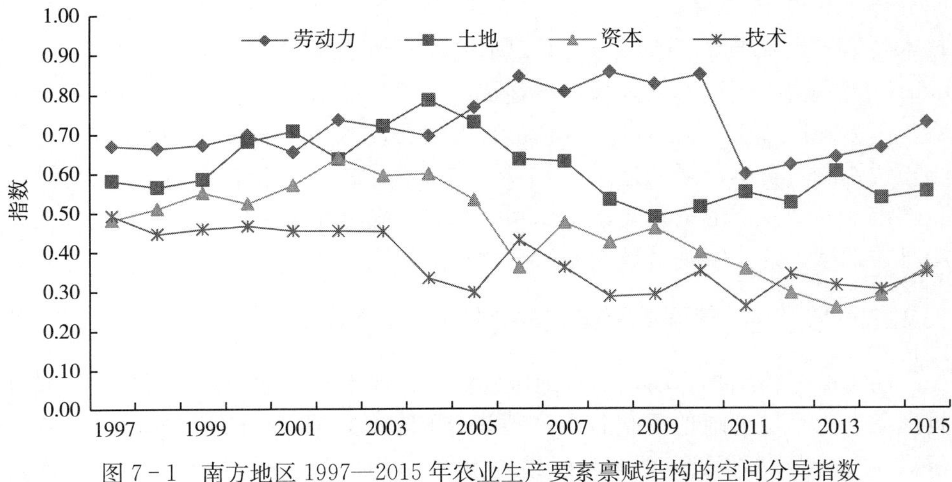

图 7－1　南方地区 1997—2015 年农业生产要素禀赋结构的空间分异指数

具体而言，农业生产要素禀赋结构之间的空间分异也存在明显差异，空间分异的程度由强到弱依次为劳动力、土地、资本和技术。根据各生产要素禀赋结构空间分异的变化趋势来看，南方地区不同农业生产要素禀赋结构之间的空间分异也表现出明显不同的特征。

其一，土地要素禀赋结构的空间分异呈现出“先扩大再缩小之后平稳”的总体特征。其空间分异指数由 1997 年的 0.581 7 上升到 2004 年的 0.787 6，之后下降到 2009 年的 0.490 4，2010 年以后基本维持在 0.530 0 左右。由此说明，南方地区各省（自治区、直辖市）之间的土地要素禀赋结构存在明显差异，这与南方地区地域广阔、地形特点多样是紧密相关的，也从侧面反映出不同省（自治区、直辖市）的土地数量和土地质量存在较大差异。尽管近年来土地要素禀赋结构空间分异的状况有所改善，但是南方地区的区域差异还是显著存在，这也是导致区域农业经济增长空间分异明显的一个重要因素。

其二，劳动力要素禀赋结构的空间分异呈现出先缓慢增长后快速下降之后缓慢上升的 N 形特征。具体而言，劳动力要素禀赋结构的空间分异是 4 类生产要素中最为明显的，其空间分异指数由 1997 年的 0.669 8 上升到 2010 年的 0.851 0，然后陡降到 2011 年的 0.598 3，之后又迅速回升到 2015 年的 0.730 5，这一期间的平均值达 0.722 6。劳动力要素禀赋结构空间分异指数的变化特征反映出南方地区各省（自治区、直辖市）之间的劳动力要素禀赋差距呈加剧趋势，尤其是劳动力质量和劳动力受教育程度方面，各省（自治区、直辖市）还需加大力度予以改善。

其三，资本和技术要素禀赋结构的空间分异状况均呈现出整体下降的趋势，空间分异表现出渐趋缩减的总体特征。具体而言，资本要素禀赋结构的空间分异指数由1997年的0.4820下降到2015年的0.3595，降幅为25.41%；技术要素禀赋结构的空间分异指数则由1997年的0.4928下降到2015年的0.3481，降幅为29.36%。从资本和技术要素禀赋结构空间分异的变化趋势来看，南方地区各省（自治区、直辖市）之间在资本和技术方面的差距在不断缩小，说明随着资本市场的逐渐放开以及农业技术的普遍推广，各省（自治区、直辖市）农业发展的资本要素禀赋和技术要素禀赋在不断提升，彼此之间的差距日益缩减，这为实现区域农业经济增长的协调发展奠定了良好基础。

7.3.2 农业生产要素禀赋结构的空间分布特征

前文的分析结果表明，南方地区农业生产要素禀赋结构存在明显的空间分异现象，为了更清晰地反映各生产要素禀赋结构的空间分布特征，根据公式（7.1～7.4）计算得到各要素禀赋结构指数，在此基础上分析农业生产要素禀赋结构的空间分布特征，时间截面则根据农业要素禀赋空间分异系数的大致变化情况确定为1997年、2003年、2009年和2015年（表7-1至表7-4）。

7.3.2.1 土地要素禀赋结构

总体而言，1997—2015年南方地区各省（自治区、直辖市）之间的土地要素禀赋结构呈现出“从高低两端向中间集中”的总体趋势特征，说明南方地区土地要素禀赋结构整体来看在不断改善。从土地要素禀赋结构的空间分布情况来看，南方地区省（自治区、直辖市）之间集中连片分布的空间格局日趋明显。土地要素禀赋结构优势明显的主要集中在东部沿海平原区的江苏、浙江、上海和南部沿海丘陵区的福建等省（直辖市）；土地要素禀赋结构指数较低的则集中在西南丘陵山区的云南、贵州、广西等省（自治区）。

表7-1 南方地区1997—2015年土地要素禀赋结构指数

地区	1997年	2003年	2009年	2015年
上海	0.3795	0.4220	0.4009	0.4100
江苏	0.4495	0.4558	0.5000	0.4315
浙江	0.3185	0.2590	0.4061	0.3190
安徽	0.3826	0.3906	0.4220	0.3574
江西	0.5781	0.4621	0.4378	0.4497
湖北	0.3982	0.4412	0.4660	0.3477

（续）

地区	1997 年	2003 年	2009 年	2015 年
湖南	0.394 5	0.338 1	0.430 4	0.326 7
四川	0.386 0	0.362 7	0.340 3	0.331 0
重庆	0.685 0	0.659 4	0.602 3	0.589 8
广东	0.289 4	0.231 8	0.256 8	0.245 6
广西	0.338 0	0.321 0	0.357 1	0.238 8
云南	0.208 7	0.150 4	0.208 4	0.197 6
贵州	0.372 2	0.268 4	0.397 7	0.273 2
福建	0.318 1	0.263 6	0.417 8	0.439 0
海南	0.275 8	0.272 2	0.344 5	0.358 2

1997 年，南方地区土地要素禀赋结构指数总体偏高，土地结构指数低于 0.209 的省仅有 1 个，高于 0.450 的省（直辖市）则有 2 个，高于 0.338 的省（直辖市）共计达到 9 个，说明这一时期南方地区土地要素禀赋结构总体上具有相对优势。具体而言，低于 0.338 的省（自治区）包括浙江、福建、广东、海南、广西和云南 6 个，高于 0.450 的省（直辖市）则是江西和重庆。从土地要素禀赋结构的空间分布格局来看，南部沿海丘陵区和西南丘陵山区省（自治区）的土地结构指数相对较低，长江上中游区和东部沿海平原区省（直辖市）的则相对较高，这与我国中部长江中下游平原地区、南部两广丘陵和西部云贵高原的地形特征较为一致，说明南方地区土地要素禀赋结构的相对优势与地形地貌自然条件紧密相关。

2003 年，南方地区土地要素禀赋结构指数总体仍然偏高，指数高于 0.338 的省（直辖市）为 7 个。具体而言，低于 0.338 的省（自治区）为 8 个，高于 0.462 的则是江西和重庆，说明这一时期南方地区土地要素禀赋结构指数呈现出下降趋势。从土地要素禀赋结构的空间分布格局来看，仍然是南部沿海丘陵区和西南丘陵山区省（自治区）的土地结构指数相对较低，长江上中游区和东部沿海平原区省（直辖市）则相对较高。

2009 年，南方地区土地要素禀赋结构指数进一步增长，高于 0.357 的省（自治区、直辖市）达到 11 个。具体而言，指数值低于 0.257 的有云南和广东两省，介于 0.257～0.357 的有四川和海南两省，高于 0.466 的为江苏和重庆两省（直辖市），反映出这一时期南方地区土地要素禀赋结构在农业生产要素禀赋结构中所占比重较大，说明大部分省（自治区、直辖市）仍然具有较为明显的土地要素禀赋结构优势。从土地要素禀赋结构的空间分布格局来看，除了云南和广东两省的土地要素禀赋结构指数较低外，其他省（自治区、直辖市）

大多处于较高水平。

2015 年，南方地区土地要素禀赋结构指数大幅下降，指数值低于 0.273 的省（自治区）达到 3 个。具体而言，指数值低于 0.273 的省（自治区）包括广东、广西和云南，介于 0.273～0.358 的则有浙江、安徽、湖北、湖南、四川和贵州 6 个省，高于 0.450 的仅剩下重庆市，反映出这一时期南方地区土地要素禀赋结构指数的整体水平大幅降低，说明大部分省（自治区、直辖市）土地要素在农业生产要素中所占比重降低，土地要素禀赋优势有所下降，原因可能是其他生产要素的比重大幅上升。从土地要素禀赋结构的空间分布格局情况来看，目前南方地区土地要素禀赋结构优势明显的省（直辖市）主要集中在长江上中游区和东部沿海平原区，西南丘陵山区和南部沿海区则处于相对劣势。

总之，根据南方地区土地要素禀赋结构的空间分布特点来看，仍然是长江流域一带具有较为明显的土地要素禀赋结构优势，而南部沿海丘陵区和西南丘陵山区则具有相对劣势。因此，在考虑区域农业经济协调发展时，尽管土地要素属于非流动性生产要素，各省（自治区、直辖市）土地要素禀赋或具有天然优势或具有先天劣势，但是通过完善农业基础设施，加快农业劳动力非农产业转移等措施，在一定程度上也有助于改善土地要素禀赋相对劣势的困境。

7.3.2.2 劳动力要素禀赋结构

总体而言，1997—2015 年南方地区劳动力要素禀赋结构呈现出整体下降的趋势，在分布格局上则呈现出“西高东低”的空间特征，说明南方地区各省（自治区、直辖市）之间的劳动力要素禀赋差距在不断缩小。数据显示，南方地区 1997 年劳动力要素禀赋结构指数值低于 0.250 和高于 0.400 的省份各有 4 个，2015 年则分别为 7 个和 2 个，表明大部分省份的劳动力要素禀赋结构指数出现大幅下降的总体趋势。从劳动力要素禀赋结构指数的空间分布格局来看，西南丘陵山区具有较强的劳动力要素禀赋结构优势。另外，长江上中游区的四川、湖南和安徽，以及南部沿海丘陵区的广东等省，也具有明显的劳动力要素禀赋结构优势。

1997 年，南方地区劳动力要素禀赋结构指数呈现出“西高东低”的总体特征，指数值低于 0.209 的省（直辖市）有 2 个，高于 0.409 的省（自治区）是 4 个。具体而言，1997 年南方地区劳动力要素禀赋结构指数的均值为 0.320 1，其中，指数值高于 0.290 的包括广西、贵州、云南、四川、福建、湖南、安徽和广东 8 个省（自治区），低于 0.209 的则是上海和海南，反映出这一时期南方地区各省（自治区、直辖市）劳动力要素禀赋优势存在显著差异。从劳动力要素禀赋结构的空间分布格局来看，劳动力要素禀赋结构优势明显的省（自治区）集中在西南丘陵山区的云南、广西和贵州和长江上中游的四川和湖南，存在相对劣势的省（直辖市）主要在东部沿海平原区的上海和浙江。另外，南部沿海丘陵区的海南和福建也不具优势。

表 7-2　南方地区 1997—2015 年劳动力要素禀赋结构指数

地区	1997 年	2003 年	2009 年	2015 年
上海	0.138 6	0.159 6	0.150 1	0.200 5
江苏	0.259 5	0.209 6	0.172 9	0.214 5
浙江	0.209 0	0.172 8	0.174 3	0.187 5
安徽	0.377 9	0.340 9	0.298 1	0.254 8
江西	0.262 4	0.222 4	0.169 5	0.277 9
湖北	0.289 0	0.231 0	0.216 0	0.230 7
湖南	0.409 2	0.417 5	0.373 1	0.393 6
四川	0.476 5	0.413 1	0.373 7	0.396 4
重庆	0.233 9	0.162 2	0.122 7	0.211 8
广东	0.380 8	0.439 4	0.480 8	0.555 4
广西	0.467 7	0.450 3	0.453 1	0.404 6
云南	0.339 2	0.346 5	0.459 6	0.416 7
贵州	0.459 0	0.338 7	0.390 4	0.392 1
福建	0.290 4	0.250 2	0.212 8	0.212 9
海南	0.207 9	0.191 1	0.240 6	0.221 3

2003 年，南方地区劳动力要素禀赋结构指数整体上有较大幅度下降。具体而言，2003 年南方地区劳动力要素禀赋结构指数的均值为 0.290，相比 1997 年下降了 9.40%。其中，指数值低于 0.191 的省（直辖市）达到 3 个，介于 0.191～0.250 的省包括湖北、江西、海南和江苏 4 个，高于 0.347 的则是广东、广西、湖南和四川 4 省（自治区）。反映出这一时期南方地区大部分省（自治区、直辖市）的劳动力要素禀赋结构有较大幅度变化，原因可能是资本和技术等现代生产要素的投入比重有所提升，在一定程度上改善了农业生产要素禀赋结构。从劳动力要素禀赋结构的空间分布格局来看，仍然表现出“西高东低”的总体态势，具有劳动力要素禀赋结构优势的省（自治区）主要是西南丘陵山区的广西、贵州和云南，以及南部沿海丘陵区的广东和长江上中游区的四川、湖南和安徽。

2009 年，南方地区劳动力要素禀赋结构指数进一步下降，平均值为 0.285 8。具体而言，指数值低于 0.174 的省（直辖市）增加为 4 个，包括上海、江苏、江西和重庆；高于 0.390 的省（自治区）有广东、贵州、广西和云南 4 个。说明这一时期南方地区劳动力要素禀赋结构整体上得到较大程度改善，但是各省

（自治区、直辖市）之间表现出明显的区域差异。从劳动力要素禀赋结构的空间分布格局来看，东部沿海区的上海、江苏和浙江在劳动力要素结构方面存在显著劣势，西南丘陵山区的广西、云南和贵州则具有明显优势。

2015 年，南方地区劳动力要素禀赋结构指数有所反弹，但是各省（自治区、直辖市）劳动力要素禀赋结构指数的差距进一步缩小。具体而言，2015 年南方地区劳动力要素禀赋结构指数的均值为 0.304 7，原因可能是这一时期农村劳动力受教育程度的大幅提升，使得大部分省（自治区、直辖市）的劳动力要素禀赋结构得以有效改善。其中，指数值高于 0.278 的省（自治区、直辖市）为 6 个，主要集中在西南丘陵山区（如云南、贵州、广西）和长江上中游区（如湖南、四川），但是指数值低于 0.231 的省（直辖市）也达到 7 个，表明目前南方地区的劳动力要素禀赋结构存在较为明显的区域差异。具体从其空间分布格局来看，南方地区劳动力要素禀赋结构的分布表现出愈加明显的空间集聚特征。西南丘陵区的广西、云南和贵州，以及与之相邻的四川、湖南和广东，具有明显的劳动力要素禀赋结构优势；而东部沿海平原区的上海、浙江和江苏以及与之相邻的福建，则存在明显的劣势。

总之，从 1997—2015 年南方地区农业劳动力要素禀赋结构的空间分布特征来看，西南丘陵山区省（自治区）及其相邻省份在劳动力要素禀赋结构方面具有显著优势，沿海地区（除了广东省）则基本上均处于相对劣势。因此，推进区域农业经济发展过程中，要注重考虑南方地区具有劳动力要素禀赋结构优势区域（如西南丘陵山区）的特点，同时注重推进存在明显劣势区域（如东部沿海平原区）劳动力要素禀赋结构的转型升级。

7.3.2.3 资本要素禀赋结构

总体而言，南方地区 1997—2015 年资本要素禀赋结构指数得到大幅提升，说明这一阶段南方地区农业资本投入力度较大，资本要素禀赋结构得以有效改善，但是从资本要素禀赋结构的指数值来看，南方地区农业资本要素禀赋结构整体上仍然处于相对落后水平。根据南方地区农业资本要素禀赋结构指数均值的变化来看，由 1997 年的 0.112 上升到 2015 年的 0.164，增长了 46.43%。从资本要素禀赋结构的分布情况来看，沿海省份的资本要素禀赋结构优势要强于中部地区，中部地区又强于西部地区，呈现出“东高西低”的阶梯分布特征。

1997 年，南方地区资本要素禀赋结构指数整体处于较低水平，仅有少数省（自治区、直辖市）的资本要素投入相对较高。具体而言，指数值低于 0.174 的省（自治区、直辖市）有 12 个，指数值最大的省（自治区、直辖市）是海南（0.318 3），其次是上海（0.270 4），指数值最低的贵州省仅为 0.006 7，反映出这一时期南方地区大部分省（自治区、直辖市）的农业资本投入相对较少。从资本要素禀赋结构的空间分布格局来看，西南丘陵山区的广西和贵州、长江上中游区的四川和重庆，是资本要素禀赋结构优势最差的4个省（自治区、直辖市），东部沿海平原区的上海和南部沿海丘陵区的海南是具有相对优势的2个省（直辖市）。

表7-3 南方地区1997—2015年资本要素禀赋结构指数

地区	1997年	2003年	2009年	2015年
上海	0.270 4	0.223 2	0.302 0	0.193 8
江苏	0.078 5	0.068 8	0.189 5	0.191 0
浙江	0.174 0	0.236 7	0.144 4	0.225 9
安徽	0.083 5	0.076 6	0.117 6	0.219 5
江西	0.088 8	0.115 1	0.203 1	0.172 1
湖北	0.159 5	0.053 1	0.216 1	0.289 8
湖南	0.086 2	0.054 6	0.043 7	0.119 7
四川	0.043 7	0.040 4	0.200 8	0.143 9
重庆	0.026 3	0.004 7	0.203 1	0.100 0
广东	0.118 5	0.181 4	0.117 8	0.056 1
广西	0.026 0	0.004 6	0.055 9	0.205 2
云南	0.088 7	0.105 2	0.146 0	0.173 8
贵州	0.006 7	0.063 5	0.010 7	0.102 7
福建	0.114 9	0.198 7	0.196 3	0.127 3
海南	0.318 3	0.346 0	0.202 9	0.138 4

2003年，南方地区资本要素禀赋结构指数仍然偏低，但是部分沿海省（自治区、直辖市）在资本要素禀赋结构改善方面成效明显。具体而言，指数值高于0.237的省有1个，指数值低于0.115的省（自治区、直辖市）仍然有9个，说明南方地区资本要素禀赋结构指数低的省（自治区、直辖市）基本没有太大改观。从资本要素禀赋结构的空间分布格局来看，沿海省份具有资本要素禀赋结构的相对优势，且南部沿海丘陵区要优于东部沿海平原区，长江上中游区和西南丘陵区则具有相对劣势。

2009年，南方地区资本要素禀赋结构指数有了较大幅度提升，均值由2003年的0.118 2增加到0.157，尤其是长江上中游区的资本要素禀赋结构改善较为明显。具体而言，指数值高于0.146的省（直辖市）达到8个，特别是长江上中游区的四川、重庆、湖北和江西4个省（直辖市），资本要素禀赋结构指数增长较快；指数值低于0.146的省（自治区）仅有6个，与2003年相比进步明显。由此说明，这一时期南方地区有效改善了资本要素禀赋结构，而且部分沿海省份在资本要素禀赋结构方面的优势日益凸显。从资本要素禀赋结构的空间分布格局来看，东部沿海平原区的上海和江苏，南部沿海丘陵区的福建和海南，以及长江上中游区的四川、重庆、湖北和江西，相比其他省份具有一定的相对优势，而且这一时期资本要素禀赋结构的空间格局开始显现出在地域上集中分布的态势。

2015 年，南方地区资本要素禀赋结构指数进一步提升，均值由 2009 年的 0.157 增加到 0.164，说明南方地区在农业资本要素方面的投入力度不断加大。具体而言，资本要素禀赋结构改善效果明显的包括湖北、安徽、浙江、云南、广西等省（自治区）。值得注意的是，上海、福建、广东和海南等沿海省（直辖市）在这一时期的资本要素禀赋结构指数反而出现明显的下降趋势。例如，上海由 2009 年的 0.302 下降到 2015 年的 0.193 8，降幅达 35.76%。从资本要素禀赋结构的空间分布格局来看，东部沿海平原区和西南丘陵山区的资本要素结构具有相对优势，南部沿海丘陵区则处于绝对劣势，长江上中游区内部则表现出明显差异，上游的四川和重庆具有相对劣势，中游的湖北、江西和安徽则具有相对优势。由此进一步反映出目前南方地区资本要素禀赋结构的空间集聚特征。

总之，与土地和劳动力要素投入相比，目前南方地区大部分省（自治区、直辖市）的资本要素投入还存在一定差距，资本要素禀赋结构具有相对优势的省（自治区、直辖市）主要集中在东部沿海平原区和西南丘陵山区，前者主要是因为自身经济实力雄厚，在农业资本要素方面的投入不断加大，后者则主要得益于政府对农业的政策和资金扶持。因此，推进南方地区农业生产要素禀赋结构转型升级，一方面要不断提高区域农业发展水平，通过自我“造血”拓宽农业资本要素投入渠道和来源，进而实现农业资本的持续和稳定投入；另一方面，农业毕竟是短板产业，尤其是经济落后区域，在农业资本要素投入方面明显滞后，需要国家在政策方面予以倾斜，从而不断改善区域农业资本要素禀赋结构。

7.3.2.4 技术要素禀赋结构

总体而言，南方地区 1997—2015 年农业技术要素禀赋结构指数基本上没有太大变动，整体上甚至略有下降，均值由 1997 年的 0.182 7 降低到 2015 年 0.177 0，说明这一阶段南方地区农业技术装备和农技人才投入相对稳定，农业技术结构转型正面临着瓶颈。从技术要素禀赋结构的指数值及其空间分布情况来看，沿海省份的技术结构要明显优于内陆省份。例如，2015 年技术要素禀赋结构指数前五的省（自治区、直辖市）分别为海南（0.282 0）、浙江（0.267 6）、贵州（0.232 1）、福建（0.220 8）和云南（0.211 9），内陆省仅有 2 个。

表 7-4　南方地区 1997—2015 年技术要素禀赋结构

地区	1997 年	2003 年	2009 年	2015 年
上海	0.211 5	0.195 3	0.147 0	0.195 6
江苏	0.212 6	0.265 8	0.137 6	0.163 0
浙江	0.298 5	0.331 5	0.275 1	0.267 6
安徽	0.155 9	0.191 9	0.162 4	0.168 2
江西	0.070 7	0.200 3	0.189 5	0.100 4
湖北	0.153 3	0.274 6	0.101 9	0.131 8
湖南	0.110 1	0.189 8	0.152 8	0.160 1
四川	0.093 8	0.183 8	0.085 3	0.128 7
重庆	0.054 7	0.173 7	0.072 0	0.098 4
广东	0.211 3	0.147 4	0.144 7	0.142 9
广西	0.168 3	0.224 1	0.134 0	0.151 3
云南	0.363 3	0.397 9	0.186 1	0.211 9
贵州	0.162 2	0.329 4	0.201 3	0.232 1
福建	0.276 6	0.287 5	0.173 1	0.220 8
海南	0.198 1	0.190 7	0.212 1	0.282 0

1997 年，南方地区农业技术要素禀赋结构指数整体偏低，仅有少数省（自治区、直辖市）的技术结构指数相对较高，技术结构指数表现出“东高西低”的空间分布特征。具体而言，指数值高于 0.213 的仅有浙江（0.298 5）、福建（0.276 6）和云南（0.363 3），指数值低于 0.110 的包括四川（0.093 8）、重庆（0.054 7）和江西（0.070 7），反映出南方地区农业技术禀赋结构的区域差异十分明显。从技术要素禀赋结构的空间分布格局来看，东部沿海平原区和南部沿海丘陵区的农业技术结构具有相对优势，长江上中游区则处于绝对的劣势，西南丘陵山区除了云南外，广西和贵州也处于较低水平。

2003 年，南方地区农业技术要素禀赋结构指数有了较大幅度的增长，均值由 1997 年的 0.182 7 增加到 0.238 9，增幅为 30.76%，说明这一时期南方地区农业技术结构整体进步明显。具体而言，指数值低于 0.174 的仅有广东，指数值高于 0.224 的则有浙江、江苏、福建、湖北、广西云南和贵州 7 省（自治区），反映出南方地区农业技术结构有了明显改善，尤其是沿海地区和西南丘陵山区，技术要素禀赋结构的改善显得极为有效和迅速。此外，从其所呈现出的空间分布格局来看，西南丘陵山区和东部沿海平原区的技术结构优势明显，长江上中游区则处于明显劣势。具体而言，西南丘陵山区的贵州（0.329 4）

和云南（0.397 9）、东部沿海平原区的浙江（0.331 5）和江苏（0.265 8）、南部沿海丘陵区的福建（0.287 5）、长江上中游区的湖北（0.274 6）等省具有显著优势；长江上中游区的重庆（0.173 7）、四川（0.183 8）、湖南（0.189 8）、江西（0.200 3）和安徽（0.191 9）则存在相对劣势，但是与技术结构优势省的差距也不是很大。

2009 年，南方地区农业技术要素禀赋结构指数出现大幅下降现象，均值由 2003 年的 0.238 9 下降到 0.158 3，降幅达 33.74%，而且大部分省（自治区、直辖市）的技术结构指数相比 2003 年有所下降，反映出这一时期南方地区农业技术结构整体上呈现出回落趋势。具体而言，指数值低于 0.162 的省（自治区、直辖市）有 8 个，指数值高于 0.212 的仅有浙江省，大部分省（自治区、直辖市）的技术要素禀赋结构指数介于 0.102～0.212。从技术要素禀赋结构的空间分布格局来看，呈现出“东高西低、南高北低”的总体特征。具体而言，长江上中游区的四川（0.085 3）、重庆（0.072 0）和湖北（0.101 9）等 3 个省（直辖市）存在明显劣势，具有技术结构相对优势的省份呈零星分散分布状态。例如，东部沿海平原区的浙江（0.275 1）、南部沿海区的海南（0.212 1）、西南丘陵山区的贵州（0.201 3）。

2015 年，南方地区农业技术要素禀赋结构指数有了一定的回升，均值上升到 0.177 0，相比 2009 年增长了 11.81%，且大部分省（自治区、直辖市）的技术结构指数值有所增加，说明这一时期南方地区农业技术结构整体上有所改善。具体而言，指数值高于 0.232 的省有 3 个，指数值低于 0.100 的有 1 个，其他 11 个省（自治区、直辖市）的技术结构指数介于 0.100～0.232，反映出目前南方地区农业技术结构仍然处于相对较低水平，技术结构有待进一步改善。从技术要素禀赋结构的空间分布格局来看，仍然是表现出“东高西低、南高北低”的总体特征，其中长江上中游区在农业技术要素结构方面的相对劣势较为明显。具体而言，东部沿海平原区的上海（0.195 6）和浙江（0.267 6）、南部沿海丘陵区的福建（0.220 8）和海南（0.282 0）、西南丘陵区的云南（0.211 9）和贵州（0.232 1）等具有相对优势，长江上中游区的重庆（0.098 4）和江西（0.100 4）则表现出绝对的劣势。

总之，从 1997—2015 年南方地区农业技术要素禀赋结构指数的变化趋势及空间分布特征来看，南方地区农业技术结构整体上仍然处于偏低水平，尽管东部沿海平原区、南部沿海丘陵区和西南丘陵山区的技术结构具有相对优势，但是目前来看这种优势并不十分明显，且这三大区域内部各省（自治区、直辖市）之间也存在一定的差距。因此，在考虑推进区域农业生产要素禀赋结构转型升级的过程中，既要注重改善南方地区农业技术要素禀赋结构的整体状况，也要采取措施对“四大内部区域”的技术要素禀赋结构进行针对性的提升。

7.4　农业生产要素禀赋结构空间分异的成因

前文的分析结果表明，南方地区农业生产要素禀赋结构表现出明显的空间分异特征，而且南方地区"四大内部区域"之间在土地、劳动力、资本和技术这4大类生产要素禀赋结构方面的差异也很明显。因此，探讨区域农业生产要素禀赋结构的转型升级，必须对区域农业生产要素禀赋结构空间分异的成因进行分析，并在此基础上有针对性地制定区域农业生产要素禀赋结构升级策略。新结构经济学是近年来兴起的一股研究"结构的决定因素是什么的"发展经济学思潮。新结构经济学认为，一个国家的产业结构、经济结构由其要素禀赋结构决定，经济发展的本质是结构的不断变迁，而要素禀赋、比较优势、市场和政府是结构变迁的四大驱动力量（林毅夫，2010）。因此，新结构经济学研究发展过程的结构变迁和结构优化问题，以及利用现有比较优势和挖掘后发优势，推动产业升级，同时考虑市场制度在以要素禀赋结构为基础的产业布局中的重要作用。本研究认为，南方地区农业生产要素禀赋结构的空间分异，主要得益于三大条件，即自然条件导致的先天差异、经济社会条件导致的后天差异和空间位置导致的区位差异。

7.4.1　自然条件导致的先天差异

从农业比较优势的区域优化角度考虑，一般认为农业区域布局优化受到诸如地理状况、自然条件、耕作制度、加工的技术和发展水平、交通条件等多方面因素的影响（唐敏、张延海，2003）。农业生产与发展具有很强的自然依赖性，农业与自然环境密切相关，光照、降水、热量、地形等自然条件的差异，集中反映在土地生产要素的数量和质量上。可以说，自然条件的差异在一定程度上直接导致了土地要素禀赋结构空间分布格局的先天差异。另外，作为无法移动且短期内无法有效改善的一类生产要素，土地要素禀赋结构的转型相对来说也比较困难。因此，无论是南方地区"四大内部区域"，还是各内部区域内各省（自治区、直辖市）之间，在一定程度上也由于自然条件的差异而使得土地生产要素禀赋结构存在明显差异。例如，长江上中游区和东部沿海平原区，因为地形平坦、降水丰富等优势条件，耕地资源丰富且质量较高，因而具有相对优势；反之，西南丘陵山区和南部沿海丘陵区由于以山地和丘陵地形为主，耕地资源相对较差，则具有明显的土地要素禀赋结构劣势。

7.4.2　经济社会发展条件导致的后天差异

除了自然条件一定程度上会导致农业生产要素禀赋结构存在先天差异，

各生产要素禀赋水平的相对变化，也会导致农业生产要素禀赋结构发生根本性的变化。魏金义（2016）的研究结果表明，不同区域间经济发展水平和城镇化发展水平存在高低差异，非农就业收益和农业比较收益也可能存在高低差异，这些经济社会发展条件的差异均有可能使得区域间农业要素禀赋结构表现出不同特点，进而呈现出区域差异明显的生产要素禀赋结构特征。由此说明，经济社会发展条件的差异对农业生产要素禀赋结构的影响深远。具体表现为，经济社会条件的差异越明显，农业生产要素禀赋结构的空间分异则越明显。

第一，经济社会发展水平的差异，会直接影响到农业生产要素禀赋结构。劳动力、资本和技术要素投入均与经济社会发展水平密切相关。一般而言，农业产业经济效益明显低于非农产业，农村劳动力会向经济发展水平高的地区转移，经济发达区域的劳动力转移现象相对较为普遍，因此经济相对发达的沿海区域在劳动力要素禀赋结构方面存在明显劣势。农业资本和农业技术的投入极其依赖地区经济社会发展水平，经济社会发展水平高的省（自治区、直辖市）在资本投入、技术研发与应用方面具有更强的财力和人力资源，因此具有资本和技术结构的相对优势；而经济发展水平落后地区更多依靠政府扶持，在资本和技术要素禀赋结构方面则存在明显劣势。

第二，经济社会发展条件的不断变化，会导致农业生产要素在区域间或区域内各省（自治区、直辖市）之间流动，进而也会影响到农业生产要素禀赋结构的变化。以劳动力要素流动为例，根据张永丽、黄祖辉（2008），郑祥江、杨锦秀（2015）等人的研究结果，大量农村劳动力的外流不仅意味着农业生产经营的“老龄化”“兼业化”和“女性化”，而且从根本上来说会大大降低农业劳动力的整体素质。也就是说，青壮劳动力的大量外流，不仅会减少劳动力的投入数量，而且会导致劳动力质量降低，最终将会影响到劳动力要素禀赋结构优势。

7.4.3 空间位置导致的差异

空间位置反映了区域内各经济单元的相对位置，经济单元在地理位置上的集聚和扩散现象，会通过空间集聚效应和空间溢出效应影响到区域经济增长的质量。已有的相关研究成果也表明，影响经济增长的要素能够从空间的角度划分为不同类型，具体而言包括区域性要素和非区域性要素（郝大江，2009）。更进一步来说，农业经济增长对区域性要素的依赖性表现得尤为强烈（魏金义，2016），从而意味着农业生产要素禀赋结构的空间特性更为明显。因此，经济单元所处位置的差异，综合决定了土地、劳动力、资本和技术这4类生产要素的相对比例，也就意味着任何一种生产要素禀赋结构的变化，均会引起其他3类生产要素禀赋结构随之变化。与此同时，农业生产要素禀赋结构的空间集聚效应与空间溢出效应，更加剧了农业生产要素禀赋结构的空间分异。以资本要素禀赋结构为例，沿海区域由于经济相对发达，在资本要素禀赋结构方面具有相对优势，因而在农业技术研发、农业新技术应用等方面具有明显的优势，而且在一定程度上来说，资本的逐利性决定了只有具有资本和技术结构相对优势的经济单元，才更可能加大农业资本要素投入，使用更先进的农业技术设备，最终会形成农业资本和农业技术在空间位置上的集聚特征，最终会拉大区域之间的要素禀赋结构差距。

7.5 各区域农业生产要素禀赋结构转型升级的路径选择

农业生产要素禀赋结构的空间分异特征及其成因分析表明，南方地区“四大内部区域”在自然条件、经济社会发展条件和空间地理位置等方面的显著差异，决定了各区域农业生产要素禀赋结构转型升级不可能遵循统一路径。梳理学者的已有相关研究成果也发现，学者对此的普遍共识是，遵循相对比较优势的要素禀赋结构转型升级道路是必要的。例如，魏金义（2016）研究指出，应根据农业要素禀赋结构的相对优势状况实现地区间要素禀赋结构转型升级的均衡性。新结构经济学也认为，对比较优势的准确把握与合理运用才可能使得地区农业要素禀赋结构具有相对竞争优势（林毅夫，2013）。此外，刘忠涛（2010），覃成林、李超（2012），任保平（2015），陈启清（2016）等学者的研究，均强调了要素禀赋及其结构转型的重要作用。但是，发展中国家或地区如何实现要素禀赋结构转型升级，已有研究对这一问题的回答显得过于单薄。因此，需要基于各内部区域农业生产要素禀赋结构现状（表7-5），充分挖掘各区域农业生产要素禀赋结构优势，因地制宜地推进各区域农业生产要素禀赋结构的转型升级。

表7-5 南方地区农业生产要素禀赋结构的现状情况（2015年）

区域	省（自治区、直辖市）	土地要素	劳动力要素	资本要素	技术要素
东部沿海平原区	上海	0.4100	0.2005	0.1938	0.1956
	江苏	0.4315	0.2145	0.1910	0.1630
	浙江	0.3190	0.1875	0.2259	0.2676
	均值	0.3868	0.2008	0.2036	0.2088

（续）

区域	省（自治区、直辖市）	土地要素	劳动力要素	资本要素	技术要素
长江上中游区	安徽	0.357 4	0.254 8	0.219 5	0.168 2
	江西	0.449 7	0.277 9	0.172 1	0.100 4
	湖北	0.347 7	0.230 7	0.289 8	0.131 8
	湖南	0.326 7	0.393 6	0.119 7	0.160 1
	四川	0.331 0	0.396 4	0.143 9	0.128 7
	重庆	0.589 8	0.211 8	0.100 0	0.098 4
	均值	0.400 4	0.294 2	0.174 2	0.131 3
南部沿海丘陵区	广东	0.245 6	0.555 4	0.056 1	0.142 9
	福建	0.439 0	0.212 9	0.127 3	0.220 8
	海南	0.358 2	0.221 3	0.138 4	0.282 0
	均值	0.347 6	0.329 9	0.107 3	0.215 2
西南丘陵山区	云南	0.197 6	0.416 7	0.173 8	0.211 9
	贵州	0.273 2	0.392 1	0.102 7	0.232 1
	广西	0.238 8	0.404 6	0.205 2	0.151 3
	均值	0.236 5	0.404 5	0.160 6	0.198 4
南方地区	均值	0.354 4	0.304 7	0.163 9	0.177 0

资料来源：作者根据相关资料计算得到。

从表 7-5 中可看出，总体而言，南方地区土地、劳动力、资本和技术等要素禀赋结构指数的均值分别为 0.354 4、0.304 7、0.163 9 和 0.177 0，反映出南方地区在土地和劳动力要素禀赋结构方面具有相对比较优势，也反映出南方地区在资本和技术等现代生产要素的投入和使用方面稍显不足。由此也说明南方地区表现出传统农业生产要素具有结构优势；而现代农业生产要素存在相对劣势的现状特征。

7.5.1 长江上中游区农业生产要素禀赋结构的转型路径

对长江上中游区的禀赋结构现状分析发现，各省（直辖市）在土地和劳动力要素禀赋方面的结构优势均明显高于其他 2 类生产要素，但是省（直辖市）之间也存在一定的差异。从农业生产要素禀赋结构指数的均值来看，土地、劳动力、资本和技术要素分别为 0.400 4、0.294 2、0.174 2 和 0.131 3，且土地和资本要素禀赋结构指数高于南方地区均值，说明长江上中游区亟须加大资本和技术要素投入以改善农业生产要素禀赋结构。对各省（直辖市）具体情况分析发现，湖北的资本要素具有相对结构优势，安徽、湖南和湖北的技术要素禀赋结构也明显优于区域内其他省（直辖市），而重庆、江西和四川这 3 个省（直辖市）在资本和技术要素禀赋方面的结构劣势表现得尤为突出。

综合分析认为，长江上中游区农业要素禀赋结构改善的关键在于资本和技术要素，特别是农业技术要素投入不足的局面亟须尽快改变。因此，长江上中游区农业生产要素禀赋结构转型的重点是加大资本要素投入，尤其是加强农业技术研发和农业技术装备方面的资本支持力度，即通过“资本深化”的形式实现农业生产要素禀赋结构的转型升级。具体的措施包括：一是搭建支撑现代农业发展的科技创新体系，通过先进适用、高效增收的农业科技创新改善农业生产要素投入及其组合方式，为农业技术要素禀赋结构转型注入持久动力。二是重点瞄准提高农业科技含量，加强生物育种、智能农业、农机装备、生态环保等农业基础科技和前沿技术的研发与攻关。三是推进科技创新，强化农业科技基础条件和装备保障能力建设，注重农业科技成果的实用性和适应性，提升区域内农业技术整体水平。

7.5.2 东部沿海平原区农业生产要素禀赋结构的转型路径

从均值来看，东部沿海平原区的土地、劳动力、资本和技术要素禀赋结构指数分别为 0.386 8、0.200 8、0.203 6 和 0.208 8，除了土地要素的禀赋结构指数偏高，其他 3 类生产要素处于相对均衡状态，反映出东部沿海平原区现代农业生产要素投入高出其他三个区域，而且具有进一步优化的潜力。具体对各省（直辖市）而言，除了江苏技术要素禀赋结构指数略低（0.163 0）外，上海和江苏在劳动力、资本和技术要素的相对结构优势大致持平，进一步说明东部沿海平原区农业生产要素禀赋结构相对合理。

因此，综合分析认为，东部沿海平原区农业生产要素禀赋结构改善的方向是继续加大在人力资本、资本要素和技术要素方面的投入力度，可考虑的路径是通过“互联网＋”农业及农业信息化对现有农业要素投入结构进行升级。即在改造传统农业的过程中，把握住“互联网＋”农业的发展机遇，通过发展农业信息化大幅提高资本、技术等现代生产要素的投入比重。具体的措施包括：一是推进农业“物联网”应用，重点是研发低成本和方便易用的物联网无线传感设备和无线控制设备，优先支持具有特色和市场竞争力的农业产业领域推广应用物联网，形成示范效应。二是推进适合该区域农业特色的新型商业模式，创新农业发展理念，引入产业链、价值链等现代产业组织方式，从而吸引部分社会资本投资农业。例如，可考虑建立区域性的，集农业物联网试验示范、农业电子商务、智慧农业等于一体的农业产业集群，在推进农业产业结构转型过程中实现农业要素禀赋结构升级。

7.5.3 南部沿海丘陵区农业生产要素禀赋结构的转型路径

整体而言，南部沿海丘陵区具有土地和劳动力要素禀赋结构优势，在资本和技术方面则存在相对劣势，尤其是资本要素禀赋结构劣势较为突出，均值仅为 0.107 3。具体分析发现，区域内广东的劳动力、资本和技术要素的禀赋结构指数分别为 0.555 4、0.056 4 和 0.142 9，反映出广东尽管是经济发达省，但是在农业要素禀赋结构方面极为不合理，在资本和技术要素方面具有明显的结构劣势。另外，福建和海南的资本要素禀赋结构指数也较低。原因可能是：其一，该区域农业经济所占比重小，政府对农业的重视不够；其二，资本在其他行业的投入回报率远远高于农业，资本的逐利性迫使资本流向其他产业。

因此，该区域农业生产要素禀赋结构转型的重点任务是政府加大农业资本要素投入，可考虑的转型路径是发展资本密集型农业产业，吸引社会资本、农户资本和政府公共资金投入农业生产经营环节。具体的措施包括：一是利用好该区域经济发达的优势条件，形成与区域经济发展水平相匹配的政府公共资本投入农业领域的良好机制，在农村水利和农田机耕道路等基础设施的建设、高标准农田整治整理和农业机械化示范推广应用等方面，由政府予以补贴。二是重点扶持一批具有区域特色、较强竞争力、附加值高的农业产业园区，进一步吸引社会资本和先进技术进入农业领域。

7.5.4 西南丘陵山区农业生产要素禀赋结构的转型路径

整体而言，西南丘陵山区具有劳动力要素禀赋结构优势，在土地、资本和技术等方面则处于相对劣势，资本要素禀赋结构的劣势尤为明显；另外，劳动力要素禀赋结构指数过高也表明该区域农村劳动力过剩的现状亟须改变。因此，该区域农业生产要素禀赋结构转型的首要任务是改善资本要素禀赋结构和劳动要素禀赋结构，可考虑的路径是通过转移农村剩余劳动力和增加资本要素投入实现农业生产要素禀赋结构转型升级。例如，广西的技术要素禀赋结构指数仅为 0.151 3，反映出该自治区应重点加强农业技术人才培养，研发和推广适合当地丘陵山地地形作业的中小型农业机械设备。贵州的资本要素禀赋结构指数仅为 0.102 7，云南在资本要素禀赋方面也存在相对劣势，表明这 2 个省应重点加大农业资本要素投入。

结合前文的分析结果，本研究认为，西南丘陵山区农业生产要素禀赋结构的转型升级，关键在于资本和技术要素禀赋结构的改善，转型路径选择的重点是：加大现代生产要素投入，减少对传统生产要素投入的过度依赖，即通过培育与积累高级生产要素和专业生产要素实现农业生产要素禀赋结构升级。具体措施包括：一是要在农业技术和资本上进行大量持续地投资，转变依靠土地、劳动力等传统生产要素投入增加驱动农业增长的要素使用机制。二是加强农业高级专业人才、专业研究机构、专用的软、硬件设施等专业生产要素的培育。三是广泛运用现代工业成果和科技、资本、技术等现代农业生产要素，科学、合理使用农业机械、生物良种、低毒农药、有机肥料等投入。四是构建农业人力资本的积累机制，转移农村剩余劳动力，但是要加快高素质农民、未来农业“接班人”等的培育。

7.6　研究结论与讨论

本研究构建并测算了南方地区各省（自治区、直辖市）农业生产要素禀赋结构指数，借助空间分异指数深入细致地分析了南方地区农业生产要素禀赋结构的空间差异状况。然后，进一步剖析了农业生产要素禀赋结构空间差异的原因，进而对南方地区“四大内部区域”农业生产要素禀赋结构的转型路径进行了探讨。主要结论如下：

第一，南方地区农业生产要素的禀赋结构存在明显的空间分异现象，空间分异的程度由强到弱依次为劳动力、土地、资本和技术。其中，土地要素禀赋结构的空间分异呈现出“先扩大再缩小之后平稳”的总体特征；劳动力要素禀赋结构的空间分异呈现出先缓慢增长后快速下降之后缓慢上升的N形特征；资本和技术要素禀赋结构的空间分异状况均呈现出整体下降的趋势，表现出空间分异渐趋缩减的总体特征。

第二，南方地区农业生产要素禀赋结构的空间分布格局表现出明显的空间集聚特点。其中，土地要素禀赋结构优势明显的主要集中在东部沿海平原区的江苏、浙江、上海和南部沿海丘陵区的福建等省（直辖市），土地要素禀赋结构指数较低的则集中在西南丘陵山区的云南、贵州、广西等省（自治区）。西南丘陵山区省（自治区）及其相邻省份在劳动力要素禀赋结构方面具有显著优势，沿海地区则基本上处于相对劣势。资本要素禀赋结构具有相对优势的省份主要集中在东部沿海平原区和西南丘陵山区。农业技术结构整体上仍然处于偏低水平，尽管东部沿海平原区、南部沿海丘陵区和西南丘陵山区的技术结构具有相对优势，但是目前来看这种优势并不十分明显。

第三，南方地区农业生产要素禀赋结构的空间分异，主要得益于三大条件，即自然条件导致的先天差异、经济社会条件导致的后天差异和空间位置导致的区位差异。

第四，综合对南方地区农业生产要素禀赋结构空间分异及其成因的分析结果，有针对性地提出不同发展水平区域的农业生产要素禀赋结构转型路径。其中，长江上中游区可考虑通过“资本深化”的形式实现农业生产要素禀赋结构的转型升级；东部沿海平原区可考虑通过“互联网+”农业及农业信息化对现有农业要素投入结构进行升级；南部沿海丘陵区可考虑的转型路径是通过发展资本密集型农业产业吸引社会资本、农户资本和政府公共资金投入；西南丘陵山区应通过培育与积累高级生产要素和专业生产要素实现农业生产要素禀赋结构升级。

基于本部分研究结论得到的政策启示有：其一，1997 年以来，南方地区农业生产要素禀赋结构的空间分异状况有所改变，而且随着农村劳动力的持续转移和受教育程度加深，以及资本和技术在农业领域的持续投入，农业生产要素禀赋结构未来还将继续变化，各区域及各省（自治区、直辖市）农业经济增长的路径选择需要不断根据要素禀赋结构变化情况予以调整。其二，农业生产要素在区域内表现出一定的空间分布特征，不同区域不同省（自治区、直辖市）具有不同的要素禀赋结构优势，意味着不同区域基于要素禀赋结构优势所形成的最优农业产业结构最终可能会导致不同的农业经济增长水平，具有“后发优势”的区域和省（自治区、直辖市）有可能追上本就具有较高增长水平的区域和省（自治区、直辖市）。当然，本部分仅从农业生产要素禀赋结构空间分异的视角分析了不同区域的要素禀赋结构转型问题，关于农业生产要素禀赋结构对农业产业结构的影响，也是本研究所要探究的重要问题，后续将做深入分析和探讨。

8 南方地区农业产业结构的空间差异及转型路径

8.1 引言

农业产业结构转型升级是目前我国农业发展方式转变的一项重要而紧迫的任务。改革开放以来的三次农业结构调整使我国农业获得了持续三十多年的快速发展（宋洪远、廖洪乐，2001），尤其是随着我国农村改革的深化，农业结构调整政策不断完善，农业生产结构也发生了深刻变化（高强、孔祥智，2014）。2016 年中央 1 号文件再次强调基本形成与市场需求相适应、与资源禀赋相匹配的现代农业生产结构和区域布局，提高农业综合效益。随着农业生产条件和农业生产要素禀赋状况及其结构的不断变化，如何在农业产业结构调整优化上开辟新途径，在农业发展方式转变上寻求新突破，是当前推进农业产业结构转型升级的关键所在。

前文的分析结果表明，区域农业经济增长既受到农业生产要素禀赋的影响，又受到农业产业结构的影响。与此同时，新结构经济学的观点指出，产业结构内生于要素禀赋结构（林毅夫，2010）。也就是说，区域农业经济增长的持续健康发展，一定程度上取决于区域农业产业结构是否合理，而且农业产业结构状况及其差异，也意味着存在不同的农业经济增长路径。因此，实现南方地区农业经济增长的协调发展，需要把握各区域各省（自治区、直辖市）农业产业结构的变化趋势，并在对区域农业生产要素禀赋结构空间分异的基础上，将农业生产要素禀赋结构与农业产业结构结合起来，共同探讨区域农业经济增长的路径选择问题。

对已有相关文献资料梳理发现，国外关于产业转型升级的研究大多基于企业产业转型的研究过程提炼而得：Gereffi（1999）从资源分配角度将产业转型升级细分为产业内部间、地区产业间、国家内部产业间和国际产业间这四个层次；Humphrey（1995）、Humphrey & Schmitz（2004）在此基础上提出全球价值链下产业升级的四种模式，即过程升级、功能升级、产品升级和跨产业升级，并具体分析了产业重组和升级的机制与方法。近年来，关于产业转型升级的研究议题逐渐引起我国学术界的关注，但现有研究多侧重于从宏观角度分析区域或地区间产业转型升级的发展趋势和对策。例如，何璇、张旭亮（2015）

借助产业结构高级化指数和资本劳动比指数，分析了浙江省 1992—2012 年产业横向和纵向升级的状况和趋势。渠立权、骆华松、陈建波（2015）基于区域产业结构问题分析，提出区域优势引导产业分工和促进产业转型升级的结构优化调整途径。周忠民（2016）对依托科技创新有效促进产业转型升级提出了具体建议，强调了实施创新驱动发展战略推动产业转型升级的过程中要避免短期行为。陈磊等（2016）则从结构转型、功能转型、手段转型和组织转型四个维度构建了四川农业产业转型升级的理论框架，针对农业转型升级中的产业结构优化进行了研究。尽管农业生产结构调整优化一直是我国“三农”领域专家热衷探讨的论题，但是相关研究主要集中在农业结构的效率与评价（杨小萍、刘媛媛，2013；路振华，2014；蒲善霞、许学梅，2015）、基于粮食安全的农业结构调整（唐宏、杨德刚、木坎热木·乃买提等，2012；胡冰川、肖卫东，2015）、农业产业化与农业结构调整（尹成杰，2001；于新匣，2008；孙葭、王凯荣、谢小立，2004），以及农业结构调整的战略对策（刘凌霄，2015；赵亮，2016）等方面。总体而言，基于地区生产结构区域差异及其影响因素来探讨农业生产结构转型升级的相关研究并不多见，从微观角度专门探讨农业产业甚至是种植业生产结构转型升级的研究更为鲜见。因此，本研究以南方地区主要省（自治区、直辖市）的农业产业为研究对象，在借助动态偏离份额分析的空间模型探究农业产业结构空间差异的基础上，基于新结构经济学视角探讨南方地区农业产业结构转型升级的思路，以期为南方地区主要省（自治区、直辖市）甚至是全国农业产业结构调整和区域产业结构转型升级提供参考和借鉴。

8.2 研究方法与数据来源

8.2.1 研究方法

8.2.1.1 动态偏离份额分析法

偏离份额分析法是研究区域经济发展差异及其变动决定因素的主流研究方法。该方法将特定区域的经济变量增长分解为份额分量（N）、结构分量（P）和竞争分量（D），通过三个分量的增长情况评价区域经济结构的差异及其竞争力的强弱。动态偏离份额分析法是在静态偏离份额分析法的基础上探究经济变量贡献在时间维度上的变化趋势。具体公式为：

$$G_{ij}^{T} = \sum_{t=1}^{T} G_{ij}^{(t)} = N_{ij} + P_{ij} + D_{ij} = \sum_{t=1}^{T} N_{ij}^{(t)} + \sum_{t=1}^{T} P_{ij}^{(t)} + \sum_{t=1}^{T} D_{ij}^{(t)} \tag{8.1}$$

上式中，$G_{ij}^{(t)}$ 表示 i 地区 j 产业第 t 年的增长总量，$N_{ij}^{(t)}$ 、$P_{ij}^{(t)}$ 和 $D_{ij}^{(t)}$ 分别表示 i 地区 j 产业第 t 年的份额分量、结构分量和竞争分量。三个分量的具体计算公式如下：

$$N_{ij}=\sum_{t=1}^{T}N_{ij}^{(t)}=\sum_{t=1}^{T}X_{ij}^{t-1}\times R^{t} \tag{8.2}$$

$$P_{ij}=\sum_{t=1}^{T}P_{ij}^{(t)}=\sum_{t=1}^{T}X_{ij}^{t-1}\times(R_{i}^{t}-R^{t}) \tag{8.3}$$

$$D_{ij}=\sum_{t=1}^{T}D_{ij}^{(t)}=\sum_{t=1}^{T}X_{ij}^{t-1}\times(R_{ij}^{t}-R_{i}^{t}) \tag{8.4}$$

$$R^{t}=\frac{\sum_{i=1}^{m}\sum_{j=1}^{n}(X_{ij}^{t}-X_{ij}^{t-1})}{\sum_{i=1}^{m}\sum_{j=1}^{n}X_{ij}^{t-1}} \tag{8.5}$$

$$R_{i}^{t}=\frac{\sum_{j=1}^{n}(X_{ij}^{t}-X_{ij}^{t-1})}{\sum_{j=1}^{n}X_{ij}^{t-1}} \tag{8.6}$$

$$R_{ij}^{t}=\frac{X_{ij}^{t}-X_{ij}^{t-1}}{X_{ij}^{t-1}} \tag{8.7}$$

上式中，X_{ij}^{t-1} 表示 i 地区 j 产业第 $t-1$ 年的农业产值，R_{ij}^{t} 、R_{i}^{t} 和 R^{t} 分别表示 i 地区 j 产业、农业和南方地区农业第 t 期的增长速度。同时，根据上式可计算 i 地区 j 产业的总偏离分量 $(PD)_{ij}$ 和年度总偏离分量 $(PD)_{ij}^{t}$ ，公式如下：

$$(PD)_{ij}=P_{ij}+D_{ij} \tag{8.8}$$

$$(PD)_{ij}^{t}=P_{ij}^{t}+D_{ij}^{t} \tag{8.9}$$

8.2.1.2　动态偏离份额分析法的空间拓展形式

偏离份额分析法中的分量也会受到与其具有相似结构的“邻近区域”的影响（吴继英、赵喜仓，2009）。Nazara & Hewings（2004）在偏离份额分析的基础上推演了 20 种包含空间和不包含空间的偏离份额分解公式（表 8 - 1），本研究在此基础上采用动态偏离份额分析法的空间拓展形式，来分析南方地区 1997—2015 年农业产业结构的空间差异。具体公式如下所示：

$$G_{ij}^{t}=N_{ij}^{t}+P_{ij}^{t}+D_{ij}^{t}=X_{ij}^{t-1}\times R^{t}+X_{ij}^{t-1}\times(R_{ij}^{vt}-R^{t})+X_{ij}^{t-1}\times(R_{ij}^{t}-R_{ij}^{vt}) \tag{8.10}$$

$$R_{ij}^{vt}=\frac{\sum_{k}W_{hk}X_{ik}^{t}-\sum_{k}W_{hk}X_{ik}^{t-1}}{\sum_{k}W_{xk}X_{ik}^{t-1}} \tag{8.11}$$

$$W_{hk}=\frac{\frac{1}{|X_{k}-X_{h}|}}{\sum_{k}\frac{1}{|X_{k}-X_{h}|}} \tag{8.12}$$

式中，R_{ij}^{vt} 是考虑了相邻区域影响的空间增长速度，表示 i 地区 j 产业第 t 年的空间增长速度，W_{hk} 为相邻区域的经济空间权重，X_k 和 X_h 分别表示 h 省（自治区、直辖市）及其相邻地区的人均农林牧渔业产值，k 表示相邻省（自治区、直辖市）的数量，X_{ik}^{t} 表示 i 省（自治区、直辖市）［h 省（自治区、直辖市）的相邻省（自治区、直辖市）］第 t 年的农业产值。其他变量与前文公式的含义一致。

表 8-1　偏离份额分析法的分解公式

模型	偏离份额的分解公式	包含的分量
A	第一项为国家分量	
A. 1	$r_{ij}=r+(r_i-r)+(r_{ij}-r_i)$	国家产业结构分量、区域-国家部门竞争力分量
A. 2	$r_{ij}=r+(r_j-r)+(r_{ij}-r_j)$	区域-国家所有部门竞争力分量、区域产业结构分量
A. 3	$r_{ij}=r+(r_{ij}^{v}-r)+(r_{ij}-r_{ij}^{v})$	邻近-国家部门产业结构分量、区域-邻近部门竞争力分量
A. 4	$r_{ij}=r+(r_j^{v}-r)+(r_{ij}-r_j^{v})$	邻近-国家竞争力分量、区域-邻近产业结构分量
B	第一项为国家部门分量	
B. 1	$r_{ij}=r_i+(r-r_i)+(r_{ij}-r)$	国家产业结构分量负值、区域-国家产业结构分量
B. 2	$r_{ij}=r_i+(r_j-r_i)+(r_{ij}-r_j)$	国家部门产业结构分量负值、区域产业结构分量
B. 3	$r_{ij}=r_i+(r_{ij}^{v}-r_i)+(r_{ij}-r_{ij}^{v})$	邻近-国家部门竞争力分量、区域-邻近部门竞争力分量
B. 4	$r_{ij}=r_i+(r_j^{v}-r_i)+(r_{ij}-r_j^{v})$	邻近-国家产业结构分量、区域-邻近产业结构分量
C	第一项为区域分量	
C. 1	$r_{ij}=r_j+(r-r_j)+(r_{ij}-r)$	国家-区域所有部门竞争力分量、区域-国家产业结构分量
C. 2	$r_{ij}=r_j+(r_i-r_j)+(r_{ij}-r_i)$	国家-区域产业结构分量、国家-区域部门竞争力分量
C. 3	$r_{ij}=r_j+(r_{ij}^{v}-r_j)+(r_{ij}-r_{ij}^{v})$	邻近-区域产业结构分量、区域-邻近部门竞争力分量
C. 4	$r_{ij}=r_j+(r_j^{v}-r_j)+(r_{ij}-r_j^{v})$	邻近区域所有部门竞争力分量、区域-邻近产业结构分量
D	第一项为邻近区域部门分量	
D. 1	$r_{ij}=r_{ij}^{v}+(r-r_{ij}^{v})+(r_{ij}-r)$	国家-邻近产业结构分量、区域-国家产业结构分量
D. 2	$r_{ij}=r_{ij}^{v}+(r_i-r_{ij}^{v})+(r_{ij}-r_i)$	国家-邻近部门竞争力分量、区域-国家部门竞争力分量
D. 3	$r_{ij}=r_{ij}^{v}+(r_j-r_{ij}^{v})+(r_{ij}-r_j)$	区域-邻近产业结构分量、区域自身产业结构分量
D. 4	$r_{ij}=r_{ij}^{v}+(r_j^{v}-r_{ij}^{v})+(r_{ij}-r_j^{v})$	邻近产业结构分量、区域-邻近产业结构分量
E	第一项为邻近区域分量	
E. 1	$r_{ij}=r_{ij}^{v}+(r-r_j^{v})+(r_{ij}-r)$	国家-邻近所有部门竞争力分量、区域-国家产业结构分量
E. 2	$r_{ij}=r_{ij}^{v}+(r_i-r_j^{v})+(r_{ij}-r_i)$	国家-邻近产业结构分量、区域-国家部门竞争力分量
E. 3	$r_{ij}=r_j^{v}+(r_j-r_j^{v})+(r_{ij}-r_j)$	区域-邻近所有部门竞争力分量、区域自身产业结构分量
E. 4	$r_{ij}=r_j^{v}+(r_{ij}^{v}-r_j^{v})+(r_{ij}-r_{ij}^{v})$	区域-邻近所有部门竞争力分量、区域自身产业结构分量

资料来源：吴继英，赵喜仓，2009.

8.2.2　数据来源

根据《中国农业统计资料》的统计指标解释，我国农业产业主要包括农业（种植业）、林业、牧业和渔业这4大类。其中，南方地区各省（自治区、直辖市）农业产业及分项农业产值数据来源于《中国农村统计年鉴》，均采用可比价格计算。南方地区农业生产要素禀赋结构相关指标的数据根据第7部分相关数据指标计算得到。数据时间跨度均为1997—2015年。

8.3　农业产业结构的空间差异

8.3.1　农业产业结构动态偏离份额的空间分析

1997年以来，南方地区农业产业均有不同程度发展，整体表现出迅速发展的良好趋势，这与近年来我国农业产业的总体发展状况基本一致。从表8-2中农业产业的动态偏离分析结果可看出，1997—2015年期间，南方地区总增长量G（106 965.11亿元）<份额分量N（114 238.71亿元），数据显示按照全国增长速度理论上带来的农业产业增长额高于南方地区实际增长额，反映出南方地区农业产业发展滞后于全国平均水平。同时，空间结构分量$P<0$，表明南方地区与全国平均水平相比在农业产业方面存在相对劣势，反映出南方地区农业产业结构中，发展快速的产业部门所占比重相对较小。空间竞争分量$D>0$，反映出南方地区农业产业的整体竞争力相对较强，与全国平均水平相比具有相对优势。总偏离PD总和为负值（－7 272.60亿元），说明1997—2015年期间南方地区农业产业发展的总体水平低于全国平均水平。

表8-2　南方地区1997—2015年农业产业动态偏离分析结果（亿元）

研究时段	总增长量G	份额分量N	空间结构分量P	空间竞争分量D	总偏离PD
1997—1998	510.58	829.07	－481.28	162.80	－318.48
1998—1999	1 009.07	1 022.40	321.03	－334.36	－13.33
1999—2000	735.92	794.05	－49.30	－8.82	－58.12
2000—2001	1 211.02	1 160.05	70.12	－19.15	50.97
2001—2002	1 419.16	1 537.69	－160.09	41.56	－118.53
2002—2003	1 671.09	1 712.82	27.48	－69.21	－41.73
2003—2004	5 749.99	5 447.23	415.01	－112.25	302.76
2004—2005	3 238.98	3 482.32	－113.33	－130.02	－243.35
2005—2006	2 265.99	1 677.85	344.78	243.37	588.14

（续）

研究时段	总增长量 G	份额分量 N	空间结构分量 P	空间竞争分量 D	总偏离 PD
2006—2007	7 950.65	8 413.23	−906.94	444.36	−462.57
2007—2008	9 627.44	9 559.28	28.29	39.87	68.16
2008—2009	3 032.48	2 720.12	229.30	83.06	312.35
2009—2010	9 641.87	9 406.31	−804.35	1 039.92	235.56
2010—2011	15 480.66	16 157.27	−1 540.77	864.16	−676.61
2011—2012	11 187.51	12 471.67	−2 032.22	748.06	−1 284.16
2012—2013	9 800.55	11 530.40	−2 140.52	410.67	−1 729.85
2013—2014	10 310.78	12 461.39	−2 571.37	420.76	−2 150.61
2014—2015	12 121.34	13 854.55	−2 274.15	540.94	−1 733.21
1997—2015	106 965.11	114 238.71	−11 638.32	4 365.72	−7 272.60

资料来源：根据《中国农村统计年鉴》（1998—2016 年）相关数据计算得到，表 8－3 与表 8－4 与本表来源相同。

具体而言，对农业产业动态偏离的时间序列趋势分析可看出，1997 年以来南方地区农业产业年度增长量呈波动性增长趋势，同期的份额分量表现出明显的逐年增大趋势，总偏移在此期间波动起伏较大，反映出南方地区种植业发展与全国的差距在不断扩大。竞争分量在此期间波动趋势明显，既有波峰（1 039.92 亿元）也有波谷（－334.36 亿元），表明南方地区农业产业的竞争力变化较大，且多数年份竞争分量为正值，说明南方地区农业产业的竞争分量优势较为明显。结构分量自 1997 年以来表现出不断减弱的总体趋势，2009 年后一直为负值，反映出南方地区农业产业结构不断恶化，农业产业结构的调整相对落后于全国平均水平，在一定程度上说明南方地区亟须推进农业产业结构的转型升级。

8.3.2 农业产业发展的空间差异分析

总体而言，南方地区各省（自治区、直辖市）农业产业发展表现出明显的区域空间差异，各内部区域及各省（自治区、直辖市）农业产业增长速度、产业结构优劣和区域农业相对竞争力等方面均存在较大差异。由表 8－3 可知，1997—2015 年南方地区各省（自治区、直辖市）农业产业总值增幅较大，反映出南方地区农业产业发展迅速，势头较好。例如，四川省以 12 125.60 亿元的种植业总增长量位居第一，排在末尾的上海市，农业产业的总增长量也达到了 37.69 亿元。

表 8-3　南方地区各地区 1997—2015 年农业产业结构偏离分析结果（亿元）

区域	省（自治区、直辖市）	总增长量 G	份额分量 N	空间结构分量 P	空间竞争分量 D	总偏离 PD
东部沿海平原区	上海	37.69	631.50	−86.47	−507.34	−593.81
	江苏	11 401.46	11 938.82	−4 149.70	3 612.34	−537.36
	浙江	4 040.64	6 050.71	−461.54	−1 548.53	−2 010.07
	区域	15 479.79	18 621.03	−4 697.71	1 556.47	−3 141.24
长江上中游区	安徽	7 028.16	7 881.90	−643.83	−209.91	−853.74
	江西	5 475.92	6 007.54	−1 011.91	480.29	−531.62
	湖北	10 442.59	9 963.99	−773.56	1 252.16	478.60
	湖南	10 751.22	10 806.11	204.29	−259.18	−54.89
	四川	12 125.60	13 944.11	1 504.39	−3 322.90	−1 818.51
	重庆	2 996.60	3 411.09	−473.50	59.01	−414.49
	区域	48 820.09	52 014.74	−1 194.12	−2 000.53	−3 194.65
南部沿海丘陵区	广东	8 831.60	11 065.58	−534.21	−1 699.77	−2 233.98
	福建	6 473.00	6 420.83	−1 406.52	1 458.69	52.17
	海南	4 782.76	4 795.09	−1 545.39	1 533.06	−12.33
	区域	20 087.36	22 281.5	−3 486.12	1 291.98	−2 194.14
西南丘陵山区	广西	9 274.44	9 712.48	−1 471.35	1 033.31	−438.04
	云南	7 778.06	7 747.92	−352.70	382.84	30.14
	贵州	5 525.37	3 860.04	−436.32	2 101.65	1 665.33
	区域	22 577.87	21 320.44	−2 260.37	3 517.8	1 257.43
南方地区	区域	106 965.11	114 238.71	−11 638.32	4 365.72	−7 272.60

根据总增长量 G 与份额分量 N 的比较来看，上海、江苏、浙江、安徽、江西、湖南、四川、重庆、广东、广西和海南的总增长量小于份额分量，说明这 11 个省（自治区、直辖市）的农业产业发展滞后于全国种植业发展平均水平，湖北、云南、贵州和福建这 4 个省农业产业的总增长量大于份额分量，说明对全国农业产业发展起促进作用，也反映出南方地区大部分省（自治区、直辖市）农业产业发展速度滞后于全国平均水平。从空间结构分量 P 来看，除湖南和四川以外的其他省（自治区、直辖市）结构分量的数值均小于 0，但是数值之间的差距较大，最高数值的四川省为 1 504.39 亿元，最低数值的江苏则为−4 149.70 亿元，反映出南方地区各省（自治区、直辖市）农业产业发展快速的部门所占比重较小，农业产业结构调整严重滞后，但是各省（自治区、

直辖市）之间农业产业结构的优劣差异也较为明显。从空间竞争分量 D 的结果来看，南方地区除江苏、江西、湖北、重庆、广西、云南、贵州、福建和海南以外的其他省份空间竞争分量数值均为负值，而且数值之间的差异较大，反映出各省（自治区、直辖市）农业产业区域竞争力存在显著差异。

分区域来看，南方地区“四大内部区域”农业产业结构动态偏离份额的空间模型分析结果表现出一定的区域性特点。其一，除了西南丘陵山区，其他3个区域的总增长量 G 均小于份额分量 N，反映出这3个内部区域农业产业实际增长速度滞后于全国平均水平的现实状况，这与南方地区农业产业结构的整体趋势基本一致。其二，“四大内部区域”的空间结构分量 P 均为负值，进一步反映出南方地区各区域农业产业结构亟须进行战略性调整。其三，除了长江上中游区，其他三个区域的空间竞争分量 D 均为正值，反映出这3个区域的农业产业具有一定的竞争优势，适时推进农业产业结构转型将有助于提高农业产业的区域竞争力。其四，除了西南丘陵山区，其他区域的总偏离 PD 均为负值，反映出这3个区域农业产业发展速度低于全国平均水平。

考虑到农业产业结构的优劣并不能单纯依靠总增长量这一指标来区分和判定，农业发展不仅要有总量增长，而且需要产业结构的不断调整优化，同时需要考虑农业产业区域竞争力的强弱。因此，本研究借鉴夏晓平等（2010），向云、祁春节、陆倩（2017）等的经验，根据空间结构分量 P 和空间竞争分量 D 是否大于0，将南方地区各省（自治区、直辖市）农业产业分为四种类型（表8-4）：一是综合优势区Ⅰ（$P>0$，$D>0$）、二是竞争优势区Ⅱ（$P<0$，$D>0$）、三是结构优势区Ⅲ（$P>0$，$D<0$）、四是优势欠缺区Ⅳ（$P<0$，$D<0$）。据此对南方地区及其各省（自治区、直辖市）农业产业的总体情况进行归类划分，南方地区总体而言为结构优势区，其中，江苏、江西、湖北、重庆、广西、云南、贵州、福建和海南这9个省（自治区、直辖市）为竞争优势区，湖南和四川为结构优势区，上海、浙江、安徽和广东这4个省（直辖市）则为优势欠缺区。此外，就农业产业的分项情况而言，南方地区种植业、牧业和渔业均为竞争优势区，林业则为结构优势区。其中，仅有湖南省的种植业发展为综合优势区，安徽、湖北、广东和广西4省（自治区）的林业为综合优势区，湖北和云南的渔业为综合优势区。

表8-4 南方地区1997—2015年农业产业结构区域优势分布

区域	省（自治区、直辖市）	农业产业	种植业	林业	牧业	渔业
东部沿海平原区	上海	Ⅳ	Ⅳ	Ⅳ	Ⅳ	Ⅳ
	江苏	Ⅱ	Ⅱ	Ⅱ	Ⅱ	Ⅱ

（续）

区域	省（自治区、直辖市）	农业产业	种植业	林业	牧业	渔业
东部沿海平原区	浙江	Ⅳ	Ⅳ	Ⅲ	Ⅳ	Ⅳ
	区域	Ⅱ	Ⅱ	Ⅳ	Ⅳ	Ⅱ
长江上中游区	安徽	Ⅳ	Ⅳ	Ⅰ	Ⅱ	Ⅲ
	江西	Ⅱ	Ⅱ	Ⅲ	Ⅱ	Ⅱ
	湖北	Ⅱ	Ⅳ	Ⅰ	Ⅱ	Ⅰ
	湖南	Ⅲ	Ⅰ	Ⅲ	Ⅳ	Ⅲ
	四川	Ⅲ	Ⅲ	Ⅲ	Ⅲ	Ⅲ
	重庆	Ⅱ	Ⅳ	Ⅱ	Ⅱ	Ⅱ
	区域	Ⅱ	Ⅲ	Ⅲ	Ⅳ	Ⅰ
南部沿海丘陵区	广东	Ⅳ	Ⅳ	Ⅰ	Ⅳ	Ⅳ
	福建	Ⅱ	Ⅱ	Ⅱ	Ⅱ	Ⅱ
	海南	Ⅱ	Ⅱ	Ⅲ	Ⅱ	Ⅱ
	区域	Ⅱ	Ⅱ	Ⅲ	Ⅱ	Ⅱ
西南丘陵山区	广西	Ⅱ	Ⅱ	Ⅰ	Ⅱ	Ⅱ
	云南	Ⅱ	Ⅲ	Ⅲ	Ⅱ	Ⅰ
	贵州	Ⅱ	Ⅱ	Ⅱ	Ⅱ	Ⅱ
	区域	Ⅱ	Ⅱ	Ⅱ	Ⅱ	Ⅱ
南方地区	区域	Ⅱ	Ⅱ	Ⅲ	Ⅱ	Ⅱ

8.3.3 农业产业内部结构的空间差异分析

从图 8-1 至图 8-4 可看出，南方地区各省（自治区、直辖市）农业产业内部结构也表现出较大的空间差异，无论是空间竞争分量还是空间结构分量，均表现出一定的空间差异特征。

从图 8-1 中可看出，南方地区 15 个省（自治区、直辖市）种植业空间竞争分量 D 为正值的省（自治区）包括江苏、江西、湖南、广西、贵州、福建和海南，说明这 7 个省（自治区）具有空间竞争分量优势。空间结构分量 P 为正值的仅有湖南、四川、云南 3 省，反映出目前南方地区大部分省（自治区、直辖市）农业发展不具有结构分量优势。总偏离 PD 的结果显示，仅有湖南、云南、贵州、福建和海南的总偏离为正值，反映出大部分省（自治区、直辖市）农业发展速度低于南方地区平均水平。

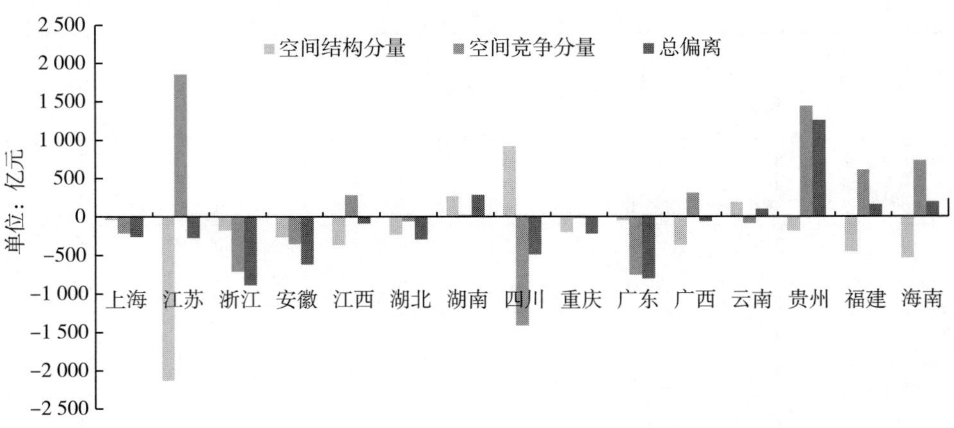

图 8－1　南方地区 1997—2015 年种植业产业动态偏离份额的空间模型分析

观察图 8－2 可以发现，南方地区仅有江苏、安徽、湖北、广东、贵州和福建这 6 个省的空间竞争分量 D 为正值，反映出南方地区仅有少数省林业产业具有一定的竞争优势。但是，空间结构分量 P 为正值的省（自治区）则有 10 个，说明南方地区大部分省（自治区）林业产业具有相对结构优势。另外，总偏离的结果显示，江苏、安徽、江西、湖北、湖南、广东、贵州和福建等省（自治区、直辖市）的总偏离 PD 为正值，表明这 8 个省林业产业发展速度快于南方地区平均水平。

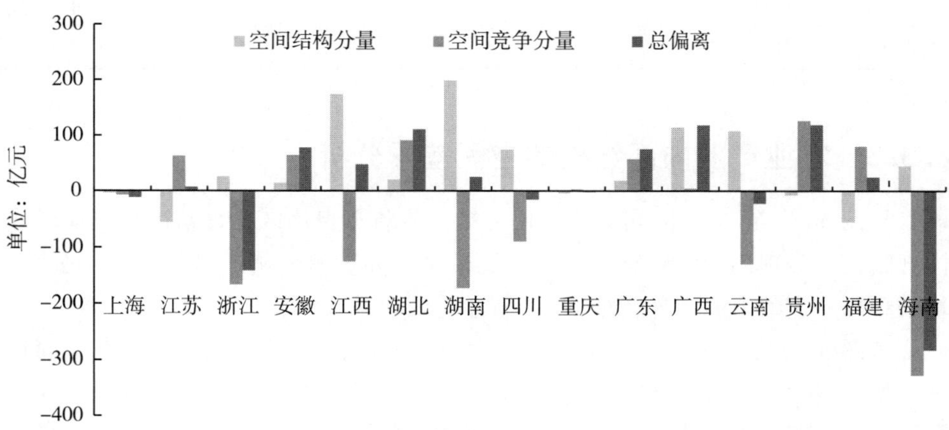

图 8－2　南方地区 1997—2015 年林业产业动态偏离份额的空间模型分析

从图 8－3 中可看出，有 10 个省（自治区、直辖市）牧业产业的空间竞争分量 D 为正值，反映出这些省（自治区、直辖市）具有一定的区域竞争优势。几乎所有省（自治区、直辖市）（除四川省外）牧业产业的空间结构分量 P 为负值，反映出南方地区牧业产业整体上具有结构劣势，亟须予以调整。从总偏离 PD 的结果来看，几乎所有省（自治区、直辖市）（除贵州省外）牧业产业的总偏离为负值，进一步反映出南方地区牧业产业发展滞后于全国平均水平。

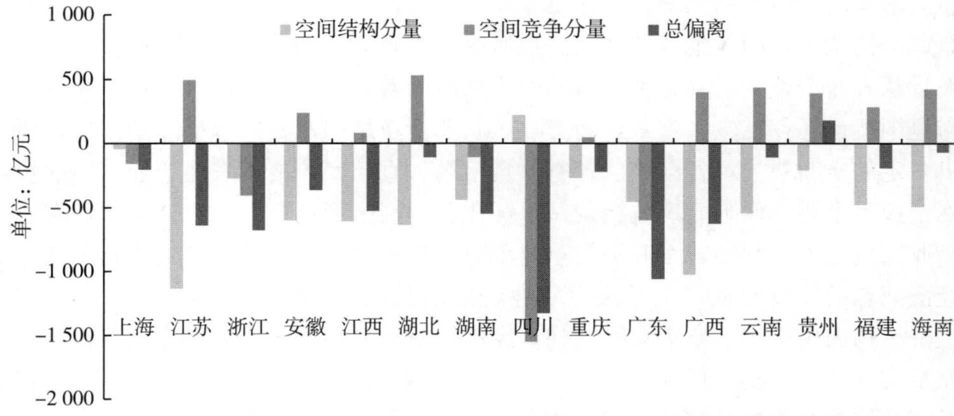

图 8-3　南方地区 1997—2015 年牧业产业动态偏离份额的空间模型分析

从图 8-4 中可以看出，在渔业产业方面，除了江苏、江西、湖北、广西、贵州、福建和海南这 8 个省，其他 7 个省份渔业产业的空间结构分量 P 均为负值，反映出南方地区渔业产业结构分量优势存在明显的区域差异。就空间竞争分量 D 而言，南方地区渔业产业整体上不具竞争优势，仅有安徽、湖北、湖南、四川等少数几个省具有微弱的竞争优势。就总偏离的结果来看，上海、浙江、安徽和广东等省（直辖市）为负值，其他大部分省份的总偏离 PD 为正值，但是数值相对较小，反映出南方地区大部分省份渔业产业发展速度略快于全国平均水平。

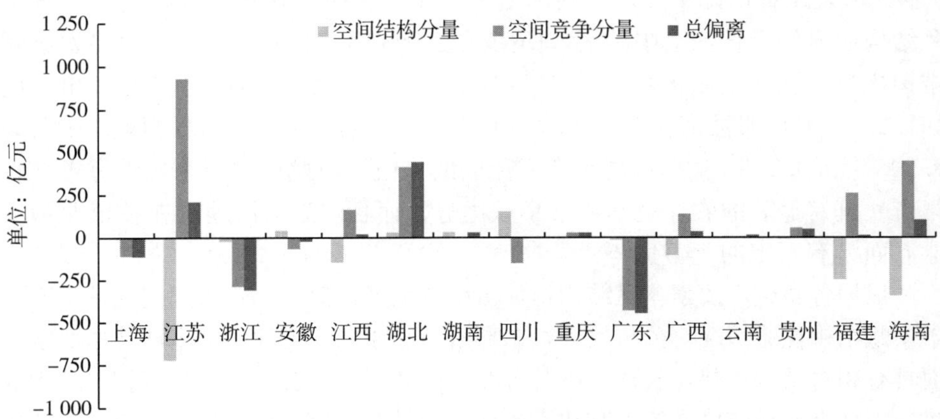

图 8-4　南方地区 1997—2015 年渔业产业动态偏离份额的空间模型分析

8.4 各区域农业产业结构转型升级的路径选择

前文的分析结果表明，无论是农业产业结构发展状况，还是农业生产要素禀赋结构状况，南方地区“四大内部区域”之间均存在较为明显的空间差异，而且从农业产业结构动态偏离份额分析结果来看，目前南方地区农业产业发展与全国相比还存在较大差距，南方地区农业产业结构及其内部产业结构也表现出一定的空间差异，各区域、各省（自治区、直辖市）之间农业产业结构的发展也极不平衡，面临着产业结构调整优化和提高区域竞争力的双重压力，农业产业结构已处于亟须转型升级的重要节点。农业要素禀赋结构是分析我国农业经济问题的逻辑起点，也是决定农业经济增长的基础因素（魏金义，2015），经济结构内生决定于要素禀赋结构，经济增长潜力的开发首先需要把握要素禀赋结构变化的事实（任保平，2015）。此外，新结构经济学认为，产业结构和经济结构由要素禀赋结构决定，遵循比较优势既是实现要素禀赋结构和产业结构升级的有效途径，也是促进经济增长、减少贫困和缩小贫富差距的最有效方法（林毅夫，2012）。因此，我们认为南方地区农业产业结构的转型升级，需要在对农业生产要素禀赋结构进行清晰把握的前提条件下，从区域全局层面和省域局部层面分别有针对性地开展和部署。

根据公式（7.1～7.4）计算得到南方地区农业生产要素禀赋结构指数（表8-5）。总体而言，南方地区的土地和劳动力要素禀赋结构整体上优于资本和技术要素禀赋结构，从要素禀赋结构指数的均值来看，2015年4类农业生产要素的均值分别为0.342 8、0.307 3、0.161 4和0.188 4。分区域而言，东部沿海平原区在资本和技术要素禀赋结构方面的优势明显高于其他3个区域，东部沿海平原区、南部沿海丘陵区和西南丘陵山区的技术要素禀赋结构明显优于长江上中游区，西南丘陵山区则具有显著的劳动力要素禀赋结构优势，长江上中游区的土地和劳动力要素禀赋结构优势较为突出。例如，2015年东部沿海平原区资本和技术要素禀赋结构指数的均值分别为0.203 6和0.208 7，远远高于南方地区的均值，由此反映出东部沿海省（直辖市）具有显著的农业资本要素禀赋优势，而且靠近沿海地区在种植业和渔业方面具有一定的竞争优势。

根据各类生产要素禀赋结构指数与南方地区均值的比较来判定区域生产要素禀赋结构优势情况。分析发现，东部沿海平原区在土地、资本和技术要素方面具有相对结构优势，长江上中游区在土地和劳动力要素方面具有相对结构优势，南部沿海丘陵区在资本和技术要素方面具有相对结构优势，西南丘陵山区则在劳动力和技术要素方面具有相对结构优势。

表 8-5 南方地区各省（自治区、直辖市）1997—2015 年农业生产要素禀赋结构指数

区域	省（自治区、直辖市）	土地 T		劳动力 L		资本 K		技术 A	
		1997	2015	1997	2015	1997	2015	1997	2015
东部沿海平原区	上海	0.379 5	0.410 0	0.138 6	0.200 5	0.270 4	0.193 8	0.211 5	0.195 6
	江苏	0.449 5	0.431 5	0.259 5	0.214 5	0.078 5	0.191 0	0.212 6	0.163 0
	浙江	0.318 5	0.319 0	0.209 0	0.187 5	0.174 0	0.225 9	0.298 5	0.267 6
	均值	0.382 5	0.386 8	0.202 4	0.200 8	0.174 3	0.203 6	0.240 9	0.208 7
长江上中游区	安徽	0.382 6	0.357 4	0.377 9	0.254 8	0.083 5	0.219 5	0.155 9	0.168 2
	江西	0.578 1	0.449 7	0.262 4	0.277 9	0.088 8	0.172 1	0.070 7	0.100 4
	湖北	0.398 2	0.347 7	0.289 0	0.230 7	0.159 5	0.289 8	0.153 3	0.131 8
	湖南	0.394 5	0.326 7	0.409 2	0.393 6	0.086 2	0.119 7	0.110 1	0.160 1
	四川	0.386 0	0.331 0	0.476 5	0.396 4	0.043 7	0.143 9	0.093 8	0.128 7
	重庆	0.685 0	0.589 8	0.233 9	0.211 8	0.026 3	0.100 0	0.054 7	0.098 4
	均值	0.470 7	0.400 4	0.341 5	0.294 2	0.081 3	0.174 2	0.106 4	0.131 3
南部沿海丘陵区	广东	0.289 4	0.245 6	0.380 8	0.555 4	0.118 5	0.056 1	0.211 3	0.142 9
	福建	0.318 1	0.439 0	0.290 4	0.212 9	0.114 9	0.127 3	0.276 6	0.220 8
	海南	0.275 8	0.358 2	0.207 9	0.221 3	0.318 3	0.138 4	0.198 1	0.282 0
	均值	0.294 4	0.347 6	0.293 0	0.329 9	0.183 9	0.107 3	0.228 7	0.215 2
西南丘陵山区	云南	0.208 7	0.197 6	0.339 2	0.416 7	0.088 7	0.173 8	0.363 3	0.211 9
	贵州	0.372 2	0.273 2	0.459 0	0.392 1	0.006 7	0.102 7	0.162 2	0.232 1
	广西	0.338 0	0.238 8	0.467 7	0.404 6	0.026 0	0.205 2	0.168 3	0.151 3
	均值	0.306 3	0.236 5	0.422 0	0.404 5	0.040 5	0.160 6	0.231 3	0.198 4
南方地区	均值	0.363 5	0.342 8	0.314 7	0.307 3	0.120 0	0.161 4	0.201 8	0.188 4

资料来源：根据《中国农村统计年鉴》和《中国统计年鉴》（1998—2016 年）数据计算得到。

注：限于文章篇幅，仅列出部分时间段的土地、劳动力、资本和技术生产要素结构指数值。

8.4.1 东部沿海平原区农业产业结构的转型路径

综合分析认为，东部沿海平原区种植业和渔业产业发展具有竞争优势，林业和牧业产业则为优势欠缺区，该区域农业产业整体上为竞争优势区。因此，东部沿海平原区农业产业结构转型的重点领域是种植业和渔业产业，适当减少不具竞争优势和结构优势的林业和牧业产业发展。

第一，从区域全局层面而言，农业产业结构转型升级的重点是具有相对竞争优势的种植业和渔业产业。对于东部沿海平原区而言，在土地、资本和技术要素禀赋结构方面的相对优势，使得该区域种植业产业发展具有明显的竞争优势；另外，东部沿海平原区既有丰富的淡水养殖资源（区域内湖泊众多），又有丰富的海洋渔业资源（邻近东海海洋渔场），发展渔业产业的优势得天独厚。基于此，利用现有农业生产要素禀赋结构优势，重点对种植业和渔业进行产业结构调整，预期将大大促进该区域农业产业的转型升级。其一，根据种植业生产和农业生产要素禀赋优势对区域内种植业产业结构进行调整和升级：一是适当减少谷物、油料和棉花等传统种植业的生产，重点发展蔬菜和水果产业，将传统的种植业生产适当向相邻的省（直辖市）转移；二是基于区域要素禀赋优势，重点发展资本密集型和技术密集型产业，通过加大农业资本投入、农业科技研发与应用，重点发展附加值高、产品品质优、出口竞争力强的经济作物和特色农业。其二，有针对性地对现有渔业产业结构进行调整：一是从生态环境保护角度考虑，对现有的淡水养殖业进行调整，重点发展具有市场竞争力、生态环保、附加值高的淡水鱼养殖及其加工产业；二是从可持续发展角度考虑，一方面对近海养殖业进行调整，对危及海洋生态环境的粗放养殖行为进行取缔或整改，另一方面对远海捕捞业进行转型升级，重点支持资金充足、效益较好的相关产业发展。

第二，从省域局部层面而言，农业产业结构转型升级的重点是基于农业生产要素禀赋结构优势现状，以农业生产要素禀赋结构升级推进各省（直辖市）农业产业结构的转型升级。其一，对于上海市而言，其农业产业均属于优势欠缺区，农业产业转型升级的重点是利用有限的土地资源，重点发展与城市居民生活密切相关的蔬菜产业及相应的加工业，适当发展具有教育、旅游等多功能性的城郊休闲农业、观光农业和社区农业等。其二，对于江苏省而言，其农业产业发展具有较强的区域竞争优势，且农业生产要素禀赋优势明显，重点是尽可能多的利用资本和技术生产要素，发展具有较强竞争力和较高附加值的资本密集型和技术密集型农业产业。其三，对于浙江省而言，应重点发展具有竞争优势的林业产业，利用好省内丘陵较多、植被丰富的先天优势，重点发展经济林及其附属产品的种植、加工等相关产业，如林下香菇、竹笋等产业。

8.4.2 长江上中游区农业产业结构的转型路径

综合分析认为，长江上中游区农业产业总体上具有竞争优势，但是农业产业内部结构存在显著差异，种植业和林业具有结构优势，渔业具有竞争和结构的双重优势，牧业则具有双重劣势。因此，长江上中游区农业产业发展的最主要制约因素是农业产业结构总体上缺乏结构优势，农业产业结构转型的关键领域是种植业和林业产业，在继续保持渔业产业双重优势的基础上，适当减少缺乏优势的牧业产业发展。

第一，从区域全局层面而言，该区域农业产业结构转型的重点是推进具有竞争优势但缺乏结构优势的种植业和林业产业结构调整。整体来看，长江上中游区土地资源丰富，劳动力充足且素质较高，近年来资本要素投入逐渐加大，具有发展种植业生产的良好条件，该区域也是我国传统的、重要的粮棉油生产基地。此外，该区域内湖泊、河流众多，具有发展淡水渔业的天然优势。基于此，该区域农业产业结构转型升级的重点是种植业和林业产业，同时继续保持渔业产业的既有优势。具体而言，其一，适当扩大该区域具有传统竞争优势的谷物、油菜、水果等作物的种植，巩固该区域作为粮棉油生产基地的重要地位，并适时发展一部分具有较强竞争优势的农产品加工业，尤其是抓住东部沿海丘陵区农业产业结构转移的良好机遇。其二，有针对性地对区域内具有竞争优势的林业产业进行结构调整。分析发现，安徽和湖北的林业产业为综合优势区，重庆为竞争优势区。因此，林业产业结构调整的重点集中于这 3 个省（直辖市），尤其是相邻的安徽和湖北，在两省的相邻区域（大别山区），统一林业产业结构调整步伐，在政策支持、区域协同等方面加强合作，力求形成具有区域特色和较强市场影响力的林业产业特色园区，形成规模和集聚效应。其三，有重点、有秩序地对现有渔业产业进行结构调整。该区域湖北为综合优势区，江西和重庆为竞争优势区，其他 3 省为结构优势区，且从渔业产业动态偏离份额结果来看，重庆的空间竞争分量和空间结构分量均较小。因此，渔业产业结构调整应重点放在湖北和江西两省。调整的方向有：一是对淡水养殖业中价值低、数量大的品种进行适当调整，增加养殖品质高、价值高、易于发展加工产业的品种；二是对污染淡水资源严重的饲料养殖、肥料养殖等予以取缔，以生态养殖为主；三是重点加大对渔业加工产业及配套产业的调整力度，包括水产品冷链物流技术及相应设备、水产品加工等方面。

第二，从省域局部层面而言，长江上中游区农业产业结构转型的重点应立足农业生产要素禀赋现状，注重挖掘区域农业要素禀赋优势，尤其是要不断优化现有的农业生产要素投入组合方式，最大限度地降低生产要素使用成本，增加要素投入产出效益。其一，安徽、湖北和四川等省应进一步加大对具有竞争优势的谷物产业的政策支持力度，加快土地流转推进农业规模化经营，巩固作为粮食生产基地的地位。其二，湖南、江西和安徽则重点加大人力资本投资，注重农业生产者的素质和技能提升。其三，安徽、湖南和四川应充分利用农业劳动力充足这一优势，重点发展粮食和经济作物产业，注重提高农业综合生产能力，同时发挥丘陵山区生态资源优势，发展生态农业，并逐步发展粮食和经济作物的加工业。

8.4.3 南部沿海丘陵区农业产业结构的转型路径

综合分析认为，南部沿海丘陵区在种植业、牧业和渔业等方面具有较强的竞争优势，在林业方面则具有结构优势，该区域农业产业总体上具有竞争优势但缺乏结构优势。因此，该区域农业产业结构转型的重点是对具有竞争优势的农业产业结构进行战略性调整，农业产业结构转型的重点领域是种植业、牧业和渔业。

第一，从区域全局层面而言，该区域农业产业结构转型的核心和关键在于具有竞争优势但缺乏结构优势的种植业、牧业和渔业产业。整体来看，南部沿海丘陵区气候温暖湿润、单位土地面积产出高、劳动力资源丰富、农业技术水平相对较高，在热带农作物种植方面具有明显竞争优势；同时，该区域内省均位于沿海，海域面积广阔且海洋渔业资源十分丰富，具有发展渔业产业的先天优势；此外，城镇居民对畜产品日趋旺盛的需求也催生了城郊周边牧业产业的发展。基于此，优化区域农业产业布局规划，重点形成一批有区域特色和竞争力的农业产业集聚区，适当减少缺乏竞争优势、对生态环境有害、规模效益不明显的农业产业发展，进一步优化农业产业结构，是当前南部沿海丘陵区农业产业结构转型的重中之重。具体而言，其一，重点发展附加值高、产品品质优、出口竞争力强、具有潜在比较优势的经济作物和特色农业产业。例如，热带水果（荔枝、龙眼等）、花卉、橡胶等的种植及加工产业。其二，种植业方面，推进该区域传统的劳动密集型（烤烟）和土地密集型（粮食）农业产业向相邻的长江上中游区和西南丘陵山区转移，重点发展资本密集型和技术密集型农业产业。其三，渔业产业方面，重点打造近海水产养殖、远洋深海捕捞和沿海水产品出口加工等产业，形成区域化、专业化、规模化的渔业产业集聚区。

第二，从省域局部层面而言，南部沿海丘陵区各省农业产业结构转型的关键仍然是立足自身要素禀赋优势，重点推进与要素禀赋结构优势相匹配的农业产业发展，不断优化农业产业区域布局。其一，对于广东省而言，其农业产业整体上缺乏竞争优势和结构优势，仅有林业产业具有综合优势，这与其经济发达省的地位极不相称，农业产业结构转型的重点应该是推进农业产业区域化和专业化。例如，北部山区的生态农业区，潮汕平原的精细化农业区、广东西热带农作物生产区、沿海渔业及深加工产业区等。其二，对于福建省而言，其农业产业整体上具有竞争优势，但是结构优势较为缺乏，亟须对具有较强竞争力的相关产业进行结构转型，重点是发挥好比较优势。例如，龙眼、柑橘、枇杷等水果产业，以及茶叶、花卉等园艺产业等的专业化生产和区域化布局，渔业产业则应重点发展海产品加工业。其三，对于海南省而言，发展种植业的优势条件有限，农业产业结构转型的重点是热带园艺产业和沿海渔业产业，关键是形成优势突出、特色鲜明的区域农业产业区，也要注重提高沿海生态防护林的经济效益，将资源优势和结构优势转化为竞争优势。

8.4.4　西南丘陵山区农业产业结构的转型路径

综合分析认为，西南丘陵山区农业产业整体上具有竞争优势，但是明显缺乏结构优势，区域内种植业、林业、牧业和渔业均缺乏结构优势。另外，从农业生产要素禀赋结构来看，该区域劳动力要素禀赋具有显著的结构优势，技术要素禀赋结构也具有一定优势，在土地要素和资本要素投入方面明显不足。因此，西南丘陵山区农业产业发展的重点是加大农业资本要素投入力度，进一步优化产业结构，突破口应集中于种植业和林业产业，尤其是具有较强竞争优势的劳动密集型产业。

第一，从区域全局层面而言，西南丘陵山区农业产业结构转型的重点是具有区域特色和核心竞争力优势的种植业和林业产业。整体来看，西南丘陵山区受限于丘陵山地为主的地形特点，耕地资源尤为缺乏，但是区域内劳动力资源丰富，近年来随着农村受教育程度的不断提升，农业人力资本水平持续提高，加上农业技术要素投入和政府公共投入力度增加，农业产业发展潜力巨大；另外，西南丘陵山区是我国重要的林区，天然森林和人工经济林众多，具备发展林业产业的优势条件。基于此，西南丘陵山区农业产业结构转型的首要任务是基于区域资源优势和农业产业特色，重点推进对区域农业经济增长有重要贡献的种植业发展，特别是具有较强竞争优势的种植业产业。具体而言，其一，重点支持区域内具有较强竞争力和较高经济价值的特色水果（芒果、荔枝、柠檬等）、观赏花卉、烤烟等劳动密集型种植业产业发展，同时利用丘陵山区生态环境和气候资源优越条件发展立体生态农业。其二，推动区域内农业生产要素禀赋结构的转型升级，用富裕的生产要素（如劳动力）替代相对缺乏的生产要素（如土地、资本），尤其是加快农业机械、有机化肥、低毒农药等现代农业生产要素的使用。其三，该区域农业产业结构转型也要利用好相邻的南部沿海丘陵区农业产业结构战略性调整的机遇，对于南部沿海丘陵区向外转移的劳动密集型农业产业和相关的加工产业，有甄别的进行吸纳和接收。

第二，从省域局部层面而言，西南丘陵山区农业产业结构转型的核心在于根据各省（自治区）农业产业竞争优势和结构优势状况，有针对性地制定农业产业结构调整的激励政策，鼓励发展具有竞争优势的产业。其一，对于广西而言，重点是利用好靠近南部沿海经济发达省的区位优势，一方面做好承接相邻省农业产业结构调整的产业转移准备，另一方面在沿海渔业产业发展上加强与广东的合作，利用其资金和技术充裕的优势发展本区渔业产业。其二，对于贵州而言，重点立足省内山区生态环境资源、气候资源和多样化生物资源等先天优势条件，通过吸引社会资本投入，建设一批集现代化、区域化、专业化于一体的山地特色生态农业、无公害绿色农业、高品质有机农业等的生产基地。其三，对于云南而言，一是根据省内自然资源优势条件和市场需求状况，利用沿边政策优势和“一带一路”发展机遇，重点发展具有出口竞争力的种植业产业，如重点支持省内具有知名度、影响力和市场竞争力的花卉、苗木等种植业的发展；二是基于省内得天独厚的地理位置、气候资源、物种资源、生态资源和开放政策，加快高原特色农业产业发展，如中草药种植及加工产业，甜橙、柠檬等柑橘品种的结构调整；三是注意省内天然森林的结构调整，对珍稀林木品种加强保护，条件具备情况下支持发展特色经济林种植、木材加工、林产化工产业和森林生态旅游等相关产业。

8.5　研究结论与讨论

本部分借助动态偏离份额分析的空间模型和农业生产要素禀赋结构指数，分析了南方地区四大内部区域及其主要省（自治区、直辖市）的农业产业结构和生产要素禀赋相对优势，进而分区域、分省（自治区、直辖市）深入探讨了南方地区农业产业结构转型升级的发展思路和措施，得出如下主要结论：

第一，南方地区农业产业结构及其内部结构均表现出明显的空间差异，各省（自治区、直辖市）农业产业的发展也极不平衡，无论是农业产业整体还是农业内部产业结构都面临着结构调整优化和提高区域竞争力的双重压力，南方地区农业产业发展已处于亟须转型升级的重要节点。总体而言，江苏、江西、湖北、重庆、广西、云南、贵州、福建和海南这 9 个省（自治区、直辖市）的农业产业为结构优势区，湖南和四川为竞争优势区，上海、浙江、安徽和广东这 4 个省（直辖市）则为优势欠缺区。此外，就农业内部产业结构情况而言，南方地区农业、牧业和渔业均为结构优势区，林业则为竞争优势区。其中，仅有湖南省的种植业产业为综合优势区，安徽、湖北、广东和广西 4 省（自治区）的林业为综合优势区，湖北和云南的渔业为综合优势区。

第二，对南方地区“四大内部区域”各类生产要素禀赋结构相对优势情况进行分析发现，东部沿海平原区在土地、资本和技术要素方面具有相对结构优势，长江上中游区在土地和劳动力要素方面具有相对结构优势，南部沿海丘陵区在资本和技术要素方面具有相对结构优势，西南丘陵山区则在劳动力和技术要素方面具有相对结构优势。

第三，在对南方地区“四大内部区域”农业产业结构空间差异及农业生产要素禀赋结构相对优势具体分析的基础上，从新结构经济学视角提出南方地区农业产业结构转型的具体思路，并从区域全局和省域局部两个层面具体分析了

“四大内部区域”及各省（自治区、直辖市）农业产业结构转型升级的具体对策。其中，从区域全局层面而言，东部沿海平原区农业产业结构转型的重点领域是种植业和渔业产业，适当减少不具竞争优势和结构优势的林业和牧业产业发展；长江上中游区农业产业结构转型的重点是推进具有竞争优势但缺乏结构优势的种植业和林业产业结构调整；南部沿海丘陵区农业产业结构转型的核心和关键在于具有竞争优势但缺乏结构优势的种植业、牧业和渔业产业；西南丘陵山区农业产业结构转型的重点是具有区域特色和核心竞争力优势的种植业和林业产业。

本部分主要按照农、林、牧、渔业这一划分方法对农业产业结构进行了具体分析，并没有对种植业、林业、牧业和渔业产业内部进一步深入分析。当然，在前期的相关研究中，本研究曾专门探讨过长江流域种植业生产结构的区域差异及其转型升级路径。本文对长江上中游区和东部沿海平原区农业产业结构转型路径的探讨也参考了之前研究的结果，由于篇幅所限在此并没有呈现出整个研究结果。当然，后续的研究也应该对南方地区各内部区域和各省（自治区、直辖市）种植业、林业、牧业和渔业的内部结构进行更深入细致的分析，以探究更适合各省（自治区、直辖市）的农业产业转型路径选择。

9 研究结论与政策建议

9.1 主要研究结论

本研究以区域经济增长理论、新经济地理学和新结构经济学等为理论基础，对我国南方地区 1997—2015 年农业经济增长的空间分异特征及其路径选择进行了定性与定量分析。具体而言，在清晰界定相关概念和地域范围的前提条件下，基于研究内容收集、整理了国内外相关的文献资料，进而在此基础上构建了整个研究的理论分析框架。首先，基于整体研究内容的设计，构建评价指标体系测算了农业要素禀赋指数，在此基础上总体评价了南方地区农业要素禀赋水平，并分析了其时空演变和空间分异特征。然后，对南方地区农业经济增长的空间分异特征进行了细致分析，并利用空间计量回归模型分析了区域农业经济增长的驱动因素及其空间效应。紧接着，借助耦合协调度模型分析了农业经济增长与要素禀赋耦合协调性，在此基础上将南方地区划分为“四大内部区域”。之后，利用分解的基尼系数量化了南方地区农业经济增长水平的总体差距，并从区域内和区域间差距视角予以分解，寻求影响区域农业经济增长水平总体差距的源泉；继而比较分析了“四大内部区域”农业经济增长驱动因素及其空间效应，并在此基础上基于空间格局优化视角探讨了南方地区农业经济增长协调发展的路径选择。最后，分别从农业生产要素禀赋结构转型和农业产业结构转型两方面，更深入地探讨了南方地区农业经济增长路径。本研究主要取得六个方面的结论和成果。

（1）测算并评价了南方地区 12 省 1 区 2 市农业要素禀赋水平状况。总体而言，东部沿海省（直辖市）的农业要素禀赋水平普遍高于西部和内陆省份；此外，南方地区农业要素禀赋综合水平和单要素禀赋水平均存在明显的空间分异特征，尤其是农业单要素禀赋表现出显著的“高-高”或“低-低”空间集聚特征。

针对目前农业要素禀赋水平测算指标过于简单和随意的局限，本研究认为农业要素禀赋不仅包括传统的土地、劳动力和资本要素，技术要素和产业结构也是农业要素禀赋的重要组成部分。与此同时，对农业要素禀赋水平的度量，不仅应该考虑到要素投入的数量，而且应该考虑要素投入的质量，即强调“量”与“质”共同作用下的农业要素禀赋才是地区或省（自治区、直辖市）

农业要素禀赋水平的真实反映。因此，通过构建农业要素禀赋的评价指标体系，评价了南方地区 1997—2015 年农业要素禀赋的总体水平及其区域优势，在此基础上探讨了农业要素禀赋的空间分异特征及其空间分布格局。研究结果显示：

第一，就农业要素禀赋的现状和趋势而言，1997—2015 年期间，南方地区具有农业要素禀赋综合优势的包括江苏、浙江、上海、湖南、湖北和广东等 5 省 1 市，其他省份则缺乏相对比较优势。具体而言，东部沿海平原区的江苏、浙江、上海和长江上中游区的湖北、湖南等省（直辖市）具有相对比较优势，西部的四川、重庆、云南、贵州、广西等省（自治区、直辖市）则明显缺乏区域比较优势。上海、广东、云南、海南等省（直辖市）要素禀赋综合优势下降较为明显，浙江、四川、重庆、广西等省（自治区、直辖市）则呈现出明显的大幅增长趋势，其他省的变化趋势则不太明显。

第二，就农业要素禀赋的空间分异特征状况而言，5 类要素禀赋均存在显著的空间分异特征，5 类单要素禀赋的空间分布也呈现出显著的区域差异，各农业要素禀赋内部则显现出明显的“高-高”或“低-低”空间集聚特征。具体而言，产业结构禀赋的空间分异特征总体上呈现出先降后升的 V 形趋势，土地、劳动力和资本要素禀赋的空间分异特征表现为先升后降的倒 V 形趋势，技术要素禀赋的空间分异总体上处于下降态势。此外，江苏、浙江、上海等省（直辖市）的资本要素、技术要素和产业结构禀赋具有显著优势，云南、贵州和海南等省的 5 类单要素禀赋水平则均处于南方地区的较低水平。

（2）南方地区各省（自治区、直辖市）农业经济增长存在明显的区域差异，且具有显著的全局和局域空间自相关性，农业经济增长水平相似的省（自治区、直辖市）在空间分布上随时间推进表现出日益明显的“高-高”或“低-低”集聚趋势。分析认为，农业经济增长存在空间分异的主要原因在于各省（自治区、直辖市）土地、资本、技术和产业结构等的禀赋差异，以及各驱动因素空间效应的差异。

农业经济增长受到多种因素的影响，以往的研究中，学者大多选择一种或几种指标，重点探讨影响因素与农业经济增长之间的关系，而且考虑地理空间位置影响的情况相对较少。基于此，本研究在验证农业经济增长具有空间自相关性的基础上，尝试从要素禀赋角度，通过构建空间计量回归模型，对农业经济增长的驱动因素及其空间效应予以探讨。研究结果显示：

第一，研究期内，南方地区农业经济增长存在显著的全局空间自相关性和局部空间相关性，尽管整个区域的总体空间差异在逐渐缩小，但是省（自治区、直辖市）之间仍呈现出显著的局部差异。其中，1997 年以来，农业经济增长水平相似的省（自治区、直辖市）在空间分布上表现出集聚的趋势，农业经济增长水平高的省（自治区、直辖市）与其他高值省（自治区、直辖市）表现出相邻或集聚态势，农业经济增长水平低的省（自治区、直辖市）也与其他低值省（自治区、直辖市）相邻或集聚。从 Moran 散点图的分布状况而言，东部沿海的江苏、浙江、上海和福建 4 个省（直辖市）为稳定的“高-高”集聚类型，云南、贵州、广西、四川、重庆、湖南、广东和海南 8 个省（自治区、直辖市）则为稳定的“低-低”集聚类型。从 Moran 散点图的变动情况而言，广东和海南这 2 个沿海省由 2003 年的“高-高”集聚类型变为“低-低”集聚类型，说明这 2 个省的农业经济增长水平相对其他省（自治区、直辖市）有所下降。

第二，南方地区农业经济增长存在空间分异的主要原因在于各省（自治区、直辖市）土地要素、资本要素、技术要素和产业结构等禀赋的差异，同时受到主要驱动因素空间效应的影响，主要驱动因素的空间效应以正向效应为主，但是也存在明显差异。其中，首要影响因素是产业结构禀赋，其次是土地要素禀赋，然后是资本要素禀赋，最后是技术要素禀赋，劳动力要素禀赋的影响在统计上不显著。此外，产业结构、资本要素禀赋和技术要素禀赋的空间效应估计系数表明，南方地区产业结构、资本要素禀赋和技术禀赋每提高 1%，将分别带来农业经济增长水平相应提高 0.620 0%、0.263 0%和 0.145 3%。劳动力和土地要素禀赋空间效应的影响则相对较弱，在统计上表现出非显著性。

（3）南方地区农业经济增长与要素禀赋的耦合协调关系一直处于颉颃阶段，以中度耦合为主，两者的耦合协调性并不理想，亟须予以改善。与此同时，各省（自治区、直辖市）农业经济增长与要素禀赋的耦合协调类型存在显著的空间分异特征，在空间分布上呈现出“低-低”或“高-高”的集中趋势。基于此，进一步将南方地区细分为长江上中游区、东部沿海平原区、南部沿海丘陵区和西南丘陵山区这“四大内部区域”。

农业要素禀赋及其空间效应对区域农业经济增长至关重要，两者的匹配程度决定了地区农业经济能否持续、稳定、协调发展。一方面，遵循“比较优势”原则的农业经济能够充分发挥要素禀赋对区域农业经济增长的驱动作用；另一方面，农业经济增长的健康发展会有效提升区域农业要素禀赋水平和改善农业要素禀赋结构。一定程度上而言，农业经济增长与要素禀赋的协调发展程度，决定了地区农业经济增长的发展潜力。基于此，本研究借助耦合协调度模型分析了南方地区农业经济增长与要素禀赋耦合协调的时空演变特征，在对南方地区农业经济增长与要素禀赋耦合类型空间分布具体分析的基础上，将南方地区划分为“四大内部区域”，进而探讨了其耦合协调的空间格局优化途径。得出的主要研究结果是：

第一，南方地区农业经济增长与要素禀赋之间的耦合协调关系以中度耦合为主，近年来呈现出不断下降的总体趋势，且各省（自治区、直辖市）之间存在明显的区域差异。其中，两者的耦合协调性并不理想，两者的相对发展指数也基本处于同步优化阶段，但是近年来呈现出下降的总体趋势。农业经济增长与要素禀赋耦合协调水平较高的省（自治区、直辖市）集中在东部沿海的江苏、浙江、上海地区，耦合协调水平较低的则集中在云南、贵州、广西和重庆等西部省（自治区、直辖市）。近年来大部分省（自治区、直辖市）农业经济增长与要素禀赋的相对发展指数有所下降，说明农业经济增长发展滞后于农业要素禀赋水平提升，仅有少数东部沿海省（直辖市）的农业经济增长发展超前于要素禀赋水平提升。

第二，南方地区农业经济增长与要素禀赋的耦合协调类型存在显著的空间分异特征，表现出明显的空间集聚性，耦合协调类型在空间分布上呈现出“低-低”或“高-高”的集中趋势。江苏、浙江、上海 3 省（直辖市）处于高度耦合超前的耦合协调类型；云南、贵州、广西 3 省（自治区）则是低度耦合滞后类型；安徽、江西、湖南、四川、重庆等省（直辖市）则属于中度耦合滞后类型，且在地域上呈现出相邻态势。在此基础上，将南方地区大致划分为“四大内部区域”，即长江上中游区、东部沿海平原区、南部沿海丘陵区和西南丘陵山区。

第三，南方地区农业经济增长与要素禀赋耦合协调空间格局的优化，需要充分考虑各省（自治区、直辖市）农业要素禀赋现状与发展趋势，基于两者耦合协调性的空间分布及其相对发展情况，有针对性地采取措施改善相应省（自治区、直辖市）的耦合协调关系，有重点地提升区域内农业经济增长和农业要素禀赋的总体水平。

（4）南方地区农业经济增长的总体差距呈现出“先缓慢下降，然后波动上升，之后缓慢下降”的阶段性特征；尽管区域内和区域间差距均对总体差距有贡献，但是总体差距主要来自区域间差距。主要驱动因素及其空间效应对“四大内部区域”农业经济增长的贡献程度存在明显差异。从缩小区域内差距和区域间差距的研究目标考虑，提出南方地区应选择非均衡的增长路径，“四大内部区域”应选择一体化的均衡增长路径。

尽管经济增长空间差距的存在有着必然性，但是农业经济增长总体差距、区域内差距及区域间差距也表现出一定的规律性特征。我国地域广阔形成的区域农业要素禀赋的差异，是导致区域农业经济增长存在差距的主要原因。由此认为，有必要对具有相似要素禀赋优势和资源条件的区域进行针对性的分析，力求探究适合各区域资源特点的农业经济增长路径。基于此，本研究对南方地区农业经济增长的空间差距展开研究，并在此基础上对“四大内部区域”的农业经济增长路径进行了比较分析。得出的主要研究结果有：

第一，“四大区域”内部尽管存在一定的差距，但是基尼系数值并不高(均小于 0.150 0)，区域间差距由大到小依次为：东部沿海平原区与西南丘陵山区、南部沿海丘陵区与西南丘陵山区、长江上中游区与东部沿海平原区、长江上中游区与西南丘陵山区、长江上中游区与南部沿海丘陵区、东部沿海平原区与南部沿海丘陵区。

第二，对长江上中游区农业经济增长具有显著正向影响的主要是土地、技术要素禀赋和农业产业结构禀赋，对东部沿海平原区农业经济增长具有显著正向影响的则是劳动力要素禀赋，南部沿海丘陵区则是土地、劳动力和技术要素禀赋，西南丘陵山区主要是劳动力要素禀赋。劳动力要素禀赋对长江上中游区具有显著负向影响，技术要素则对东部沿海平原区具有微弱负向影响，农业产业结构禀赋对南部沿海区具有较强负向影响，土地和技术要素禀赋对西南丘陵山区具有一定的负向影响。劳动力、土地、资本、技术和农业产业结构这 5 类农业要素对各区域农业经济增长的贡献存在明显差异，部分区域某一类或几类农业要素禀赋的相对劣势，也对目前各区域农业经济增长产生了阻碍作用。

第三，西南丘陵山区的重点是不断挖掘区域内具有相对优势的农业要素资源，通过提升区域农业要素禀赋水平，以改善农业经济增长快速发展的基础性条件。长江上中游区的重点是提升区域内农业经济增长与要素禀赋的耦合协调性。南部沿海丘陵区，重点是进一步提升农业经济增长与要素禀赋的耦合协调性。东部沿海平原区的重点是根据农业现代化发展要求对传统的农业产业结构进行调整，推进农业产业结构转型升级。

(5) 南方地区农业生产要素禀赋结构表现出明显的空间分异特征，在空间分布格局上则呈现出一定的空间集聚特点，在地域上表现为“高-高”或“低-低”集聚趋势。分析认为，自然条件、经济社会发展条件和空间位置等是导致农业生产要素禀赋结构空间分异的主要影响因素。针对“四大内部区域”农业生产要素禀赋结构的相对优势状况，探讨了不同发展水平区域的农业生产要素禀赋结构转型路径。

农业生产要素禀赋结构及其空间差异会导致不同的农业产业结构变迁路径，进而共同影响到农业经济增长路径。实现南方地区农业经济增长的协调发展，首要任务是清晰掌握区域内农业生产要素禀赋结构的空间分异情况及其成因，在此基础上有针对性地探讨南方地区“四大内部区域”农业生产要素禀赋结构的转型升级路径。得到的主要研究结果有：

第一，南方地区农业生产要素禀赋结构空间分异的程度由强到弱依次为劳动力、土地、资本和技术。具体而言，土地要素禀赋结构空间分异特征表现为“先扩大再缩小之后平稳”，劳动力要素禀赋结构的则是先缓慢增长后快速下降之后缓慢上升的“N 型”特征，资本和技术要素禀赋结构均呈现出整体下降趋势，表现出空间分异渐趋缩减的总体特征。

第二，南方地区土地要素禀赋结构优势明显的主要集中在沿海地区的江苏、浙江、上海、福建等省（直辖市），土地要素禀赋结构指数较低的则集中在西南丘陵山区的云南、贵州、广西等省（自治区）。西南丘陵山区的云南、贵州、广西等省（自治区）及其相邻的四川、湖南、广东等省具有劳动力要素禀赋结构优势，沿海省（直辖市）（如上海、浙江、海南、福建等）则基本上均处于相对劣势。具有资本要素禀赋结构相对优势的省（自治区、直辖市）主要集中在东部沿海平原区的江苏、浙江、上海和西南丘陵山区的云南、广西。农业技术结构指数整体上仍然处于偏低水平，尽管东部沿海平原区、南部沿海丘陵区和西南丘陵山区的技术结构具有相对优势，但是目前来看这种优势并不十分明显。

第三，长江上中游区可考虑通过“资本深化”的形式实现农业生产要素禀赋结构的转型升级，东部沿海平原区可考虑通过“互联网＋”农业及农业信息化对现有农业要素投入结构进行升级，南部沿海丘陵区可考虑的转型路径是通过发展资本密集型农业产业吸引社会资本、农户资本和政府公共资金投入，西南丘陵山区应通过培育与积累高级生产要素和专业生产要素实现农业生产要素禀赋结构升级。

第四，随着农村劳动力的持续转移和受教育程度加深，以及资本和技术在农业领域的持续投入，农业生产要素禀赋结构未来还将继续变化，各区域及各省（自治区、直辖市）农业经济增长的路径选择需要不断根据要素禀赋结构变化情况予以调整。此外，农业生产要素表现出一定的区域空间分布特征，不同区域、不同省（自治区、直辖市）具有不同的要素禀赋结构优势，意味着不同区域基于要素禀赋结构优势所形成的最优农业产业结构最终可能会导致不同的农业经济增长水平，具有“后发优势”的区域和省（自治区、直辖市）有可能追上本就具有较高增长水平的区域和省（自治区、直辖市）。

（6）南方地区农业产业结构及其内部结构均表现出明显的空间差异，南方地区农业产业发展处于亟须转型升级的重要节点。分析发现，东部沿海平原区在土地、资本和技术要素方面具有相对结构优势，长江上中游区在土地和劳动力要素方面具有相对结构优势，南部沿海丘陵区在资本和技术要素方面具有相对结构优势，西南丘陵山区则在劳动力和技术要素方面具有相对结构优势。进而从新结构经济学视角提出“四大内部区域”农业产业结构的转型路径。

区域农业经济增长既受到农业生产要素禀赋结构的影响，又受到农业产业结构的影响。新结构经济学认为，最优产业结构内生于要素禀赋结构。南方地区农业经济增长的协调发展，需要把握各区域各省（自治区、直辖市）农业产业结构的变化趋势。基于此，在对区域农业生产要素禀赋结构空间分异的基础上，借助动态偏离份额分析的空间模型，进一步深入分析了南方地区农业产业结构的空间差异，在此基础上有针对性地探讨区域农业产业结构的转型路径问题。得出的主要研究结果有：

第一，总体而言，江苏、江西、湖北、重庆、广西、云南、贵州、福建和海南这 9 个省（自治区、直辖市）的农业产业为结构优势区，湖南和四川为竞争优势区，上海、浙江、安徽、广东 4 省（直辖市）则为优势欠缺区。此外，就农业内部产业结构情况而言，南方地区农业、牧业和渔业均为结构优势区，林业则为竞争优势区。其中，种植业综合优势区仅有湖南 1 省，安徽、湖北、广东和广西 4 省（自治区）为林业综合优势区，湖北和云南为渔业综合优势区。

第二，从区域全局层面具体分析了“四大内部区域”及各省（自治区、直辖市）农业产业结构转型升级的具体对策。其中，东部沿海平原区农业产业结构转型的重点领域是种植业和渔业产业，可考虑适当减少不具竞争优势和结构优势的林业和牧业产业发展；长江上中游区的重点是推进具有竞争优势但缺乏结构优势的种植业和林业产业结构调整；南部沿海丘陵区农业产业结构转型的核心和关键在于具有竞争优势但缺乏结构优势的种植业、牧业和渔业产业；西南丘陵山区的重点则是具有区域特色和核心竞争力优势的种植业和林业产业。

第三，从局部省域层面具体探讨了各区域各省（自治区、直辖市）农业产业结构转型升级的路径选择。例如，上海可考虑重点发展与城市居民生活密切相关的蔬菜产业，适当发展具有教育、旅游等多功能性的城郊休闲农业、观光农业和社区农业等。浙江应重点发展其具有竞争优势的林业产业，如林下香菇、竹笋等产业。安徽、湖北和四川等省应进一步加大对具有竞争优势的谷物产业的政策支持力度，巩固作为粮食生产基地的地位，还可适当发展粮食和经济作物产业、生态农业。福建亟须对现有具有较强竞争力的相关产业（如龙眼、柑橘、枇杷等水果产业以及茶叶、花卉等园艺产业）进行结构转型。云南基于自然资源优势条件、市场需求状况、沿边政策优势和“一带一路”发展机遇，重点发展具有较强出口竞争力的种植业产业（如花卉、苗木、中草药等）。

9.2 政策建议

9.2.1 贯彻落实南方地区区域协调发展战略

研究结论反映出南方地区东部沿海平原区和南部沿海丘陵区农业经济发展水平远远高于长江上中游区和西南丘陵山区，而且四大内部区域间的发展差距还呈现出逐渐扩大的总体趋势。十九大报告指出，随着社会主要矛盾已经转化为人民日益增长的美好生活需要和不平衡不充分的发展之间的矛盾，当前国家政策制定的工作重心应当是努力实现区域均衡和协调发展。因此，在国家大力推进区域协调发展的时代背景下，贯彻落实好南方地区区域协调发展战略，是下一阶段推进南方地区区域协调发展的首要工作。

一是明确“区域协调发展战略”的基本理念和深刻内涵，从全局层面把握好南方地区农业经济协调发展的政策方向。其一，要加大对发展相对较为落后的西南丘陵山区和长江上中游区的政策扶持力度，着力缩小内部区域各省（自治区、直辖市）之间的农业经济发展差距。尤其是“老”“少”“边”“穷”地区，经济基础薄弱、要素禀赋处于相对劣势、发展潜力有限、地区之间发展差距等问题较为明显，需要各级政府推进区域协调发展战略时在资金、人才队伍、技术支持等政策扶持方面予以倾斜。其二，根据现有的农业经济增长水平和要素禀赋状况，在继续推进实施“中部崛起”“振兴长江经济带”“西部大开发”等区域发展战略的基础上，不断创新区域协调发展模式，因地制宜地推进地区（如地级市）之间、县域之间在农业领域的协调发展战略，尽可能地缩小区域之间的农业经济发展差距。其三，根据区域农业经济发展不断由地理空间转向经济空间的现实要求，在条件允许的情况下减少行政区划等因素的限制，加强具有相似发展潜力区域之间资源的优化配置，推进行政和经济管理体制改革，促进南方地区不同内部区域之间农业经济的融合发展与协调发展。

二是不断创新区域协调发展战略新机制，提升南方地区农业经济协调发展的效率。其一，要推进与实施南方地区四个内部区域之间的农业经济协调发展战略，完善区域农业互助机制。尤其是经济发展相对发达的东部沿海平原区和南部沿海丘陵区，要采取必要措施带动相邻区域的农业经济发展，完善农业经济相对发达地区对落后地区的对口互助机制。例如，在农业产业结构转型、资本投入农业领域等方面加强区域之间的合作与协同发展。其二，南方地区各省（自治区、直辖市）制定区域协调发展战略措施时应优先考虑农业领域，不断创新区域农业合作机制。尤其是对资源优势互补的相邻区域（地区、省域和县域），制定相应的政策措施保障区域农业经济在多领域开展多层次、全方位的农业合作与协同发展。

9.2.2 在南方地区全面推进乡村振兴发展战略

区域农业经济发展差距问题表面上看是区域发展不平衡的问题，其实归根到底也反映出农村发展整体落后于城镇地区，而且对于农业经济增长水平落后的地区而言，农业发展不平衡、农业结构不合理、农民收入不高等问题表现得尤其突出。与此同时，推进南方地区农业经济的协调发展，缩减区域之间发展差距，最根本的仍然是补齐“农村发展落后”这一短板。因此，积极响应“十九大”关于实施乡村振兴战略的号召，在整个南方地区不同内部区域、不同省（自治区、直辖市）、不同县域全面推进乡村振兴发展战略，是当前推进南方地区农业经济协调发展的关键，也是推进乡村跨越式发展工作的“重中之重”。

一是深刻理解乡村振兴发展战略这一新的发展理念，各级政府要深刻认识到“乡村振兴发展”对解决“三农”问题的重要性，努力实现“产业兴旺、生态宜居、乡风文明、治理有效、生活富裕”的美丽乡村发展新要求。其一，乡村振兴发展战略是当前关系到农村转型发展的一项重要工程，也是关系到改革发展成果惠及农村群体的民生工程。因此，各级政府在制定具体政策时需要把乡村振兴发展战略落实到农村、农业产业发展的具体实践中，需要加大政策和资金向农村地区的倾斜力度，全面推进现代农业产业体系、生产体系、经营体系的建设步伐，不断缩小地区和城乡之间的发展差距，特别是在关乎农村发展、农业产业结构转型、农民生活改善的公共服务供给，以及公共资源的优化配置等方面，政策支持力度要大，从而将农村地区土地、劳动力、生态环境等资源优势转化成农业经济可持续发展的动力。其二，乡村振兴发展战略不仅要求发展农村经济，更是对乡村治理、农民生活、乡风民俗、生态环境等提出了新的要求和目标。因此，各级政府在推进实施乡村振兴发展战略时要兼顾经济、社会与生态文明的共同进步。尤其在推进农业经济发展的过程中也要注重农业绿色发展，在农业面源污染、农业生态系统退化、有机肥替代化肥、农膜回收等方面提供政策、资金、科技、人才等全方位支持。

二是通过农村一二三产业融合发展推进南方地区乡村振兴发展战略。“十四五”期间能否实现南方地区的农民增收、农业增长和农村发展，重点是推进农村一二三产业融合发展，深度挖掘农业的多种功能性，把农业生产与农产品加工、流通和农业休闲旅游融合起来发展，不断创新产业融合机制，培育壮大农村新产业新业态，发展多功能农业。其一，基于南方地区农村资源特点，拓展农业多种功能。一方面充分挖掘农村地区多种资源，拓展南方丘陵山区农业的经济、文化、生态和社会功能，推进南方农村地区农业生产经营与乡村旅游、历史文化、田园教育、农业科普等的深度融合；另一方面鼓励有条件的农村“能人”、返乡农民工、大学毕业生等，利用好南方地区农村绿水青山、田园风光、乡土文化等资源，积极探索发展休闲农业、生态农业、观光农业，挖掘农业价值，提升农业产值。其二，创新农村产业融合模式，建立并完善适合南方地区农村一二三产业融合的长效机制。政策导向在开发农业多功能性的同时，应加强农业生产与经营的有机结合，家庭农户不仅要懂生产、会生产，还应该懂经营、会经营，尤其是要在经营环节发挥创意，将农产品“卖出去”“卖好价”，通过产业融合发展推进乡村经济全面发展。例如，通过“互联网＋农业”提供预售和订单农产品，通过“农业众筹”解决农产品销路问题。

参 考 文 献

毕国华，杨庆媛，刘苏，2007. 中国省域生态文明建设与城市化的耦合协调发展 [J]. 经济地理 (1)：50-58.

曹海波，2012. 中国区域经济增长差异及其影响因素分析 [D]. 长春：吉林大学.

曹协和，2008. 农业经济增长与农村金融发展关系分析 [J]. 农业经济问题 (11)：49-54.

曹跃群，孙小玥，张卫国，2011. 省际农业资本投入与农业经济增长——基于东中西部面板数据的检验 [J]. 山西财经大学学报，33 (2)：46-53.

常向阳，姚华锋，2005. 农业技术选择影响因素的实证分析 [J]. 中国农村经济 (10)：38-43，58.

陈创练，张帆，张年华，2017. 地理距离、技术进步与中国城市经济增长的空间溢出效应——基于拓展 Solow 模型第三方效应的实证检验 [J]. 南开经济研究 (1)：23-43.

陈磊，陈宇阳，陈文宽，等，2016. 四川盆周山区农业产业时空特征及影响因素分析——以广元市为例 [J]. 广东农业科学，43 (5)：186-192.

陈利，朱喜钢，杨阳，等，2017. 基于空间计量的云南省县域经济空间格局演变 [J]. 经济地理 (1)：40-49.

陈培阳，朱喜钢，2011. 福建省区域经济差异演化及其动力机制的空间分析 [J]. 经济地理 (8)：1252-1257，1282.

陈启清，2016. 后发优势、要素禀赋与中国经济增长潜力 [J]. 理论视野 (3)：29-34.

陈强，2014. 高级计量经济学及 Stata 应用 [M]. 2 版. 北京：高等教育出版社.

程琳琳，张俊飚，田云，等，2016. 中国省域农业碳生产率的空间分异特征及依赖效应 [J]. 资源科学 (2)：276-289.

程名望，阮青松，2010. 资本投入、耕地保护、技术进步与农村剩余劳动力转移 [J]. 中国人口-资源与环境 (8)：27-32.

邓琨，2012. 我国农业经济增长影响因素的实证分析 [J]. 南方农村，28 (2)：14-19.

邓蒙芝，2015. 技术进步、技术效率与河南省农业增长——基于随机前沿生产函数的分析 [J]. 农林经济管理学报，14 (2)：145-151.

邓若冰，刘颜，2016. 工业集聚、空间溢出与区域经济增长——基于空间面板杜宾模型的研究 [J]. 经济问题探索 (1)：66-76.

杜江，2014. 中国农业增长的环境绩效研究 [J]. 数量经济技术经济研究，31 (11)：53-69.

杜江，刘渝，2008. 人力资本投资与农业经济增长：基于中国分省数据的经验分析 [J]. 经济评论 (3)：22-27.

杜江，刘渝，2010. 农业经济增长因素分析：物质资本，人力资本，还是对外贸易？[J]. 南开经济研究 (3)：73-89.

冯彪，2017-07-27.25省份公布经济半年报：东西差距趋小 南北差异明显［N］. 每日经济新闻.

冯长春，曾赞荣，崔娜娜，2015.2000年以来中国区域经济差异的时空演变［J］. 地理研究（2）：234-246.

付明辉，祁春节，2016. 要素禀赋、技术进步偏向与农业全要素生产率增长——基于28个国家的比较分析［J］. 中国农村经济（12）：76-90.

盖美，张丽平，田成诗，2013. 环渤海经济区经济增长的区域差异及空间格局演变［J］. 经济地理，33（4）：22-28.

高强，孔祥智，2014. 中国农业结构调整的总体估价与趋势判断［J］. 改革（11）：80-91.

高远东，花拥军，2012. 异质型人力资本对经济增长作用的空间计量实证分析［J］. 经济科学（1）：39-50.

龚双辉，2007. 空间统计分析及在区域经济中的应用［D］. 武汉：华中科技大学.

顾焕章，张景顺，宋俊东，等，1991. 中国农业增长的源泉与技术进步［J］. 农业技术经济（1）：1-8.

郭浩淼，2013. 中国出口产品结构优化路径研究［D］. 沈阳：辽宁大学.

郭冉，陆杰华，2017. 我国区域经济增长影响因素及空间异质性的实证分析［J］. 中共福建省委党校学报（6）：57-65.

郭素芳，刘琳琳，2017. 要素整合与农业经济增长动力转换——基于农业全要素生产率视角［J］. 天津师范大学学报（社会科学版）（1）：65-69，74.

韩璐，2015. 要素禀赋变化背景下中国经济增长动力的转换研究［D］. 西安：西北大学.

杭帆，郭剑雄，2016. 人口转型、技术进步与中国农业的可持续增长［J］. 西北农林科技大学学报（社会科学版），16（1）：66-75.

郝大江，2009. 区域经济增长的空间回归——基于区域性要素禀赋的视角［J］. 经济评论（2）：127-132.

郝大江，2010. 要素适宜度与其区域经济影响研究［D］. 天津：南开大学.

郝永录，2014. 山东农业全要素生产率变动及其影响因素研究［D］. 杨凌：西北农林科技大学.

何爱，徐宗玲，2010. 菲律宾农业发展中的诱致性技术变革偏向：1970-2005［J］. 中国农村经济（2）：84-91，95.

何红光，宋林，2015. 基于偏离-份额法的区域人力资本结构及竞争力研究［J］. 中国科技论坛（11）：131-137.

何红光，宋林，李光勤，2017. 中国农业经济增长质量的时空差异研究［J］. 经济学家（7）：87-97.

何雄浪，郑长德，杨霞，2013. 空间相关性与我国区域经济增长动态收敛的理论与实证分析——基于1953—2010年面板数据的经验证据［J］. 财经研究，39（7）：82-95.

何璇，张旭亮，2015. 浙江省产业转型升级对劳动力需求的影响［J］. 经济地理，35（4）：123-127.

贺亚亚，2016. 中国农业地理集聚：时空特征、形成机理与增长效应［D］. 武汉：华中农业大学.

胡冰川，肖卫东，2015. 方式转变、永续发展与国家粮食安全——中国国外农业经济研究会学术研讨会综述［J］. 改革（2）：156 - 159.

胡瑞法，黄季焜，2001. 农业生产投入要素结构变化与农业技术发展方向［J］. 中国农村观察（6）：9 - 16.

黄晖，金凤君，2011. 技术要素集聚对我国区域经济增长差异的影响［J］. 经济地理（8）：1341 - 1344.

贾兴梅，李平，2014. 农业集聚度变动特征及其与农业经济增长的关系——我国 12 类农作物空间布局变化的实证检验［J］. 中国农业大学学报，19（1）：209 - 217.

姜劲儒，2010. 基于面板数据的农业经济增长影响因素实证研究［D］. 杨凌：西北农林科技大学.

蒋若凡，李菲雅，王春蕊，等，2013. 我国农村剩余劳动力存量估算及预测［J］. 软科学，27（12）：6 - 10，22.

黎翠梅，2009. 地方财政农业支出与区域农业经济增长——基于东、中、西部地区面板数据的实证研究［J］. 中国软科学（1）：182 - 188.

李爱娜，2017. 农业结构调整与农业经济增长的关系研究［J］. 农业与技术，37（4）：145，167.

李成圆，熊黑钢，闫人华，2013. 天山北坡县域现代农业发展水平的差异研究［J］. 中国农学通报，29（8）：93 - 98.

李飞，曾福生，2016. 基于空间杜宾模型的农业基础设施空间溢出效应［J］. 经济地理，36（6）：142 - 147.

李谷成，2008. 基于转型视角的中国农业生产率研究［D］. 武汉：华中农业大学.

李谷成，2009. 技术效率、技术进步与中国农业生产率增长［J］. 经济评论（1）：60 - 68.

李谷成，2009. 人力资本与中国区域农业全要素生产率增长——基于 DEA 视角的实证分析［J］. 财经研究，35（8）：115 - 128.

李谷成，2009. 中国农业生产率增长的地区差距与收敛性分析［J］. 产业经济研究（2）：41 - 48.

李谷成，2014. 中国农业的绿色生产率革命：1978—2008 年［J］. 经济学（季刊），13（2）：537 - 558.

李谷成，2015. 资本深化、人地比例与中国农业生产率增长——个生产函数分析框架［J］. 中国农村经济（1）：14 - 30，72.

李谷成，范丽霞，冯中朝，2014. 资本积累、制度变迁与农业增长——对 1978—2011 年中国农业增长与资本存量的实证估计［J］. 管理世界（5）：67 - 79，92.

李谷成，冯中朝，范丽霞，2007. 农业部门劳动力再配置、农村非农化与中国农村经济增长［J］. 南方经济（4）：22 - 33.

李焕彰，钱忠好，2004. 财政支农政策与中国农业增长：因果与结构分析［J］. 中国农村经济（8）：38 - 43.

李敬，陈澍，万广华，等，2014. 中国区域经济增长的空间关联及其解释——基于网络分

析方法 [J]. 经济研究，49 (11)：4-16.
李俊杰，李建平，牛云霞，等，2016. 农业综合开发投资增长的经济效果评价——基于各省面板数据模型的实证分析 [J]. 农业技术经济 (11)：87-94.
李旻，赵连阁，2009. 农业劳动力“老龄化”现象及其对农业生产的影响——基于辽宁省的实证分析 [J]. 农业经济问题，30 (10)：12-18，110.
李旻，赵连阁，2009. 农业劳动力“女性化”现象及其对农业生产的影响——基于辽宁省的实证分析 [J]. 中国农村经济 (5)：61-69.
李旻，赵连阁，2010. 农村劳动力流动对农业劳动力老龄化形成的影响——基于辽宁省的实证分析 [J]. 中国农村经济 (9)：68-75.
李敏纳，蔡舒，覃成林，2011. 黄河流域经济空间分异态势分析 [J]. 经济地理 (3)：379-383，419.
李敏纳，蔡舒，张慧蓉，等，2011. 要素禀赋与黄河流域经济空间分异研究 [J]. 经济地理 (1)：14-20.
李敏纳，周春山，蔡舒，等，2017. 海南建省以来经济增长空间分异格局演变 [J]. 经济地理 (2)：23-32.
李鹏程，叶梓伟，2017. 新结构经济学视角下的技术进步与地区种植业发展——以佛山市顺德区种植业为例 [J]. 农村经济与科技，28 (7)：10-14.
李青，陈红梅，王雅鹏，2014. 基于面板 VAR 模型的新疆农业用水与农业经济增长的互动效应研究 [J]. 资源科学，36 (8)：1679-1685.
李素琴，李炳一，2012. 河南粮食核心区建设中资源禀赋优势逆转与对策——基于粮食综合生产能力视角 [J]. 中国农业资源与区划 (3)：39-44.
李跃，蒙永胜，2014. 要素禀赋、基础设施、发展战略与地区经济增长 [J]. 贵州财经大学学报 (2)：19-28.
李在军，张雅倩，胡美娟，等，2016. 新时期中国经济增长的空间格局 [J]. 地理科学，36 (8)：1134-1140.
李兆亮，罗小锋，张俊飚，等，2016. 基于能值的中国农业绿色经济增长与空间收敛 [J]. 中国人口·资源与环境，26 (11)：150-159.
李忠民，于庆岩，2014. 物流促进经济增长的空间异质性研究——以“新丝绸之路”经济带为例 [J]. 经济问题 (6)：121-125.
连旭，2016. 县域农业经济发展评价及空间分异研究——基于新疆 83 个县面板数据的实证 [J]. 干旱区资源与环境，30 (12)：73-81.
梁耀盛，2010. 财政农业投入对农业增长与农民增收的影响效应研究 [D]. 上海：复旦大学.
林毅夫，2011. 新结构经济学——重构发展经济学的框架 [J]. 经济学 (季刊) (1)：1-32.
林毅夫，2012. 遵循比较优势发展战略，进行结构持续升级，避免中等收入陷阱 [C]. 北京大学国家发展研究院，2012 年秋季 CMRC 中国经济观察 (31)：5.
林毅夫，2013. 现代经济增长的本质是什么？——获中国世界经济学会“浦山世界经济学优秀论文奖”感言 [J]. 国际经济评论 (1)：9-19.

林毅夫，2013. 新结构经济学的理论框架研究［J］. 现代产业经济（Z1）：18－23.
林毅夫，2015. 新常态下中国经济的转型和升级：新结构经济学的视角［J］. 新金融（6）：4－8.
林毅夫，2017. 产业政策与我国经济的发展：新结构经济学的视角［J］. 复旦学报（社会科学版），59（2）：148－153.
林毅夫，2017. 新结构经济学的理论基础和发展方向［J］. 经济评论（3）：4－16.
林毅夫，蔡昉，1989. 我国经济改革顺序的思考和突破口的选择［J］. 经济社会体制比较（3）：1－7.
林毅夫，龚强，2010. 发展战略与经济制度选择［J］. 管理世界（3）：5－13，187.
林毅夫，苏剑，2007. 论我国经济增长方式的转换［J］. 管理世界（11）：5－13.
刘朝旭，2016. 大都市城郊农业土地利用的竞争机制与转型模式研究［D］. 北京：中国农业大学.
刘晗，曹祖文，2012. 基础设施投资、人力资本积累与农业经济增长［J］. 经济问题探索（12）：84－90.
刘红伶，2013. 县域农业经济增长影响因素分析［D］. 合肥：安徽农业大学.
刘后平，何宇飞，陈月澈，2017. 农业内部产业结构调整的经济增长效应分析——以四川省为例［J］. 江苏农业科学（11）：1－5.
刘华军，张权，杨骞，2014. 城镇化、空间溢出与区域经济增长——基于空间回归模型偏微分方法及中国的实证［J］. 农业技术经济（10）：95－105.
刘欢，邓宏兵，谢伟伟，2017. 长江经济带市域人口城镇化的时空特征及影响因素［J］. 经济地理（3）：55－62.
刘辉，2009. 基于技术进步视角的中国农业发展 60 年［J］. 湖南社会科学（5）：105－109.
刘金全，徐宁，刘达禹，2016. 农村金融发展对农业经济增长影响机制的迁移性检验——基于 PLSTR 模型的实证研究［J］. 南京农业大学学报（社会科学版）（2）：134－143，156.
刘开华，2014. 贵州省产业结构的优化研究［D］. 成都：西南民族大学.
刘凌霄，2015. 农业产业结构调整的理论方法及应用研究［D］. 北京：北京交通大学.
刘溟源，2013. 基于要素禀赋的区域环保产业竞争力研究［D］. 哈尔滨：东北林业大学.
刘宁，2014. 农村人力资本流失的区域农业增长效应研究——基于 13 个粮食主产省区的面板数据［J］. 人口与经济（4）：23－32.
刘伟，魏杰，2002. 发展经济学［M］. 北京：中国发展出版社.
刘兴举，2015. 农业经济增长的空间效应研究［J］. 农业与技术，35（16）：251－252.
刘养卉，龚大鑫，窦学诚，2010. 甘肃省各地区现代农业发展水平聚类分析［J］. 中国农业资源与区划，31（2）：39－42.
刘迎霞，2010. 基于空间外溢效应的区域经济增长空间俱乐部趋同研究［D］. 郑州：河南大学.
刘玉，潘瑜春，唐林楠，2017. 京津冀地区县域农业发展与农民收入的时空耦合特征［J］. 经济地理（2）：141－147.

刘岳平，钟世川，2016. 技术进步方向、资本-劳动替代弹性对中国农业经济增长的影响［J］. 财经论丛（9）：3－9.
刘忠涛，2010. 制度因素、要素禀赋与产业结构变化［J］. 中国农村经济（9）：17－27.
龙冬平，李同昇，苗园园，等，2014. 中国农业现代化发展水平空间分异及类型［J］. 地理学报（2）：213－226.
陆大道，1986. 二〇〇〇年我国工业生产力布局总图的科学基础［J］. 地理科学（2）：110－118.
路振华，2014. 基于资源、产业、人口协同的小城镇发展模式研究［J］. 经济体制改革（5）：58－62.
罗浩轩，2017. 中国区域农业要素禀赋结构变迁的逻辑和趋势分析［J］. 中国农村经济（3）：46－59.
罗雨柯，2016. 基于转变发展模式的四川与广东农业经济比较分析［J］. 中国农业资源与区划，37（1）：95－98.
吕超，周应恒，2011. 我国农业产业集聚与农业经济增长的实证研究——基于蔬菜产业的检验和分析［J］. 南京农业大学学报（社会科学版），11（2）：72－78.
马晓河，马建蕾，2007. 中国农村劳动力到底剩余多少？［J］. 中国农村经济（12）：4－9，34.
米浩铭，陆迁，2015. 陕西省水利投资对农业经济增长的影响——基于阿尔蒙多项式分布滞后模型的实证分析［J］. 中国农业大学学报，20（1）：262－267.
牛凯，2012. 我国农村产业结构偏离对农村经济增长影响的实证分析［J］. 中国农业大学学报，17（1）：182－188.
牛凯，2013. 农业科技进步对我国区域农业经济增长影响的实证研究［J］. 浙江农业学报，25（3）：652－659.
牛敏杰，赵俊伟，尹昌斌，等，2016. 我国农业生态文明水平评价及空间分异研究［J］. 农业经济问题（3）：17－25，110.
潘丹，2012. 考虑资源环境因素的中国农业生产率研究［D］. 南京：南京农业大学.
潘丹，应瑞瑶，2012. 中国水资源与农业经济增长关系研究——基于面板 VAR 模型［J］. 中国人口．资源与环境，22（1）：161－166.
潘文卿，1999. 中国农业剩余劳动力转移效益测评［J］. 统计研究（4）：31－34.
蒲善霞，许学梅，2015. 农业生态经济视角下的生产结构调整［J］. 改革与战略，31（11）：93－95.
乔榛，焦方义，李楠，2006. 中国农村经济制度变迁与农业增长——对 1978—2004 年中国农业增长的实证分析［J］. 经济研究（7）：73－82.
渠立权，骆华松，陈建波，2015. 基于区域职能视角的淮海经济区产业结构优化［J］. 经济地理，35（10）：116－122.
全炯振，2010. 中国农业的增长路径：1952—2008 年［J］. 农业经济问题（9）：10－16.
任保平，2015. 新常态要素禀赋结构变化背景下中国经济增长潜力开发的动力转换［J］. 经济学家（5）：13－19.

石恩名，刘望保，唐艺窈，2015. 国内外社会空间分异测度研究综述［J］. 地理科学进展（7）：818 - 829.

石慧，2009. 中国省际农业生产率差异及技术溢出效应研究［D］. 南京：南京农业大学.

史蒙，2015. 基于空间计量模型的河北省区域经济增长研究［D］. 石家庄：河北经贸大学.

宋洪远，廖洪乐，2001. 农业发展新阶段与战略性结构调整——政策背景、主要内容、执行情况及对策建议［J］. 管理世界（6）：115 - 122.

宋金平，王恩儒，2001. 中国农业剩余劳动力转移的模式与发展趋势［J］. 中国人口科学（6）：46 - 50.

苏良军，王芸，2007. 中国经济增长空间相关性研究——基于“长三角”与“珠三角”的实证［J］. 数量经济技术经济研究（12）：26 - 38.

孙葭，王凯荣，谢小立，2004. 江南丘陵县域农业资源利用与农业结构优化——以湖南省桃江县为例［J］. 长江流域资源与环境（4）：354 - 358.

孙敬水，董亚娟，2006. 人力资本与农业经济增长：基于中国农村的 Panel data 模型分析［J］. 农业经济问题（12）：12 - 16，79.

孙玲，2012. 区域金融差异内在形成机制和影响研究［D］. 南京：南京师范大学.

孙圣民，陈强，2017. 家庭联产承包责任制与中国农业增长的再考察——来自面板工具变量法的证据［J］. 经济学（季刊），16（2）：815 - 832.

孙文凯，白重恩，谢沛初，2011. 户籍制度改革对中国农村劳动力流动的影响［J］. 经济研究，46（1）：28 - 41.

孙一平，周向，2015. 异质性人力资本对中国农业经济增长的影响研究——基于省际面板数据［J］. 农业技术经济（4）：108 - 119.

谈存峰，2015. 技术进步、技术效率与农业生产率增长——基于甘肃省的实证分析［J］. 中国农业资源与区划，36（6）：93 - 98.

覃成林，李超，2012. 要素禀赋结构、技术选择与中国城市现代产业发展［J］. 产业经济研究（3）：18 - 25.

覃成林，李敏纳，2010. 区域经济空间分异机制研究——一个理论分析模型及其在黄河流域的应用［J］. 地理研究（10）：1780 - 1792.

谭崇台，唐道远，2015. 农村金融发展、农村金融需求对农村经济增长影响的实证［J］. 统计与决策（10）：110 - 113.

谭崇台，唐道远，2015. 农村金融发展与农村经济增长——基于全国 31 个省市的空间计量模型检验［J］. 江汉论坛（1）：5 - 10.

唐德祥，周雪晴，2016. 农业保险影响农民增收的内在机理分析——基于中国 1982—2012 年的经验数据［J］. 江苏农业科学，44（3）：470 - 474.

唐宏，杨德刚，木坎热木·乃买提，等，2012. 基于粮食安全的渭干河流域农业结构调整［J］. 干旱区研究，29（6）：1112 - 1120.

唐敏，张廷海，2003. 比较优势与中国农业的国际竞争力［J］. 农业经济问题（11）：36 - 39.

万众，郑微微，王怀明，2013. 中国农业政策性金融与农业经济可持续发展［J］. 中国科技论坛（3）：121 - 127.

汪增洋，豆建民，2010. 空间依赖性、非线性与城市经济增长趋同［J］. 南开经济研究（4）：139－153.

王红，王鄂湘，2017. 农业产业结构优化调整与农业经济增长关系研究——以湖南省为例［J］. 中南林业科技大学学报，37（6）：119－124.

王红玲，1998. 关于农业剩余劳动力数量的估计方法与实证分析［J］. 经济研究（4）：53－56，70.

王辉，刘茂松，2016. 教育人力资本对农业经济增长影响的实证研究——基于30个省（自治区、直辖市）的面板数据［J］. 湖南社会科学（5）：152－155.

王检贵，丁守海，2005. 中国究竟还有多少农业剩余劳动力［J］. 中国社会科学（5）：27－35，204－205.

王金田，2013. 中国农业经济增长的空间效应分析［D］. 北京：中国农业科学院.

王伟新，向云，祁春节，2013. 中国水果产业地理集聚研究：时空特征与影响因素［J］. 经济地理，33（8）：97－103.

王一鸣，2016. 新常态下区域发展的新特征［J］. 经济研究参考（30）：37.

韦森，2013. 探寻人类社会经济增长的内在机理与未来道路——评林毅夫教授的新结构经济学理论框架［J］. 经济学（季刊），12（3）：1051－1074.

魏后凯，2017. 中国农业发展的结构性矛盾及其政策转型［J］. 中国农村经济（5）：2－17.

魏金义，2016. 要素禀赋变化、技术进步偏向与农业经济增长研究［D］. 武汉：华中农业大学.

魏金义，祁春节，2015. 农业技术进步与要素禀赋的耦合协调度测算［J］. 中国人口·资源与环境（1）：90－96.

魏金义，祁春节，2015. 中国农业要素禀赋结构的时空异质性分析［J］. 中国人口·资源与环境（7）：97－104.

魏勇，王钊，刘建徽，2012. 西南地区农业增长动力的度量与分解——基于灰色生产函数的测算［J］. 农业技术经济（3）：86－94.

吴非，2016. 中国土地财政依赖的区域差异之谜［J］. 云南财经大学学报，32（6）：16－32.

吴继英，赵喜仓，2009. 偏离—份额分析法空间模型及其应用［J］. 统计研究，26（4）：73－79.

吴丽丽，2016. 劳动力成本上升对我国农业生产的影响研究［D］. 武汉：华中农业大学.

吴丽丽，李谷成，周晓时，2015. 要素禀赋变化与中国农业增长路径选择［J］. 中国人口·资源与环境（8）：144－152.

吴丽萍，陈宝峰，张旺，2012. 中国水利投资对农业经济增长影响的实证研究［J］. 技术经济，31（10）：76－81.

吴清华，2014. 农村基础设施的农业生产效应研究［D］. 武汉：华中农业大学.

吴清华，周晓时，冯中朝，2015. 基础设施对农业经济增长的影响——基于1995—2010年中国省际面板数据的研究［J］. 中国经济问题（3）：29－37.

吴中焕，2014. 农业资金投入促进广西农业经济增长的实证分析［D］. 南宁：广西师范大学.

武晓明，罗剑朝，2016. 农村金融市场开放对农业经济增长的影响及其分解研究——基于空间 Durbin 面板模型的实证分析 [J]. 经济经纬，33 (5)：30 - 35.

夏浩，苑韶峰，杨丽霞，2017. 浙江县域土地经济效益空间格局演变及驱动因素研究 [J]. 长江流域资源与环境 (3)：341 - 349.

夏晓平，李秉龙，隋艳颖，2010. 中国畜牧业生产结构的区域差异分析——基于资源禀赋与粮食安全视角 [J]. 资源科学 (8)：1592 - 1600.

向敬伟，2016. 鄂西贫困山区耕地利用转型对农业经济增长质量影响研究 [D]. 武汉：中国地质大学.

向云，祁春节，2015. 新疆水果生产的区域比较优势分析 [J]. 干旱区资源与环境，29 (10)：152 - 158.

向云，祁春节，陆倩，2014. 湖北省柑橘生产的区域比较优势及其影响因素研究 [J]. 经济地理，34 (11)：134 - 139，192.

向云，祁春节，陆倩，2017. 长江流域种植业生产结构的区域差异及转型升级 [J]. 经济地理 (2)：148 - 155.

向云，祁春节，王伟新，2017. 柑橘生产的要素替代关系及增长路径研究——基于主产区面板数据的实证分析 [J]. 中国农业大学学报，22 (7)：200 - 209.

向云，王伟新，祁春节，2014. 地理集聚与农业国际竞争力的相关性研究——来自我国水果产业的证据 [J]. 广东农业科学，41 (13)：194 - 199，232.

项俊波，2009. 中国经济结构调整的战略选择 [J]. 理论参考 (12)：15 - 19.

谢花林，2010. 环鄱阳湖地区农业经济空间差异分析——基于探索性空间数据分析 (ESDA) 方法 [J]. 农业现代化研究，31 (3)：299 - 303.

辛冲冲，陈志勇，2017. 我国财政支农支出与农业经济增长——基于 LMDI 分解法的研究 [J]. 上海经济研究 (3)：78 - 86.

辛翔飞，刘晓昀，2007. 要素禀赋及农业劳动生产率的地区差异 [J]. 世界经济文汇 (5)：1 - 18.

徐朝阳，林毅夫，2010. 发展战略与经济增长 [J]. 中国社会科学 (3)：94 - 108，222.

徐辉，李宏伟，2017. 丝绸之路经济带背景下市域经济增长与产业结构——基于西北地区面板数据的实证分析 [J]. 经济地理 (1)：1 - 9.

徐晓亮，程倩，车莹，2017. 中国区域“资源诅咒”再检验——基于空间动态面板数据模型的分析 [J]. 中国经济问题 (3)：29 - 37.

许丹丹，2014. 重庆市农村基础设施对农业经济增长的影响研究 [D]. 重庆：重庆工商大学.

许长新，林剑婷，宋敏，2016. 水土匹配、空间效应及区域农业经济增长——基于中国 2003 - 2013 的经验分析 [J]. 中国人口·资源与环境，26 (7)：153 - 158.

杨贺，刘金平，2012. 中原经济区县域经济空间相关性分析 [J]. 经济经纬 (1)：32 - 36.

杨建辉，2017. 农业经济增长的农业化学化效应及时空格局变化——以山东省为例 [J]. 经济地理，37 (3)：182 - 187.

杨明洪，孙继琼，2006. 中国地区差距时空演变特征的实证分析：1978 - 2003 [J]. 复旦学报（社会科学版）(1)：84-89.

杨上广，吴柏均，2007. 区域经济发展与空间格局演化——长三角经济增长与空间差异格局的实证分析［J］. 世界经济文汇（1）：36-47.

杨小萍，刘媛媛，2013. 我国农业产业结构调整效果测度指标体系研究［J］. 改革与战略，29（7）：80-82.

杨永亮，2013. 长三角地区生产性服务业空间分异及其影响因素研究［D］. 杭州：浙江财经学院.

杨忠娜，蒋桂容，唐继军，2015. 南疆区域经济差异对农业经济增长的影响［J］. 农业现代化研究，36（1）：73-79.

杨忠娜，唐继军，2014. 南疆地区农业结构变动对农业经济增长的影响［J］. 中国农业资源与区划，35（3）：85-92.

姚旭兵，2015，罗光强. 农业经济增长与产业结构升级的互动关系研究——基于PVAR模型的实证分析［J］. 湖南农业大学学报（社会科学版），16（6）：7-11.

姚延婷，陈万明，李晓宁，2014. 环境友好农业技术创新与农业经济增长关系研究［J］. 中国人口-资源与环境，24（8）：122-130.

尹朝静，范丽霞，李谷成，2014. 要素替代弹性与中国农业增长［J］. 华南农业大学学报（社会科学版），13（2）：16-23.

尹成杰，2001. 农业产业化经营与农业结构调整［J］. 中国农村经济（5）：4-8.

于金福，2012. 农业经济增长影响因素分析［D］. 成都：西南财经大学.

于伟，张鹏，2015. 我国省域农村教育与农业现代化的耦合协调发展［J］. 华南农业大学学报（社会科学版）(1)：16-24.

于新匣，2008. 农业产业化经营与农业结构调整问题思考［J］. 改革与战略（8）：73-75，133.

余成群，孙维，李少伟，等，2009. 西藏农业经济的空间差异分析［J］. 陕西师范大学学报（自然科学版），37（6）：87-92.

虞蔚，1986. 西方城市地理学中的因子生态分析［J］. 国外人文地理（2）：36-39.

曾凡慧，2008. 科技支撑农业：我国农业发展的现实路径［J］. 改革与战略，24（12）：96-99.

曾国平，罗航艳，曹跃群，2010. 中国农业经济增长的空间分布及相关性——基于31个省区1985—2008年的面板数据分析［J］. 湖南农业大学学报（社会科学版），11（5）：1-6，37.

张和东，廖善刚，郭亚军，2011. 福建省农业经济增长区域差异变化分析［J］. 亚热带资源与环境学报，6（3）：82-87.

张虎，赵炜涛，2017. 财政支出、城市化与经济增长的空间特征研究——基于空间相关性和空间异质性的实证分析［J］. 经济问题探索（4）：66-75.

张辉，丁匡达，2013. 美国产业结构、全要素生产率与经济增长关系研究：1975-2011［J］. 经济学动态（7）：140-148.

张慧，王洋，2017. 中国耕地压力的空间分异及社会经济因素影响——基于342个地级行政区的面板数据［J］. 地理研究（4）：731-742.

张洁，2012. 基于GWR模型的城市住宅地价空间分异研究［D］. 杭州：浙江大学.

张乐，黄斌全，曹静，2016. 制度约束下的农村金融发展与农业经济增长［J］. 农业技术经济（4）：71－83.

张亮，2012. 基于要素禀赋的区域环保产业竞争力提升模式研究［D］. 哈尔滨：东北林业大学.

张平，李秀芬，2017. 产业技术选择与要素禀赋耦合效应研究［J］. 工业技术经济，36（2）：10－15.

张森，2010. 长株潭城市群经济空间集聚效应和扩散效应研究［D］. 长沙：湖南大学.

张社梅，蒋远胜，2015. 四川省农业经济增长结构变动分析［J］. 农业技术经济（2）：85－94.

张淑辉，陈建成，张立中，等，2012. 农业经济增长及其影响因素的典型相关分析——以山西为例［J］. 经济问题（5）：85－88，92.

张伟丽，2011. 中部地市经济增长的时空滞后分析：1990～2008年［J］. 统计与决策（24）：120－122.

张馨之，何江，2006. 中国区域经济增长的空间相关性分析：1990～2004［J］. 软科学（4）：29－32.

张雄化，2014. 资源要素影响中国农业增长的实证分析［J］. 特区经济（11）：152－156.

张雄化，钟若愚，2014. 自然资源利用及其效率研究——基于粮食安全生产的视角［J］. 技术经济与管理研究（12）：3－7.

张影，2016. 气候变化对我国农业经济增长影响的空间计量分析［D］. 上海：华东师范大学.

张永恒，郝寿义，杨兰桥，2016. 要素禀赋变化与区域经济增长动力转换［J］. 经济学家（10）：46－52.

张永丽，葛秀峰，2010. 技术进步对农业经济增长的影响研究——以甘肃省为例［J］. 华南农业大学学报（社会科学版），9（1）：28－36.

张永丽，黄祖辉，2008. 中国农村劳动力流动研究述评［J］. 中国农村观察（1）：69－79.

赵亮，2016. 城市化进程中农业生产结构调整及发展方向［J］. 中国农业资源与区划，37（1）：151－154.

赵文婷，2010. 中国居民收入分配差距对经济增长的影响［D］. 北京：首都经济贸易大学.

郑晶，温思美，孙良媛，2008. 广东农业经济增长效率分析：1993－2004［J］. 农业技术经济（3）：17－24.

郑文，张建华，2013. 空间经济视角下中国农业增长的影响因素研究［J］. 石家庄经济学院学报，36（1）：25－30.

郑祥江，杨锦秀，2015. 西南地区农村劳动力转移对农业生产影响研究［J］. 农村经济（6）：110－114.

周端明，2009. 技术进步、技术效率与中国农业生产率增长——基于DEA的实证分析［J］. 数量经济技术经济研究，26（12）：70－82.

周慧，曹广喜，2010. 经济集聚与经济增长的空间计量分析——来自江苏的证据［J］. 当代财经（9）：14－21.

周靖，汪小勤，2016. 中国农业增长动力因素影响的时空分异研究——来自中国 31 个省（区、市）1978—2014 年的证据［J］. 湖南社会科学（3）：161－166.

周晓时，李谷成，吴丽丽，2015. 转型期我国农业增长路径与技术进步方向的实证研究——基于大陆 28 省（自治区、直辖市）的经验证据［J］. 华中农业大学学报（社会科学版）（5）：40－47.

周忠民，2016. 湖南省科技创新对产业转型升级的影响［J］. 经济地理，36（5）：115－120.

Agion P，Howitt P，1998. Endogenous Growth Theory［M］. Cambridge，Massachusetts：MIT Press.

Alexiadis S，Korres G，2010. Adoption of technology and regional convergence in Europe［J］. European Spatial Research and Policy，17（2）：95－105.

Anselin L，Bera A，1998. Spatial Dependence in Linear Regression Models With an Introduction to Spatial Econometrics//Aman U，David G. Handbook of Applied Economic Statistics［C］. New York：Marcel Dekker：237－289.

Anselin L，1988. Spatial Econometrics：Methods and Models［M］. Dordrecht：Kluwer Academic Publishers.

Anselin L，2003. Spatial Externalities，Spatial Multipliers and Spatial Econometrics［J］. International Regional Science Review，26（2）：153－166.

Anselin L，Rey S，1997. Introduction to the Special Issue on Spatial Econometrics［J］. International Regional Science Review，20：1－7.

Barro R J，Sala-i－Martin X，1995. Economic Growth［M］. New York：McGraw-Hill.

Barro R J，2001. Human Capital and Growth［J］. American Economic Review，91：12－17.

Basile R，2008. Regional Economic Growth in Europe：A Semiparametric Spatial Dependence Approach［J］. Papers in Regional Science，87（4）：527－544.

Bassi A M，Tan Z H，Goss S，2010. An integrated assessment of investments towards global water sustainability［J］. Water，2：726－741.

Bates R H，1981. Food policy in Africa—political causes and social effects［J］. Food Policy，6（3）：147－157.

Batra R N，1975. Production Uncertainty and the Heckscher-Ohlin Theorem［J］. Review of Economic Studies，42（130）：259－268.

Baumol W，1951. Economic Dynamics［M］. New York：Macmillan Company.

Baumol W，1994. Multivariate Growth Patterns：Contagion and Common Forces as Possible Sources of Convergence // Baumol W，Nelson R，Wolf E. Convergence of Productivity，Cross-National Studies and Historical Evidence，New York：Oxford University Press.

Binswanger H P，1974. A cost function approach to the measurement of elasticities of factor demand and elasticities of substitution［J］. American Journal of Agricultural Economics，56（1）：377－386.

Birthal P S，Nigam S N，Narayanan A，et al.，2011. An economic assessment of the potential benefits of breeding for drought tolerance in crops：a case of groundnut in India［M］.

International Crops Research Institute for the Semi-Arid Tropics.

Black S E, Lynch L M, 1996. Human-capital investments and productivity [J]. The American economic review, 86 (2): 263 - 267.

Blau P M, 1977. Inequality and Heterogeneity: A Primitive Theory of Social Structure [M]. New York: Free Press.

Bloom D E, Canning D, Sevilla J, 2004. The Effect of Heath on Economic Growth: A Production Function Approach [J]. World Development, 32 (1): 1 - 13.

Boeventer E V, 1998. Geographie der Freizeit und des Tourismus [M]. Muenchen and Wien.

Bowen H P, Leamer E E, Sveikauskas L, 1986. Multicountry, Multifactor Tests of the Factor Abundance Theory [J]. American Economic Review, 77 (77): 791 - 809.

Brecher R A, Choudhri E U, 1993. Some Empirical Support for the Heckscher-Ohlin Model of Production [J]. Canadian Journal of Economics, 26 (2): 272 - 285.

Brulhart M M, et al. , 2008. Agglomeration Economics in a Panel of European Regions [J]. Regional Science and Urban Economics, 38 (4): 348 - 362.

Caballe J, Santos M S, 1993. On Endogenous growth with Physical and Human Capital [J]. Journal of Political Economy, 101 (6): 1042 - 1067.

Carlos E L, Thomas W, et al. , 2006. Productivity Growth and Convergence in Crop, Ruminant and Non-Ruminant Production: Measurement and Forecasts [C]. Australia: International Association of Agricultural Economists Conference: 1 - 20.

Chen P, et al. , 2008. Total Factor Productivity Growth in China's Agricultural Sector [J]. China Economic Review, 19 (4): 580 - 593.

Christaller W, 1933. Die Zentralen Orte in Süddeutschland [M]. Jena: Gustau Fischer.

Ciccone A, 2002. Agglomeration Effects in Europe [J]. European Economic Review, 46 (2): 213 - 227.

Cliff A D, et al. , 1991. Spatial Autocorrelation [M]. London: Pion Ltd.

Craft N, Venables A J, 2000. Globalization and Geography: An Historical Perspective [M]. London School of Economics and CEPR.

Crawford E, Kelly V, Jayne T S, et al. , 2003. Input use and market development in Sub-Saharan Africa: an overview [J]. Food Policy, 28 (4): 277 - 292.

Crossman G, Helpman E, 1991. Innovation and Growth in the World Economy [M]. Cambridge, MA: MIT Press.

Dagum C, 1997. A New Approach to the Decomposition of the Gini Income Inequality Ration [J]. Empirical Economics, 22: 515 - 531.

Dawkins C J, 2004. Measuring the spatial pattern of residential segregation [J]. Urban Studies, 41 (4): 833 - 851.

Denison E F, 1967. Why Growth Rates Differ: Post-war Experience in Nine Western Countries [M]. Washington: Brookings Institution.

Dillon A, Sharma M, Zhang X, 2011. Estimating the Impact of Rural Investments in Nepal [J]. Food Policy, 36 (2): 250-258.

Dixit A S, et al., 1977. Monopolistic Competition and Optimum Product Diversity [J]. American Economic Review, 67: 297-308.

Domar D E, 1946. Capital Expansion, Rate of Growth, and Employment [J]. Econometrica, 14 (2): 137-147.

Doreian P, 1980. Linear Models with Spatial Distributed Data, Spatial Disturbance, or Spatial Effects [J]. Sociological Methods and Research, 9: 29-60.

Duncan O D, Duncan B, 1955. A methodological analysis of segregation indexes [J]. American Sociological Review, 20 (2): 210-217.

Dupont V, 2007. Do Geographical Agglomeration, Growth and Equity Conflict [J]. Papers in Regional Science, 86 (2): 193-213.

Easterly W L, et al., 2001. It's Not Factor Accumulation: Stylized Facts and Growth Models [J]. The World Bank Economic Review, 15 (2): 177-219.

Edwards C, 1981. Spatial aspects of rural development [J]. Agricultural Economics Research, 33 (3): 11-24.

Erkut G, Baypinar M B, 2003. EU Integration and the Change of Spatial Organization in Turkey [R]. European Regional Science Association.

Ertur C, Koch W, 2006. Convergence, Human Capital and International Spillovers [M]. Mimeo University Bourgogne.

Fare R G, et al., 1992. Productivity Change in Swedish Pharmacies 1980-1989: A Nonparametric Malmquist Approach [J]. Journal of Productivity Analysis, 3: 85-101.

Fei J C H, Ranis G, 1961. Unlimited Supply of Labour and the Concept of Balanced Growth [J]. The Pakistan Development Review, 1 (3): 29-58.

Fingleton B, López-Bazo E, 2006. Empirical Growth Models with Spatial Effects [J]. Journal of Regional Science, 85 (2): 177-198.

Fingleton B, 1999. Estimates of Time to Economic Convergence: An Analysis of Regions of the European Union [J]. International Regional Science Review, 22 (1): 5-34.

Fisher M P A, 1990. Quantum phase transitions in disordered two-dimensional superconductors [J]. Physical Review Letters, 65 (7): 923.

Friedman M, 1968. The Role of Monetary Policy [J]. American Economic Review, 58: 1-17.

Gereffi G, 1999. International trade and industrial upgrading in the apparel commodity chain [J]. Journal of International Economics, 48 (1): 37-70.

Gerschenkron A, 1962. Economic Backwardness in Historical Perspective: A Book of Essays [M]. Cambridge, MA: Belknap Press of Harvard University Press.

Gini C, 1921. Measurement of inequality of incomes [J]. The Economic Journal, 31: 124-126.

Grossman G H, et al., 1991. Innovation and Growth in the Global Economy [M]. Cambridge, Massachusetts: MIT Press.

Guo Q, He C, 2017. Production space and regional industrial evolution in China [J]. GeoJournal, 82 (2): 379 - 396.

Haining R, 1990. Spatial Data Analysis in the Social and Environmental Sciences [M]. Cambridge University Press.

Harrod R F, 1939. An Essay in Dynamic Theory [J]. Economic Journal, 49: 14 - 33.

Hayami Y, Ruttan V W, 1985. Agricultural Development: A International Perspective [M]. Johns Hopkins University Press.

Heckscher E F, 1919. The Effect of Foreign Trade on the Distribution of Income [J]. Ekonomisk Tidskrif, 21 (2): 497 - 512.

Henderson J V, Shalizi Z, Venables A J, 2001. Geography and development [J]. Journal of Economic Geography, 1 (1): 81 - 105.

Henderson J V, Shalizi Z, et al., 2001. Geography and Development [J]. Journal of Economic Geography, 1 (1): 81 - 105.

Henderson J V, 1974. Optimum City Size: The External Diseconomy Question [J]. The Journal of Political Economy, 82 (2): 373 - 388.

Hicks J R, 1932. The Theory of Wages [M]. London: Macmillan.

Hirschman A O, 1958. The Strategy of Economic Development [M]. New Haven, CT: Yale University Press.

Hoff K, Stiglitz J E, 1990. Introduction: Imperfect Information and Rural Credit Markets: Puzzles and Policy Perspectives [J]. The World Bank Economic Review, 4 (3): 235 - 250.

Humphrey J, Schmitz H, 1995. Industrial Organization and manufacturing competitiveness in developing Countries [J]. Special Issue of World Development, 23 (1): 1 - 7.

Humphrey J, Schmitz H, 2004. Chain governance and upgrading: taking stock in Schmitz Local enterprises in the global economy// Hubert Schmitz. Local Enterprises in the Global Economy. UK: Edward Elgar Publisher: 349 - 381.

Isard W, 1956. Location and Space-economy: A General Theory Relating to Industrial Location, Market Areas, Land Use, Trade and Urban Structure [M]. Cambridge: MIT Press.

Islam N, 1995. Growth Empirics: A Panel Data Approach [J]. Quarterly Journal of Economics, 4: 1127 - 1170.

Jorgenson D W, 1961. The structure of multi-sector dynamic models [J]. International Economic Review, 2 (3): 276 - 293.

Kalirajan K, Obwona M B, Zhao X, et al., 1996. A Decomposition of Total Factor Productivity Growth: The Case of Chinese Agricultural Growth before and after Reforms [J]. American Journal of Agricultural Economics, 78 (2): 331 - 338.

Kalirajan K, 1981. An Econometric Analysis of Yield Variability in Paddy Production [J]. Canadian Journal of Agricultural Economics, 29 (3): 283 - 294.

Khatri Y, Thirtle C G, Townsend R F, 1998. Testing the induced innovation hypothesis:

An application to UK agriculture, 1953 - 1990 [J]. Economics of Innovation and New Technology, 6 (1): 1 - 28.

King R, Levine R, 1993. Finance and Growth: Schumpeter Might be Right [J]. Quarterly Journal of Economics, 108 (3): 713 - 717.

Knight M L, et al. , 1993. Testing the Neoclassical Theory of Economic Growth: A Panel Data Approach [J]. International Monetary Fund Staff Papers, 40 (3): 512 - 541.

Kögel T, 2005. Youth dependency and total factor productivity [J]. Journal of Development Economics, 76 (1): 147 - 173.

Krugman P, 1991. Geography and Trade [M]. Cambridge, MA: MIT Press.

Krugman P, 1991. Increasing Returns and Economic Geography [J]. Journal of Political Economy, 99 (3): 483 - 499.

Kuroda Y, 1987. The production structure and demand for labor in postwar Japanese agriculture 1952 - 1982 [J]. American Journal of Agricultural Economics, 69 (2): 328 - 337.

Kuznets S, 1966. Modern Economic Growth: Rate, Structure and Spread [M]. New Haven, CT: Yale University Press.

Lemoine F, Poncet S, Ünal D, 2015. Spatial rebalancing and industrial convergence in China [J]. China Economic Review, 34: 39 - 63.

Liu X, David C C, 1993. Determinants of Private Investment in Irrigation: A Case Study of Funing Country [C]. North China: The Second Workshop on Projections and Policy Implications of Medium and Long Term Rice Supply and Demand, 3: 13 - 15.

López-Bazo E, et al. , 2004. Regional Externalities and Growth: Evidence from European Regions [J]. Journal of Regional Science, 44 (1): 43 - 73.

Lucas R E, 1988. On the Mechanics of Economic Development [J]. Journal of Monetary Economics, 22: 3 - 42.

Lucas R E, 1993. Making a miracle [J]. Econometrica: Journal of the Econometric Society: 251 - 272.

Maddison S E, 1987. The Present Status of Serodiagnosis and Seroepidemiology of Schistosomiasis [J]. Diagn Microbiol Infect Dis, 7: 93 - 105.

Mamatzakis E C, 2003. Public Infrastructure and Productivity Growth in Greek Agriculture [J]. Agricultural Economies, 29: 169 - 180.

Mankiw N G, Romer D, Well D N, 1992. A Contribution to the Empires of Economic Growth [J]. Quarterly Journal of Economics, 107 (2): 407 - 437.

Martin P O, 1999. Growing Locations: Industry Location in a Model of Endogenous Growth [J]. European Economics Review, 43: 281 - 302.

Matsuyama K, 1992. Agricultural productivity, comparative advantage, and economic growth [J]. Journal of economic theory, 58 (2): 317 - 334.

McCunn A H, et al. , 1998. Convergence in U. S. TFP Growth for Agriculture: Implications of Interstate Research Spillovers for Funding Agricultural Research [J]. Iowa State University, 305 (7): 1-23.

McMillan J W, et al., 1989. The Impact of China's Economic Reform on Agricultural Productivity Growth [J]. Journal of Political Economy, 197: 781-807.

Michael T B, Cilbert R A, 1990. The Effects of Management Decisions on Agricultural Bank Failures [J]. American Journal of Agricultural Economics, 72: 901-910.

Morgan B S, 1983. An alternate approach to the development of a distance-based measure of racial segregation [J]. American Journal of Sociology, 88 (6): 1237-1249.

Morrill R L, 1991. On the measure of geographical segregation [J]. Geography Research Forum, 11 (1): 25-36.

Mukherjee A N, Kuroda Y, 2003. Productivity growth in Indian agriculture: is there evidence of convergence across states? [J]. Agricultural Economics, 29 (1): 43-53.

Myrdal G, 1957. Economic Theory and Underdeveloped Regions [M]. Duckworth: 139-157.

Nazara S, Hewings G J D, 2004. Spatial Structure and Taxonomy of Decomposition in Shift-Share Analysis [J]. Growth and change, 35 (4): 476-490.

Nelson R R, Pack H, 1999. The Asian miracle and modern growth theory [J]. The Economic Journal, 109 (457): 416-436.

Nghiep L T, 1979. The structure and changes of technology in prewar Japanese agriculture [J]. American Journal of Agricultural Economics, 61 (4): 687-693.

Nurkse R, 1953. Problems of Capital Formation in Underdevelopment Countries and Patterns of Trade and Development [M]. New York: Oxford University Press.

Ohlin B, 1933. International and interregional trade [J]. Harvard Economic Studies, Cambridge, MA.

Ottaviano G P, 2006. Market Potential and Productivity: Evidence from Finnish Regions [J]. Regional Science and Urban Economics, 36: 636-657.

Paelinck J, Klaassen L, 1979. Spatial Econometrics [M]. Saxon House, Farnborough.

Patrick G F, Kehrberg E W, 1973. Costs and returns of education in five agricultural areas of eastern Brazil [J]. American Journal of Agricultural Economics, 55: 145-153.

Peneder M, 2003. Industrial structure and aggregate growth [J]. Structural Change and Economic Dynamics, 14 (2): 427-448.

Perroux F, 1950. Economic Space: Theory and Applications [J]. The Quarterly Journal of Economics, 64 (1): 89-104.

Petty W, 1676. Political Arithmetic [M]. Cambridge University Press.

Philippe M, Gianmarco I P, 2001. Growth and Agglomeration [J]. International Economic Review, 42 (4): 947-968.

Phillips J M, Marble R P, 1986. Farmer education and efficiency: A frontier production function approach [J]. Economics of Education Review, 5: 257-264.

Raj K N, 1983. Agricultural Growth in China Before and After Reforms [J]. Economic and Political Weekly, 18 (3): 69-75.

Ram R, 1986. Government Size and Economic Growth: A New Framework and Some Evidence from Cross-Section and Time-Series Data [J]. American Economic Review, 76: 191 - 203.

Rey S, Montouri B, 1999. Us Regional Income Convergence: A Spatial Econometric Perspective [J]. Regional Studies, 33: 143 - 156.

Ricardo D, 1817. The Principle of Political Economy and Taxation [M]. London: Gaernsey Press.

Romeo G T, Kurada Y I, 2005. Public Infrastructure and Productivity Growth in Philippine Agriculture 1974 - 2000 [J]. Journal of Asian Economics, 16: 555 - 576.

Romer P M, 1986. Increasing Returns and Long-run Growth [J]. Journal of Political Economy, 94 (5): 1002 - 1037.

Romer P M, 1990. Ebdigebiys Technological Change [J]. Journal of Political Economy: 71 - 103.

Rosenstein-Rodan P N, 1943. Problems of Industrialisation of Eastern and South-Eastern Europe [J]. The Economic Journal, 53 (6): 202 - 211.

Rostow W W, 1990. The Stages of Economic Growth: A Non-Communist Manifesto [M]. 3rd ed. New York: Cambridge University Press.

Rozelle S, Taylor J E, DeBrauw A, 1999. Migration, remittances, and agricultural productivity in China [J]. The American Economic Review, 89 (2): 287 - 291.

Sachs J, Woo W T, Fisher S, 1994. Structural factors in the economic reform of China, Eastern Europe and the former Union [J]. Economic Policy, 6: 101 - 116.

Schultz T W, 1961. Investment in human capital [J]. American Economic Review, 51: 1 - 17.

Schultz T W, 1964. Transforming Traditional Agriculture [M]. New Haven: Yale University Press.

Silva E G, Teixeira A C, 2011. Does structure influence growth? A panel data econometric assessment of "Relatively Less Developed" countries: 1977 - 2003 [J]. Industrial and Corporate Change, 20 (2): 457 - 510.

Slam N, 1995. Growth Empirics: A panel Data Approach [J]. Quarterly Journal of Economics, 4: 1127 - 1170.

Smith A, 1976. An Inquiry into the Nature and Causes of the Wealth of Nations [M]. Chicago: University of Chicago Press.

Solow R, 1956. A Contribution to the Theory of Economic Growth [J]. Quarterly Journal of Economics, 70 (1): 65 - 94.

Solow R, 1957. Technical Change and the Aggregate Production Function [J]. The Review of Economics and Statistics, 39 (3): 312 - 320.

Swan T W, 1956. Economic Growth and Capital Accumulation [J]. Economic Record, 32: 334 - 361.

Temple J, 1999. The New Growth Evidence [J]. Journal of Economic Literature, 37 (1):

112 - 156.

Theil H, 1972. Statistical decomposition analysis: with applications in the social and administrative sciences [M]. Amsterdam, Netherlands: North-Holland Publishing Company.

Thompson H, 1999. Definitions of Factor Abundance and the Factor Content of Trade [J]. Open Economies Review, 10 (4): 385 - 393.

Timmer M, Szinnai A, 2000. Productivity growth in Asian manufacturing: The structural bonus hypothesis examined [J]. Structural Change and Economic Dynamics, 1: 214 - 236.

Traistaru L, Iara A, 2002. European Internation, Regional Specialization and Location of Industrial Activity in Accession Countries: Data and Measurement [R]. Center for European Integration Studies, PHARE ACE Project, P98 - 1117 - R.

Ulimengu J S, et al., 2011. Using a spatial growth model to provide evidence of agricultural spillovers between countries in the NEPAD CAADP framework [R]. IFPRI discussion paper.

Vandenbussche J A, et al., 2006. Growth, distance to frontier and composition of human capital [J]. Journal of Economic Growth, 11: 97 - 127.

Vernon R, 1966. International Investment and International Trade in the Product Cycle [J]. The Quarterly Journal of Economics, 80: 190 - 207.

Walras L, 1874. Elements of Pure Economics: Or the Theory of Social Wealth [M]. Richard Irwin.

Weber A, 1929. Theory of the Location of Industries [M]. Chicago: University of Chicago Press.

Weinhold D, 2002. The Importance of Trade and Geography in the Pattern of Spatial Dependence of Growth Rate [J]. Review of Development Economics, 6 (3): 369 - 382.

Wilkinson M, 1968. Factor Supply and the Direction of Technological Change [J]. American Economic Review, 58 (1): 120 - 128.

Williamson J, 1965. Regional Inequality and the Process of National Development [J]. Economic Development and Cultural Change, 6: 3 - 45.

Winsberg M D, 1980. Concentration and Specialization in United States Agriculture 1939 - 1978 [J]. Economic Geography, 56 (3): 183 - 189.

Wong D W, 1998. Measuring multiethnic spatial segregation [J]. Urban Geography, 19 (1): 77 - 87.

图书在版编目（CIP）数据

中国南方地区农业经济增长的空间分异与路径选择研究／向云著．—北京：中国农业出版社，2021.8
ISBN 978-7-109-28777-8

Ⅰ.①中… Ⅱ.①向… Ⅲ.①农业经济发展—研究—中国 Ⅳ.①F323

中国版本图书馆 CIP 数据核字（2021）第 196293 号

中国农业出版社出版
地址：北京市朝阳区麦子店街 18 号楼
邮编：100125
责任编辑：肖　邦
版式设计：王　晨　　责任校对：刘丽香
印刷：北京中兴印刷有限公司
版次：2021 年 8 月第 1 版
印次：2021 年 8 月北京第 1 次印刷
发行：新华书店北京发行所
开本：700mm×1000mm　1/16
印张：11.75
字数：235 千字
定价：60.00 元
